海洋科技出版工程

U0645278

船舶驾驶与管理研究

杨柏丞　著

哈尔滨工程大学出版社
Harbin Engineering University Press

内 容 简 介

本书共 9 章内容,从船舶操纵入手,介绍了船舶的行动规则、船舶在互见中的避碰行动、船舶航线及航行方法、船舶职务与法规等,系统论述了船舶安全与航次计划管理、引航资源管理、应急管理、安全监督与检查等。本书主要通过丰富全面的知识点和清晰系统的结构,对船舶的驾驶与管理进行了全面且深入的分析与研究,充分体现了科学性、发展性、实用性等特点。

本书可为从事船舶驾驶与管理研究工作的人员提供理论依据,也可作为相关专业的学习者的参考资料。

图书在版编目(CIP)数据

船舶驾驶与管理研究/杨柏丞著. —哈尔滨:哈
尔滨工程大学出版社,2022.4
ISBN 978 - 7 - 5661 - 3431 - 8

Ⅰ.①船… Ⅱ.①杨… Ⅲ.①船舶驾驶 - 研究②船舶
管理 - 研究 Ⅳ.①U675②U692

中国版本图书馆 CIP 数据核字(2022)第 056108 号

船舶驾驶与管理研究
CHUANBO JIASHI YU GUANLI YANJIU

选题策划	雷　霞
责任编辑	马佳佳　葛　雪
封面设计	付　娜
图片摄影	徐长伟

出版发行	哈尔滨工程大学出版社
社　　址	哈尔滨市南岗区南通大街 145 号
邮政编码	150001
发行电话	0451 - 82519328
传　　真	0451 - 82519699
经　　销	新华书店
印　　刷	北京中石油彩色印刷有限责任公司
开　　本	787 mm ×1 092 mm　1/16
印　　张	16
字　　数	400 千字
版　　次	2022 年 4 月第 1 版
印　　次	2022 年 4 月第 1 次印刷
定　　价	48.00 元

http://www.hrbeupress.com
E-mail:heupress@hrbeu.edu.cn

前　　言

　　船舶驾驶是船舶选择一条理想的航线,将货物和人员等从起运港安全而经济地运输到目的港的理论、方法和艺术。船舶驾驶历史悠久、内容丰富且具有很强的实践性,是一门综合性应用科学和技术。

　　社会科学发展迅速,航行驾驶综合产业也随之快速发展,为了加强产业经济的建设,适应航运队伍和船舶航行安全发展建设的需求,船舶航行的地位和作用也应被重视。航行驾驶管理过程中,应根据船舶管理人员的实际情况,分析驾驶台面的资源分配和管理办法,依照船舶航行的整体需求,在保证航行安全的基础上,加强整体有效措施的建设途径管理。分析船舶航行生产制度和管理发展的进程,结合船舶管理的需求,分析提升驾驶台资源管理的办法。从船舶管理的驾驶人员入手,加强人才的资源培养,面对船舶航行的相关技术内容,实施有效的管理模式分析,确定有效的管理方法和实施策略。结合现骨干驾驶台资源的调配,分析船舶航行管理与安全之间的关系,加强驾驶船舶的资源匹配效果,保证船舶驾驶的安全措施和方法的合理性。

　　本书从船舶操纵入手,介绍了船舶的行动规则、船舶在互见中的避碰行动、船舶航线及航行方法等,系统论述了船舶安全与航次计划管理、引航资源管理、应急管理等。本书通过丰富全面的知识点以及清晰系统的结构,对船舶的驾驶与管理进行了全面且深入的分析与研究,充分体现了科学性、发展性、实用性等特点,希望本书能为船舶驾驶工作者、学习者提供一些理论依据,为我国船舶驾驶事业的发展添砖加瓦。

　　由于著者水平有限,书中难免有错误和不妥之处,敬请读者批评指正。

著　者

2022 年 3 月

目 录

第一章
船 舶 操 纵

第一节　船舶操纵基本原理

一、舵、旋回圈要素与船舶操纵性的关系

(一)舵与船舶操纵性的关系

舵是船舶操纵的重要设备,它能够保持航向、改变航向和做旋回运动。船舶前进中转舵,产生舵力,舵力作用于船舶重心构成回转力矩,使船舶朝着转舵的方向偏转。倒车后退时与之相反。

1.舵力

舵力又称舵压力,是水流作用在舵面上动压力的总合力。舵力的大小与舵叶对水速度、舵叶面积、舵角大小、舵叶的形状等因素有关。

2.转船力矩

舵力对船舶重心所产生的力矩使船舶围绕着通过重心的垂直轴做水平转动,称为转船力矩。

3.舵效

船舶在各种不同的状态下,用舵设备操纵船舶所表现的综合效果称为舵效。对转向性而言,舵效是指当操舵一舵角后,船舶因之回转某一角度所需的时间和纵、横距。

4.影响舵效的因素

(1)舵角

在极限舵角范围内,舵角越大,舵压力就越大,舵效越好。

(2)舵面积系数

舵面积系数大,舵效好;舵面积系数小,舵效差。

(3)舵叶对水速度

舵压力与舵叶对水速度(或称舵速)平方成正比。由螺旋桨先停转或慢转,然后突然转动螺旋桨或加大转速,能增大螺旋桨的轴向诱导速度,使舵速增加,提高舵效,船员俗称"以车助舵"。

(4)舵性

舵性是指船舶在各种运动状态下,主机在不同工况下,操舵设备的轻便、灵活、准确和可靠的性能。从实际使用来看,电动液压舵机性能较好,舵来得快,回得也快;蒸汽舵机来

得慢,回得快,易稳舵;而电动舵机来得快,回得慢,不易稳舵;人力舵来得慢,回得慢,稳向也慢。

（5）转舵时间

船长大于30 m的船舶满载、全速航行时,操舵从一舷35°至另一舷30°所需的时间,称为转舵时间或操舵时间。它反映了船舶操纵的灵活性,是舵机系统的重要指标之一。转舵时间越短,船舶舵效越好。

（6）船体水下侧面积

船首水下侧面积分布多或艏纵倾的船舶,舵效差;而船尾水下侧面积分布多或适量艉纵倾的船舶,舵效好。

（7）吃水

船舶满载时的舵效较轻载时差。

（8）横倾

船舶低速航行时,向低舷侧操舵转向,舵效较好;船舶快速航行时,向高舷侧操舵转向,舵效较好。

（9）风、流、污底及浅水

船舶在风中航行,满载时的舵效比轻载时好;船舶在有流航道中航行,逆流船的舵效比顺流船好;常流舵效比乱流好;船舶污底严重,舵效变差;船舶在浅水中航行,舵效较深水中的差。

（10）螺旋桨正转前进、反转后退

螺旋桨正转且船舶前进时舵效好;螺旋桨反转且船舶后退时舵效差。

（二）旋回圈的概念

船舶以固定的舵角和速度做360°的旋回运动时,其重心所经过的轨迹,称为旋回圈,它通常以满舵全速旋回为标准。构成船舶旋回运动的要素有反移量、纵距、横距、旋回初径、旋回直径、旋回周期、横径与纵径、转心、漂角等。

1.旋回圈要素

（1）反移量

反移量又称偏距或反横距,是指操舵后船舶重心自原航向的延伸线向操舵相反方向横移的最大距离。通常船舶重心处反移量达1/2船宽,船尾反移量达1/10～1/2船长。

驾驶员在操纵船舶时,掌握反移量的意义是:

①航行中有人落水时,为了防止落水者被卷入船尾螺旋桨,应立即向落水者一侧操舵,使船尾摆开,以保证落水者的安全;

②避让本船前方距离较近的小船时,应立即用满舵使船首让开,当估计船首已能让过时,再立即操相反方向的舵使船尾让开以避免碰撞;

③在横移驶靠码头或横移驶靠他船的靠泊操纵中,以及离泊操纵或近距离驶过系泊船时,应充分利用反移量来进行靠、离泊作业和避碰。

（2）纵距

纵距又称进距,是指船舶自操舵时起,至航向改变90°时止,船舶重心沿原航向所前进的直线距离。

驾驶员掌握船舶纵距的意义是：当船舶航经弯曲航道、掉头操纵、避让障碍物和避碰时，能较好地把握用舵的时机。

（3）横距

横距又称正移量，是指船舶自操舵时起，至航向改变90°时止，船舶重心向操舵一侧偏离原航向的横向距离。

（4）旋回初径

旋回初径或称机动直径或战术直径，是指船舶自原航向的延伸线至航向改变180°时，重心的横向移动距离。一般比旋回直径大10%，为船长的3～6倍。

驾驶员掌握船舶旋回初径，其意义体现在能正确选择船舶回转掉头所需的水域。

（5）旋回直径 D

旋回直径又称旋回终径，是指船舶旋回从180°至360°时，船舶首尾线之间的垂直距离，是船舶做定常旋回运动的直径，约为旋回初径的90%。旋回直径是衡量船舶旋回性能的主要数据。

（6）旋回周期 T

旋回周期指船舶旋回360°时所需的时间。

（7）横径与纵径

船舶做旋回运动，其旋回圈为不规则圆时，其横向最大距离称为横径，纵向最大距离称为纵径。船舶在流中旋回，逆流时纵径长，顺流时纵径短。

（8）转心 P

转心又称旋转点。船舶在旋回运动过程中，一方面以一定的速度前进，另一方面绕着 P 点的竖轴旋转。这一点是旋回圈的曲率中心到船舶纵中线的交点，当漂角等于0°时，船舶前进旋回 P 点位置一般在艏柱后 1/5～1/3 船长处。后退旋回或艉吃水增加则向后移，位置在 G 点以后。

（9）漂角 δ

漂角又称偏角，是指船舶旋回运动时，其重心在轨迹上的切线与船体中心线的夹角。漂角越大，船舶的旋回性能越好，旋回直径越小。一般船舶的漂角为3°～15°。因为进车旋回时转心的位置靠近船首，所以船首向里偏摆的幅度小，船尾向外偏摆的幅度大，一般可达2倍船宽。

2.影响旋回圈大小的因素

①航速：一般运输船舶航速越快则旋回周期越小，但旋回直径增大。

②船型：方形系数越大，旋回性能越好，旋回圈越小。

③舵角：当船速不变时，舵角增大，则旋回圈减小。

④吃水：吃水增加，则旋回圈增大。

⑤纵倾：船尾纵倾将使旋回圈增大，若艉纵倾增加为船长的1%，则旋回直径增加10%左右。

⑥横倾：船向低舷一侧旋回，其旋回直径将小于向高舷一侧旋回。

⑦螺旋桨的旋转方向：单桨船的旋回方向与螺旋桨旋转方向一致时，旋回圈增大。因此一般单桨船（右旋车）向左旋回时的旋回圈比向右旋回时的小。

⑧舵入水面积：舵入水面积大，则操舵时水对舵面的垂直压力大，旋回圈减小。

⑨水深:浅水中旋回舵效差,旋回圈增大,在水深为吃水的1.3倍的条件下的旋回直径比在深水中旋回直径大1.6倍。

⑩船体污损:船体水下部分污损多,旋回圈增大。

(三)船舶旋回运动中的横倾

1. 内倾

船舶在直航中操舵,船舶向操舵一侧内倾,其倾角很小,持续惯性力的时间也极短。

2. 外倾

在旋回运动的渐变阶段,船舶产生外倾。由内倾转为外倾时,因惯性作用,外倾角瞬时达到最大值,然后逐渐减小而趋向稳定。外倾角的最大值可达稳定横倾角的1.3~2.2倍。

在实际操船中,船舶高速航行时用大舵角旋回,将出现危险的横倾,这时切忌回舵或操反舵。因为舵力产生的横倾力矩的方向与离心力产生的横倾力矩的方向相反,可以抵消部分外倾力。如果急速回舵或操反舵,则不仅取消了内倾力矩的制约作用,而且舵面上水压力中的横向分力的力矩方向与外倾力矩的方向相同,因此加大了外倾力矩,船舶将有倾覆的危险。如遇有上述情况应立即降低航速,以减轻横倾程度,再采取小舵角慢慢回舵,这样才能防止倾覆,保证安全。

二、船速与冲程

(一)阻力

船舶航行时所受到的阻力按其对操纵的影响,总体上划分为基本阻力与附加阻力两部分。一般运输船舶的阻力,为其全部重力的1/1000~1/100。

1. 基本阻力

基本阻力包括摩擦阻力、形状阻力和兴波阻力。

(1)摩擦阻力

船在水中行驶,船壳浸入水中部分与水发生直接摩擦而产生的阻力称为摩擦阻力。它与船的浸水面积、船体表面粗糙度、水的黏度有关,是船舶行驶的主要阻力。一般低速航行时占船舶总阻力的70%~80%,高速航行时占5%左右。

(2)形状阻力

形状阻力又称涡流阻力,是指因船体表面曲度的改变,沿船体表面通过的水流压力发生突变而产生的阻力。它与船的横截面积、曲线形状、船体的长宽比等有关。一般占船舶总阻力的10%。

(3)兴波阻力

船舶航行时,船体周围压力变化而产生了波浪,波浪所引起的能量消耗,即为兴波阻力。兴波阻力大小与船速、船体几何形状有关,因此低速航行时甚小,而随着船速以4~6次方增长,高速航行时可占总阻力的50%以上。

2. 附加阻力

附加阻力包括附属体阻力、空气阻力和汹涛阻力。

（1）附属体阻力

船舶的附属设备（如舵、舭龙骨、人字架等）所形成的阻力，称为附属体阻力。它与附属体的位置、大小、数量、形状等有关。一般单螺旋桨船附属体阻力占总阻力的3%~5%，双螺旋桨船阻力占总阻力的5%~10%。

（2）空气阻力

船舶航行时空气作用于船体水上部分而产生的阻力，称为空气阻力。它与上层建筑物的位置、形状、大小、数量及风力强度、风与船舶相对运动的速度有关。一般船舶航行时空气阻力占总阻力的3%~4%。

（3）汹涛阻力

船舶在大风浪中航行，风浪引起船舶的剧烈运动，如纵摇、横摇、艏摇、垂荡及浪击、甲板上浪等使船舶产生能量损失的力称为汹涛阻力。它与船体尺度、线型、质量及抗摇性能有关，随着水面气象、波浪的现象而定。一般船舶设计时，对克服汹涛阻力留有15%~30%的功率储备。

（二）推力

推力是指推进器工作时，水对推进器产生的反作用力在艏艉方向上的分力，它推动船舶行驶。当推力大于阻力时，船舶做加速运动；当推力等于阻力时，船舶做匀速运动；当推力小于阻力时，船舶做减速运动。

当船舶处于对水静止状态时，螺旋桨在船舶主机的驱动下，进车时产生前进推力；倒车时产生后退拉力，后退拉力为前进推力的60%~70%；系泊时，产生系住推力，即船速为零时开进车螺旋桨产生的推力。

（三）船速

船舶在无风、无流影响的静水中的实际航行速度为船速。船速通常分为以下四类。

1. 额定船速

根据国家标准验收后的主机，可供水上长期安全使用的最大功率即为该主机的额定功率。额定功率下的转速称为额定转速。在额定功率和额定转速条件下，船舶所能达到的静水速度称为该船的额定船速。额定船速是船舶在深水中可供使用的最高船速。

2. 常用船速

为了保证长期和长途航行的安全，船舶在海上或内河航行，都留有适当的主机功率储备，一般是最大功率（额定功率）的80%~90%，常用转速为额定转速的92.8%~96.7%。相应条件下的船速即为常用船速。

3. 经济船速

远距离航行中，以节约燃料消耗和提高营运效益为目的，根据航行条件等特点所确定的船速，称为经济船速。一般情况下，经济船速比常用船速低。

4. 港内船速

近岸航行，尤其港内航行，由于船舶密集，水深较浅，弯道较多，用舵、用车频繁。为了防止船吸作用及浪损和岸推、岸吸，便于操纵和避让，船舶港内航行最高船速应较常用船速低，一般情况是将主机输出功率降为常用功率的50%左右，这时所得的船速即为港内船速。

港内最高转速为常用转速的 70%~80%。

(四)船舶冲程

1.冲程的概念

船舶在航进中,从停车或倒车时起到船舶对水无运动时止的期间,船舶借惯性所移行的距离称为船舶冲程,又称船舶冲距。

(1)启动冲程

静止中的船舶,从开车时起到航速达到实际速度时止的行进距离称为启动冲程,又称启动惯性。

(2)停车冲程

船舶在航进中,从停车时起到船舶对水无运动时止的期间,船舶借惯性所移行的距离称为停车冲程。船舶停车冲程因船型、航速、排水量的不同而有所变化。一般内河船舶快车前进的停车冲程为 5~7 倍船长;慢车前进时的停车冲程为 3~4 倍船长。

(3)倒车冲程

船舶在航进中,从操纵倒车时起到对水无运动时止的期间,船舶借惯性所移行的距离,称为倒车冲程。全速倒车冲程是船舶制动的最短距离,对于紧急停船保证操船的安全极为重要。倒车冲程与船舶排水量、初始速度成正比;与主机倒车功率成反比。一般内河船舶快车前进时,其倒车冲程为 4~5 倍船长;慢车前进的,其倒车冲程为 1~3 倍船长。

2.影响船舶冲程的有关因素

①船体水线下线型。方形系数小、瘦削的船冲程大。

②船舶载重量越大,冲程也越大。

③航速越大冲程也越大。

④主机倒车功率越小,换向时间越长,冲程越大。

⑤顺风、顺流时冲程增大,反之则减小。

⑥浅水中冲程将减小。

⑦船体水线以下有锈蚀、污损及水生物等,冲程减小。

三、水流对船舶操纵性能的影响

(一)均匀性水流对船舶操纵性能的影响

船在水流中运动的情况和在静水中不一样,水流直接作用于船体水下部分,船舶航行时一方面按照自己的航向、航速运动,另一方面受水流的影响,所以船舶的航迹实际上是沿着这两个速度的合成方向。水流对船舶操纵的影响是多方面的,且有一定的规律,因为水的密度比空气大,所以在相对运动时,往往比风的影响大。

1.水流对航速和冲程的影响

船在水流中航行与对陆地的实际速度不同,顺流航行其实际速度等于船速加流速,逆流航行其实际速度等于船速减流速。

逆流时船舶运动受到水流的阻力,船停车以后的冲程减少;顺流时,船停车以后因受到水流的推力,其减速过程非常缓慢,往往要借助于倒车或抛锚才能阻止船随水流的速度移行。

2. 水流对船舶漂移和偏转的影响

船在水流中航行,当船的航向与水流流向不一致时,船舶的航迹将偏离原来航线,按照它们的合力方向漂移。流压角越大,流速越快或船速越小,则漂移现象越显著,离开船舶计划的航线也越远。

3. 水流对舵效的影响

逆流用舵时在较短的距离内可以使船转过较大的角度,同时操纵船时也容易把定,即稳得住船,从这种现象来看,逆流航行时的舵效比顺流航行时的舵效好。

(二)非均匀性水流对船舶操纵性能的影响

船舶在内河航道航行时,不仅受到均匀性水流影响,更多的是受到非均匀性水流的影响。非均匀性水流的种类很多,有回流、横流(斜流)、泡水、旋水、夹堰水等,这些水流对船的作用与均匀性水流不同。船舶在均匀性水流中,随水流漂移时,对水速度的变化很小,甚至为零;但在非均匀性水流中,水流流速、流向的变化,可以增大或减小船舶的前进阻力,使螺旋桨的推力变大或变小,以及使舵压力增大或减小。如果非均匀性水流以较大夹角冲击船舶时,可使船舶迅速横移和因船体前后部分所受水动力不同而产生转船力矩,使船舶偏转而偏离预定航线;有时甚至超过车、舵控制能力而失控,导致发生事故。

四、浅水效应及岸壁效应

(一)浅水效应及其对船舶操纵性能的影响

1. 浅水区的界定

①从对船体航行阻力的影响来区分,低速船在水深与船舶吃水之比小于4、高速船小于10时,可认为船舶驶入浅水区域;

②从对船体横向运动的影响来区分,船舶在水深与船舶吃水之比小于2.5时,可认为船舶驶入浅水区域;

③从对船舶操纵性能的影响来区分,船舶在水深与船舶吃水之比小于1.5时,可认为船舶驶入浅水区域。

2. 船舶驶入浅水区的迹象

①兴波和水花声音减小;

②航速下降;

③船身下沉;

④船体震抖;

⑤螺旋桨排出泥浆水;

⑥船尾出现明显追迹浪;

⑦舵不灵,航向不稳,或向某一舷跑舵;

⑧顶推船队发生艏驳跳动,人向前倾。

3. 在浅水中航行的注意事项

（1）减速

浅水区航行应使用低速航行。

（2）防止吸底和螺旋桨损坏

通过富余水深不大的水域，必须使用微速航行。尤其是平底而线型丰满的船舶，当水深达到船舶吃水的 1.5 倍以下时，浅水效应较为显著。如航速较高，则可能导致吸底或螺旋桨损坏。

（3）防止浪损

浅水区航行掀起的船波，尤其是快速或大角度转向时，艏艉的横波叠加成高陡的波峰，波浪的冲击传播有对他船造成浪损的可能性。

（4）紧急措施

船舶在浅水区航行，应备锚并不断测深，当水深危及安全，即某一舷出现浅水效应时，应停车、稳舵，用一舵一稳的操纵方法驶离浅水区。

（二）岸壁效应及其对船舶操纵性能的影响

船舶在航道中航行时，如果过分靠近一侧岸壁航行，则船首高压在靠岸一侧受到岸壁的反射作用，压力升高，产生指向河心的压力差，使船首向河心一侧偏转，这一现象称为岸推现象。

在船尾处，因为过水断面较小，船尾螺旋桨工作时，船尾靠岸一侧的流速增高较多，压力下降较大，所以在船尾两侧产生压力差，其方向指向岸壁一侧，有把船尾吸向岸边的趋势，这一现象称为岸吸现象。

岸推和岸吸统称为岸壁效应。岸推和岸吸同时发生，并与航速、吃水成正比，与岸距成反比。航速越快、吃水越深，距离越小（船岸之间），影响也越强烈，甚至用舵也无法克服，有触损螺旋桨和舵的危险，这一现象对肥大型船尤为突出。

船在沿岸航行中，一定要保持适当岸距，不宜距岸太近；当航宽受限或避让距离过近时，应减速行驶；驶离岸壁时，应用小舵角慢慢摆开，不宜操大舵角。

五、船间效应

船舶在对驶、追越或并进的过程中，如果两船距过近，由于压力的不平衡，可能导致船舶互相吸引或互相排斥，产生波荡和偏转，发生碰撞。

两船对驶、追越或并进相遇时，因两船横距过近、航速过快而发生偏转和吸拢的现象，称为"船吸现象"或"船间效应"。

（一）一船追越另一船的船间效应

设 A、B 两船长度相同，当 A 船追越 B 船，A 船首与 B 船尾接近时，因 A 船首与 B 船尾都在高压区，两船相互排斥，作用在船首部的排斥力大于作用在船尾部的排斥力，A 船向外偏转，如图 1-1（a）所示；当 A 船首处于 B 船舯部低压区时，A 船首向里吸拢而船尾向外排斥，如图 1-1（b）所示；当两船并进时，两船间流速加快，流压显著降低，两船内外之间形成水功压力差，使两船相互吸拢，如图 1-1（c）所示；当 A 船尾处于 B 船舯部低压区时，A 船受 B 船首高压的排斥和舯部低压的吸入,其船首外偏,如图1-1(d)所示;当A船尾处于B船首时,A船尾与B船首相互排斥,如图1-1(e)所示。在上述追越过程中,两船相互位置如图1-1(c)所示时最易发生吸拢而碰撞。

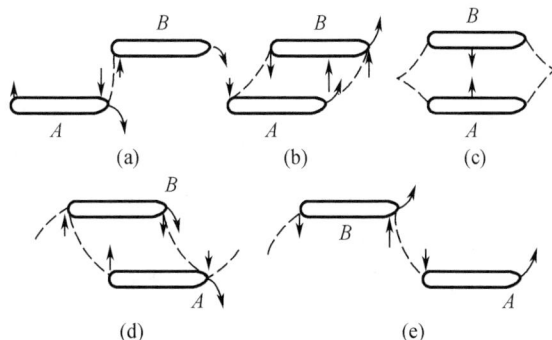

图1-1　船舶追越过程的船间效应示意图

(二)两船对驶相遇的船间效应

设A、B两船长度相同,对驶相遇平行驶过,当两船首接近时,船首高压使两船相互排斥而向外偏转,如图1-2(a)所示;当A船首处于B船舯部时,由于船首内侧的高压区与对方低压区的相互干扰,外侧压力大于内侧,使船首向内偏转,如图1-2(b)所示;当两船处于平行时,两船相互吸拢,如图1-2(c)所示;当两船舯尾处于对方中部时,两船首均向外偏转,如图1-2(d)所示;当两船尾平行接近时,两船首均向内偏转,如图1-2(e)所示。

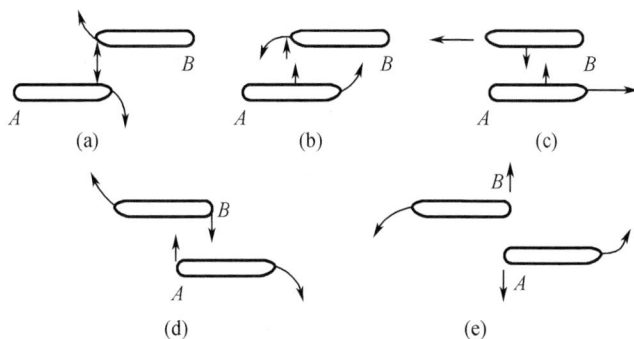

图1-2　船舶对驶相遇的船间效应示意图

(三)影响船间效应的因素

1.两船的横距越小,则船吸影响越大

当两船横距为船长1/2时,船吸现象极其显著,有引起接触和碰撞的危险。

2.两船航向相同比航向相反时的影响大

两船航向相反时互相影响时间短,作用力消失得很快。当处于同航向的追越关系时,受到作用力的时间长,影响也大。

3. 船速越高,影响越大

船速越大则船侧的压力变化越大,兴波也越激烈,相互作用也越显著。

4. 船舶排水量相差越大,产生的反作用越激烈

两船的排水量相差越大,小船所受到的影响越显著,越容易发生偏位而冲碰大船。

(四)预防船间效应的措施

在狭水道追越他船前,必须备车并用声号表明意图,征得被追越船同意后,方可追越。被追越船应根据避碰规则规定,给追越船让路,并尽可能扩大两船之间的横距。在航道较宽的水域追越时,两船之间的横距最少应大于较大船的船长。

在追越过程中,被追越船在不影响舵效的情况下应尽量降低船速,而追越船可适当加速,以便尽早越过。当两船之间距离受到水深或其他因素限制时,双方均应酌情降低船速。

两船对遇,相互之间距离因限于航道条件时,双方都应先缓速行驶,待船首互相通过时,可加车以增加舵效,稳住船首向,使吸引力的作用尽快消失。

两船对遇在船首相平后,有互相排斥的趋势,各自向外偏转,此时不宜用大舵角制止,以防船首到达对方正横低压区时加快向里偏转,出现船吸引起碰撞。

尽量避免在狭窄或浅滩处追越或对驶相遇。

追越过程中,若出现船吸的迹象,应立即停车或开倒车,并迅速通知对方。

第二节　船舶系、离泊操纵

一、抛、起锚操纵

锚设备是船舶的重要操纵设备之一,船舶驾驶员在操纵船舶时,经常使用锚的配合来达到操纵目的。正确使用锚是驾驶员的重要技能。

(一)锚的用途

1. 抑制余速和紧急避碰

在船舶操纵过程中,其速度控制是很重要的环节。当船舶驶靠码头或系浮、系岸时,因船舶运动的速度较慢,不能保持较好的舵效,则可用锚控制速度,使船接近泊位。在航行中用快倒车仍无法避免碰撞或搁浅事故时,可用锚抑制船舶惯性,紧急制动。

2. 控制横向移动

当船舶驶近泊位,特别是有风、流压拢码头时,如将锚抛下,并缓松锚链,就能调整船身横移的角度和速度。在离开泊位时,慢慢绞开锚,控制船身向外横移,便于安全驶离。

3. 控制船首方向

在狭水道短距离移泊,尤其在风、流作用下向后移泊,可利用拖锚控制船位,防止船首偏转。

4. 协助掉头

因水域限制或风、流的影响,单独运用车、舵不易完成掉头操纵时,使用锚并配合车、舵

可在较小的范围内掉头。

5.大风浪中漂航

航行中遇大风浪时,可拖锚或卸除锚,松下锚链若干节,顶风漂航。

6.固定船位或绞锚出浅

船舶搁浅或触礁后,为不致因风浪或潮流影响而发生意外,可用小艇抛开锚以固定船位或利用该锚来绞锚出浅。

(二)锚的抓力与出链长度的确定方法

1.锚的抓力

锚泊船的锚抓力指的是正常锚泊情况下锚的系留力。单锚泊方式的锚抓力在数值上等于锚的抓力和链的抓力之和,其中链的抓力为卧底锚链与河底之间的摩擦力。双锚泊方式的锚抓力则为双锚、双链抓力的几何和。

影响锚抓力大小的主要因素有锚型、锚重、链长、抛锚方法、水深、底质和水底地形等素。

2.出链长度

(1)单锚泊的出链长度

在内河,根据经验,若是在正常天气和良好底质的条件下,松出锚链的长度应该不小于水深的4~6倍。在实际工作中,应根据当地当时的风力大小、水流急缓、水的深浅等具体情况,灵活掌握。若风大流急、底质又差时,应适当多松一点链,以策安全。同时还应根据锚泊时间长短确定,若锚泊时间较长,则应多放链。

(2)抛锚制动时的出链长度

第一阶段是航速较快时,一次出链不可太多,否则易造成断链失锚,但出链太短起不到制动效果,因此必须两者兼顾,出链长度为1.5倍水深。第二阶段是确定船舶前进惯性减弱不致把锚链拉断时,如果需要可以适当松链;或先让锚抓牢,再松链使船停住。

(3)顺流抛锚掉头时的出链长度

船舶在内河顺流抛锚掉头,其特点在于水域狭窄,用锚的目的是使船舶在掉头区安全范围内完成掉头过程。出链长度的要求:一是能顺利完成掉头操作;二是不致损坏锚设备,造成断链失锚。因此,在抛锚时,若航速较大,松出的链长应先短些,即出链长度应为水深的1.5倍左右刹住,待船速减慢,再适当松出锚链,让锚抓牢,把船拉住,以便借水动力助船掉头。在此情况下用锚,若出链过短,则始终拖锚滑行;若出链过长,会增大掉头的甩尾范围,容易发生危险,导致用锚失败。

(4)靠、离泊操纵用锚时的出链长度

单纯因靠泊用锚,出链长度以不超过1节入水为宜,以便靠妥后能随时绞起。如需利用锚、缆的相互配合来控制船首横移,抵制风动力、水动力的作用,出链长度可长一些,以便使锚抓牢,发挥其作用。抛倒锚时,出链不宜过长,以免造成离泊操纵困难。

(5)搁浅用锚时的出链长度

无论是为了固定船身,还是为了协助脱浅,锚链或钢缆都应尽可能松长一些,这样较为有利。

(三)各种锚泊方式特点及使用方法

不同的锚泊方式适用于不同的水域和条件,各有自身的特点。

1. 单锚泊

船舶抛一只锚进行锚泊的方式称为单锚泊,单锚泊是应用最广泛的锚泊方式。这种方式作业容易,抛起锚方便,适用水域较广。不足之处是风浪增大时偏荡严重,旋回所需水域较大,锚抓力较弱。

2. 八字锚泊

船舶先后抛出左、右两锚,使双链保持一定夹角,呈倒"八"字的锚泊方式称为八字锚泊。八字锚泊与单锚泊相比具有增大锚泊力和抑制偏荡的作用。在锚地底质差或风大流急的情况下,单锚泊抓力不足时均可使用此种锚泊方式。

3. 一字锚泊

在狭窄水域,船舶沿水域纵向(一般沿流向)先后抛出两锚,使双链交角保持在近于180°时的锚泊方式称为一字锚泊。在风流影响下,受外力作用较大的锚和锚链称为力锚和力链;反之则称为惰锚和惰链。一字锚泊方式旋回水域最小,适用于狭窄水域,但作业较为复杂、费时,容易缠链。

4. 平行锚泊

船舶同时抛下左、右两锚,使两链保持平行,夹角为零的锚泊方式称为平行锚泊,又称一点锚。该锚泊方式可抵御强烈的风浪和湍急的水流,但偏荡较大。平行锚泊抓力最大,操作简单,左右受力均衡,最适合抗台使用。

5. 艏艉锚泊

在有涨落潮流、狭窄的或存在障碍物的水域,不允许船舶自由旋回,一只锚从船首向前方抛出,一只锚从船尾向后抛出,船舶系留在两个锚位的中间,成一条直线,这种锚泊方式称为艏艉锚泊。

(四)船舶抛起锚的方法

1. 单锚泊方法

单锚泊是锚泊方式中最常用的方式,其抛法有后退抛锚法和前进抛锚法。

(1)后退抛锚法

船舶顶流或顶风驶向锚地,在即将到达锚位时停车,利用余速到达锚位,当船稳住略开倒车,船开始有后退的趋势时停车抛锚,锚到底后即刹住。控制船继续后退,锚在船的拉力下抓住水底,并徐徐松链,车舵配合,时松时刹,直至松出所需的长度,确定锚已抓牢后,做好固定工作。

(2)前进抛锚法

在抛锚过程中,船舶保持微速前进,边抛锚边使船缓慢前移,即在前进的惯性中松出锚链而进行锚泊的操纵方法。

前进抛锚法能稳定船首方向,抛锚所需的时间短,操纵便利,能比较准确地在预定位置上抛锚。但在前进中抛锚,锚链被拉向后方在锚孔或船首柱处弯曲,产生的应力很集中,使锚链与船体摩擦受损。同时,从抛锚地点到锚抓牢之间的拖锚距离大,泊位前方还必须有相当充裕的水域。

前进抛锚法通常用于风流和缓或顺流的情况下,操纵船舶掉头、系浮筒或靠码头。在船舶航行中紧急避碰时,也常用此法抛锚。

(3)深水抛锚

如果在深水水域按普通抛锚法直接将锚从锚链孔或水面抛下,将导致松链下滑速度太大,锚机刹车带烧坏、断链失锚;或由于锚触底时速度大,遇坚硬底质的水底而导致锚变形或损坏。

2. 双锚泊方法

使用两个锚进行锚泊的方式叫作双锚泊。

(1)抛一字锚

①顶流后退抛锚法

如图1-3(a)所示,船沿锚位线顶流前进至上流锚位前,及早停车减速,并适时倒车,使船到达锚位1,且略有退势时,抛下第一锚(力锚),如有侧风,应抛下风舷锚,边退边松锚链,松至预定链长的2倍时(锚位2),抛下第二锚(惰锚),然后一边松惰锚锚链,一边绞进力锚锚链至两链长度相等或预计长度时为止。

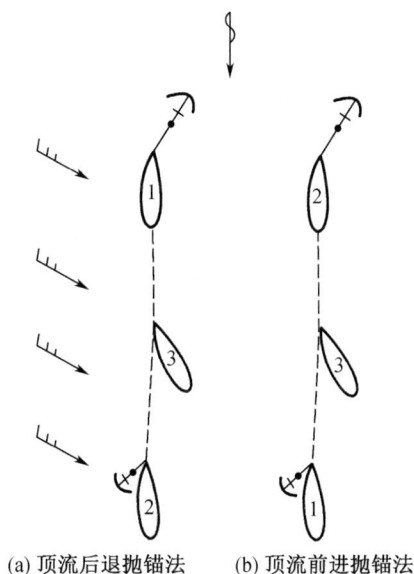

(a) 顶流后退抛锚法　　(b) 顶流前进抛锚法

图1-3　抛一字锚法示意图

②顶流前进抛锚法

如图1-3(b)所示,船抵锚位1前,及早停车减速,保持缓慢速度接近第1落锚点,抛下惰锚(或上风舷锚),慢慢松出锚链至预定链长的2倍时,刹住惰锚锚链,抛下力锚(或下风舷锚);然后绞收惰锚锚链,松出力锚锚链,直至两锚链均等或达到预计长度时为止。

为防止两锚链绞缠,要保持两链松紧适度,在转流前将惰链绞紧,船首不能自由偏转,并将舵转向惰锚所在的一侧,以免逆转。

保证一旦锚链绞缠时便于清解,抛锚松链时要注意把锚链卸扣留在甲板上。如有条件,清解时可用拖船协助拖带或顶推船尾,使船舶向绞缠的反方向回转。顶流前进抛锚法较顶流后退抛锚法易于操纵,受风流影响时,锚位容易抛准,但船底富余水深不大时,不宜采用。

（2）抛八字锚

抛八字锚有后退抛八字锚法和前进抛八字锚法两种操纵方法。

①后退抛八字锚法（顶风顶流抛锚法）

先按抛单锚的方法使船舶顶风（顶流）或对着风流的合力方向,抛下上风上流一舷的锚（如图1-4位1所示）,松出一定长度锚链,船随风流力后退,使锚抓底（位2）,使用车舵将船转向另一侧30°左右,再缓速驶向第二锚位且与第一锚位齐平（位3）,抛下另一锚,再用慢倒车后退,松出足够的锚链,使两链受力均衡,其夹角不超过60°,船在风流作用和车的控制下到达船位4,确认锚已抓底,则抛锚完成。这一锚泊方法的优点是操作方便,但作业时间稍长。

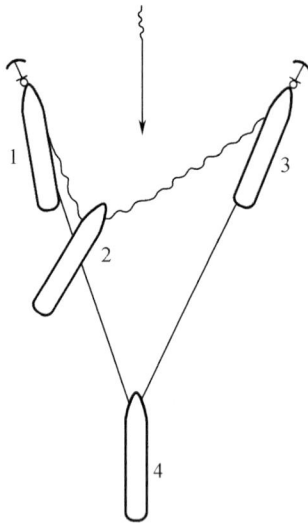

图1-4　后退抛八字锚法示意图

②前进抛八字锚法

船舶处于横风或横流的情况下驶近锚位抛下第一锚后（如图1-5位1所示）,再一边松链一边缓速前进,将船操纵控制到第二个锚位（位2）,抛下另一舷首锚。然后边松链边后退,调整两链至预定长度直至受力均衡为止。前进抛八字锚法的特点是作业时间短,但要求操作熟练。

已抛单锚的船舶,如有强风来袭,需改抛八字锚时,可先收进一部分锚链（如图1-5位2所示）,然后按前述操作方法抛锚。

在内河傍近河岸抛八字锚时,宜先抛外舷锚,后抛近岸一舷的锚。后退抛八字锚遇横风时,应先抛上风舷的锚,后抛下风舷的锚。一般两链的夹角控制在30°～45°,不要超过60°,否则会失去增加锚的总抓力的作用。

（3）抛一点锚

在防台风和抗御雷雨大风(珠江船员习惯称其为西北石湖风)中，为加强锚力，除了抛八字锚之外，还可抛一字锚。

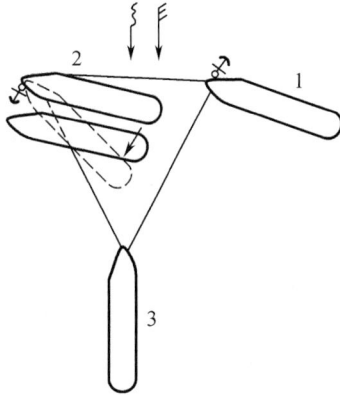

图 1-5　前进抛八字锚法示意图

操纵船舶迎着风流合力的方向驶近锚地，到达锚位前停车，当船开始后退时同时抛下船头两舷锚，并以同样的速度松放锚链。当锚链松至预定长度时刹住，然后同时调整两链使之同时微受力后刹紧，锚即抛妥。

一点锚的总抓力等于两锚的抓力之和，它的总抓力大于抛八字锚的总抓力。一点锚操纵方便，简单快捷，在应急中收效快，是抗击突然来临的风暴袭击的有效锚泊法。

一点锚抛妥后，船舶在大风中会两边摆荡，此时需要随时注意两链的松紧，并及时进行调整，使之受力均匀。

（4）抛艏艉锚

先按抛单锚法逆流抛下艏锚，控制船舶缓速后退，慢慢松链，至松出锚链为预定长度2倍时抛出艉锚，再松艉锚锚链，绞艏锚锚链，调整艏艉锚链的长度，使船舶处于适中的位置。

3. 起锚操纵

①应做好起锚前的准备工作，应有驾驶员在船头，随时向驾驶台报告锚及锚链的情况(如锚链吃力、锚链方向、锚链垂直、锚链入水节数、锚离地、锚出水、起锚完毕等)。

②驾驶台应适当使用车舵配合起锚操纵，使锚链垂直于水面，减轻锚机负荷。

③保持锚链方向在船首30°范围以内，防止锚链压在龙骨下方或摩擦艏柱。

④在起锚过程中，如果锚机负荷异常，可能是锚或链被水底障碍物卡住，不得强绞，应倒出一点锚链，再操纵船舶向锚链方向运动或左右摆动，配合试绞。

⑤锚离底后要及时用车舵控制船位，防止船舶被风、流压向险区。锚出水后才能开车前进。

⑥起双锚时，应首先考虑当时风向和流向。绞一字锚须先绞惰锚，后绞力锚。若绞八字锚，应先绞内档和下风的锚。若绞艏艉锚，在潮区锚地应利用平潮或顶风顶流的时机，以便先绞艉锚。如顺流起锚，当地有足够的回旋余地，也可先绞艉锚。

⑦绞锚入孔时应注意落位。锚出水后应降下锚泊信号。

(五)锚泊中遇大风浪的措施

船舶在锚泊中一旦遭受大风浪的袭击,如果没有足够的系留力和防范措施,就会因锚的抓力不足或不能充分发挥其系留作用而引起走锚,甚至导致搁浅、触礁或碰撞他船。因此,必须有所准备并采取相应措施。

1. 起锚检视或移锚

在收到气象预报有大风浪袭来以前,或锚泊过程中因风向转变,锚在水底转动引起抓力变化,应进行起锚检视或转移至良好锚地系泊,以确保良好的系留状态。

2. 增加吃水和调整纵倾

船体所受的风压力与船体受风面积成比例增加。因此,未充分装载的船舶,应给压载水舱注水,使吃水增加以减小受风面积。同时因给压载水舱注水增加了水下体积,也增加了船体运动的阻力,使船体摇摆及偏荡运动有所减少。此时如将船由艉倾变成等吃水,甚至艏倾时,则风压、中心将向后移动,水的阻力中心将随之前移,这时控制船体偏摆幅度,就更加有利。

3. 增加出链长度

锚泊船的系留力根据锚的抓力和锚链的补充抓力计算,因此增加出链长度,有利于增加系留力,同时有利于在风浪中承受冲击负荷。但是增加出链长度将使船舶偏荡的幅度增大,作用于船体的外力也随之增大,在一定程度上增加了锚链的负荷。

4. 防止船体偏荡运动

船在单锚泊中因风浪的作用而失去了平衡状态时,船舶将以锚为中心,船首按8字形的轨迹做"偏荡运动"。减少偏荡的措施:增加船舶吃水,调整吃水差,用车舵使船首顶风,抛立锚(止荡锚)或八字锚。

5. 配合使用主机

当遇有大风浪袭来时,应立即备车,使之处于随时可用的状态。同时应派人在船首观察锚链方向及紧张程度,并控制用车速度,不能前进过头,否则可能拉翻锚。用锚链拉力和主机推力来保持与外力平衡,以缓和锚链紧张状态,不致受到剧烈的冲击负荷。

6. 双锚泊时应使锚都处于良好抓住状态

如大风浪袭来前本船已抛出双锚,应注意保持双链清爽,调整好锚的方位线,使之面对最强的风向,形成最有效的抓力状态。

二、走锚和守锚

(一)船舶发生走锚的原因,走锚的判断方法

1. 走锚的原因
①本船配备的锚未按规范配足重量。
②抛锚时松出的锚链长度不够。
③河床底质不良,不能充分发挥锚抓力。
④洪水猛涨,流速激增,使船体承受的水动力大于锚的系留力。
⑤不正常水流影响。

⑥在暴风中,因风引起的船舶偏荡,使锚的系留力减小,以及风对船体产生的风动力激增,致使风动力、水动力之和大于锚的系留力而发生走锚。

⑦数船共抛一锚。本船锚泊后,他船未抛锚相靠,而且本船又未松出足够的锚链,可能使锚的系留力不足而走锚。

2. 判断走锚的方法

①选择岸上固定目标2~3个,岸标之间夹角最好近90°,连续测其方位,也可选择接近正横的两个视岸标来核对船位。

②在船首附近一侧,垂直抛放测锤或测竿(小船),如发生走锚,绳或竿将会移位向前拉伸。

③锚泊船在正常的情况下,锚链是有规律地拉紧和松弛。走锚时链筒外的锚链会出现先紧后突松现象;锚链发生间歇性的急剧抖动,用手触锚链也可感觉到震动。

④进行测深试验,从水深的差异来判断是否走锚。

⑤在离岸较近的锚地锚泊,夜间可用探照灯照射岸边固定点。恶劣天气可借助雷达测定船位。

⑥空船锚泊时发现船首不迎风,出现较大的风舷角,抛八字锚泊时可从两链的夹角变化情况进行判断。

(二)锚泊值班的要求及注意事项,长期锚泊的活锚措施

1. 锚泊值班的要求及注意事项

为了保证船舶的锚泊安全,锚泊船应指派专人"值锚更"。检查是否按规定显示锚泊信号;随时测定船位,是否发生走锚现象;注意他船是否前来靠泊,如有危及本船迹象,应及时予以提醒、警告;收听天气预报,注意气象、水位、流态等变化,及时采取防范措施。

2. 长期锚泊的活锚措施

(1)守锚

守锚是指船舶在锚泊期间,必须经常采取措施保持锚和锚链处于良好的抓着状态的一种措施。守锚措施除前面已经介绍过的单锚泊偏荡的抑制、锚链绞缠的清解等外,还包括起锚检视。

(2)活锚

在走沙河段,长时间锚泊,会造成泥沙堆积在锚上致使锚被泥沙深埋的现象,称为淤锚。淤锚将造成锚与风流变化的锚链方向不能一致,使锚干受到相当大的弯矩,破坏锚的抓着条件,同时还给起锚操作造成障碍。为了避免淤锚现象,应每隔一段时间把锚绞起来后重新抛下,以维持良好的锚泊状态,这种操作叫作锚检视,船员称为"活锚"。在泥沙淤积严重的河段,一般每隔3~5天进行一次起锚检视。

三、链缠锚和锚链绞缠的概念及预防方法

(一)链缠锚和锚链绞缠的基本概念

单锚泊船当风向、流向换向时,船体便随着改变艏向,由于船反转掉头时拖着锚链从锚上通过,而造成锚链缠在锚爪上,叫作链缠锚。

双锚泊船当船首转向时,两锚锚链往往会发生相反绞缠,这一现象叫作锚链绞缠。链缠锚和锚链绞缠,使锚和锚链局部变形,锚抓力和强度降低,并对起锚造成困难。

(二)链缠锚和锚链绞缠的预防方法

为了防止链缠锚,单锚泊船在潮流换向时,要使船以锚为中心,给锚链以适当的拉力而慢慢转向,使船体不至于从锚的上方通过。因此,应根据情况将锚链绞进或松出,同时用舵来引导船舶掉头和转动。

为了防止锚链绞缠,双锚泊船在潮流换向时,应轮流以相反方向掉头,以便经常保持锚链处于张开状态。

四、锚地的选择及应考虑的因素

锚地选择得正确与否,直接关系到锚泊的安全。操船者必须高度重视。锚地的选择必须满足以下要求。

(一)水深适宜

锚地应是水深适宜,水势平稳,无不正常水流的水域。一般要求实际水深在当时船舶吃水的2倍以上,通常不超过一舷锚链总长的1/4。

(二)底质良好

锚地的底质以软泥地最佳,沙泥地次之,沙砾或贝砾地较差。石质河床不宜抛锚。
锚地应选择平坦、坡度不大的河底为宜。

(三)周围环境无障碍

锚地应保证船舶在锚泊操纵中有足够的活动范围并预留转风、转流影响所需的回旋余地。单锚泊的安全范围用圆周半径来表示,要求大于出链长度加2倍船长。远离沉船、暗礁、桥梁、危险品码头及过江电缆,避开航道或船只往来频繁之处,并有显著陆标可供随时测定船位。

(四)避风防浪

锚地应选择有陆域避风河段,以免受到风浪的袭击,尤其在季风或台风盛行期间。如我国沿海冬季盛行偏北风,需要选择避偏北风的锚地。如有台风来袭,最好选择环抱式的或者周围有高山、岛屿作为屏障的港湾锚地。有山丘的高地、有建筑物遮蔽的内河港口,通常都是较理想的避风锚地。

五、船舶掉头

船舶航向改变180°的作业称为掉头,掉头操纵是船舶在营运过程中常见的操纵作业之一。

(一)掉头前的准备

1.选择掉头水域

船舶在掉头时,应选择水域较宽阔、水流平缓、附近无障碍的河段进行。在水域狭窄、船舶密集的港口,一般有指定的掉头区,必须遵照港口的规定进行掉头。

2.考虑本船条件

根据本船的操纵设备和性能,正确运用车、舵,充分估计船舶的冲程和旋回范围。

3.注意外界影响

注意附近船舶动态等环境变化,充分估算风、流的影响,选择有利的掉头方向。

4.按规定显示信号

显示掉头号型、号灯,配合声号或高频通话,以便过往船舶采取避让措施。

5.拟定操纵方案

应根据当时当地的客观条件,充分利用有利的因素,定出具体的操纵方案,力求操纵准确、安全可靠。

(二)船舶掉头方向选择

在工作实践中常做如下选择:

①在顺直河段,顺水船从主流转向缓流,逆水船从缓流转向主流;

②在弯曲不大的河段,顺水船从陡岸转向浅水岸,逆水船从浅水岸转向陡岸;

③在航道狭窄而弯曲的河段,不论上水船或下水船,均从陡岸转向浅水岸;

④在航道很宽时,顺水船从主流转向陡岸,逆水船则从陡岸转向主流;

⑤若风的影响大于流时,船应从下风岸转向上风岸;

⑥若风流影响不大,河道又宽阔时,普通机动船常向左回转掉头,而水局船则向右回转掉头。

(三)船舶掉头常用的操纵方法

1.单桨船进车掉头

在无障碍的宽阔河段,当航道宽度大于船舶旋回初径时,单桨船可采用进车掉头法。当船舶驶近预先选择的掉头河段时,应先减速,以减少船舶惯性及旋回时离心力所造成的横倾。

2.双桨船进车差速掉头

当船舶驶近预先选择的掉头河段,先降低车速,到达掉头的位置时,向掉头方向用舵。当船首开始转动时,调整车速,外舷车快进、内舷车慢进,利用车的差速所形成的推力转矩,加快船舶旋回。当掉头接近完成,即回舵,双车等速前进。

3.进、退车掉头

受航道宽度的限制而不能用一次进车方式完成掉头时,可用进车、倒车交替配合的操作方法完成掉头。其方法有如下几种。

(1)大进、疾退掉头法

有些河道狭窄而流急,船舶掉头无法用一次进车方式完成时可用此法。其做法是顺流慢速驶近右岸侧,腾出左边水域,然后向河心操左满舵,使船头向河心回转;当船头与流向的夹角为25°~30°时全速进车,则船在急流的推压下,一边回转,一边向下水推移;当船头进入缓流后,船舶回转加速,但冲向对岸,此刻应立即由全速进车改为全速倒车,以刹住船舶前进的冲势,使船尾仍处于急流中,受水流冲压而继续回转;当船舶冲势已刹住时,应停车、回舵、进车、调顺船位,即完成掉头作业。

大进、疾退掉头法要掌握好倒车时机。若过早倒车,则船头尚未到达缓流时,既不能利用流压差帮助回转,又因船体在急流中受水流的推压而大幅度地向下水方向漂移,这就给船舶掉头造成困难;过迟倒车,则不能及时刹住船舶的冲势,以致有碰触岸边的危险。由于此法是用满舵和全速使船舶进行回转的,故稳定性不好和后退力小的船均不宜采用此法。

（2）短暂疾进、疾退掉头法

在锚泊地区水域内或狭窄的航道中掉头,由于受到水域的限制,能供船舶回转的水域有限。在此种情况下,船舶的掉头可采用短暂的前进、后退交替进行,经过数次疾进、疾退便能完成掉头作业。

为了能利用车的效应帮助船舶回转,当水局船采用此法时应先靠右岸,然后左满舵回转。这样后退时,车的效应才能帮助回转。

4. 双桨船倒顺车掉头

双桨船倒顺车掉头俗称鸳鸯车掉头。双桨船具有较灵活的操纵性能,它可以使用一舷车进,另一舷车倒并向倒车一舷配合用舵来完成掉头。如果没有风流的影响,无论左转或右转,都可以近似地围绕船舶重心在原地旋回。为保持进车、倒车的推力相等,倒车转速应高于进车。

正确的操纵方法是:驶至掉头处先减速（或停车）向旋回方向用舵,内舷车停、外舷车进一,以充分利用外舷舵力和推力转矩旋回。当船开始旋回后,内舷车后退二,两车形成的力偶矩将加速。

船舶旋回,如果是单舵船应用正舵,因这时舵非但不起作用,甚至起了相反作用。双舵船则应用舵,因外舷进车的舵力远较内舷倒车的影响大,有利于船舶掉头。根据船舶运动的实际情况,不断用外舷车调整船位,如船在掉头中后移,则应进车增速为前进二;如船在掉头中前移,则应进车减速为前进一,待接近完成掉头时正舵,停止倒车,双进车调整航向。

5. 抛锚掉头

在航道宽度不足,船舶在顺流或平流航行中使用车舵掉头有困难时,可采用抛锚掉头法。操纵方法如下:在选好掉头地点,确定掉头方向,准备好内舷锚后,慢速驶近掉头地点的相反一侧,然后向河心操右满舵,此时船舶开始回转。当转到35°~40°时停车,并开短暂倒车以减刹冲力,然后抛出右锚,并松出适当的锚链,当锚到达河底时就要刹住,以形成拖锚。这样,船头受到锚力的牵制,船尾受到水流的推压,船身便向右逐渐回转掉头。如果停止回转时,可以开短暂进车,使船身以锚为中心继续向右回转,直至掉头完毕。完成掉头后即起锚继续航行。

逆水航行的船若有艉锚设备时也可用抛锚掉头的方法。此法是操纵船舶慢速驶近右岸缓流区后左满舵,船舶便在车、舵力的作用下向左回转,当船头将要进入主流前停车,而进入主流时立刻抛下右舷锚,待锚到达河底时即刹住,以形成拖锚。由于船尾受锚的牵制,而船头受主流推压,故船体继续向左回转,直至掉头完毕。然后用倒车配合绞锚,待锚离水后继续航行。

采用抛锚掉头法,若是顺水航行掉头,则一定要抛内舷头锚;若是逆水航行掉头,一定要抛外舷艉锚。抛艉锚时要控制锚抛在缓流区内,使船舶掉头完毕时船体仍处于缓流内。这样,对起锚和船舶的操纵都是有利的;否则船体处于急流中,艉锚难绞起。水流很急的河段不宜采用抛艉锚掉头法。

6. 顶岸掉头

在特别狭窄的航道中,用进退车掉头或抛锚掉头都有困难时,可采用以船头顶岸的方法进行掉头。用此法掉头时,必须确保掉头的一岸有足够的水深和无水下障碍物。此法多用于顺流掉头。

选好掉头地点后,操纵船舶慢车并以大于45°的夹角驶向岸边,估计停车后,船靠惯性可到达预定位置时立即停车;如果停车后船舶冲势仍很猛,可开短暂倒车减慢冲势,以控制船速,使船头能轻轻顶靠岸边;当船头顶贴岸边后右满舵,进车慢速摆动艉部,则在车、舵力的作用下,船尾慢慢向右摆转;当船舶回转至与岸边变成一锐角时停车,再中舵开倒车,待船离岸后即操左满舵;当船退到航道中即停车回舵,再进车调顺船身后继续航行。

顶岸掉头一般适用于顺流航行的船舶在流速不太急的河道中进行。若在流速很大的河道中用此法是危险的,因为在急流的推压下,很难控制船速,在船头贴岸边的一瞬间,冲力很猛,将会损坏船头或有搁浅的危险。

在流速微弱的河段,逆水航行的船舶也可采用此法掉头。不过船舶顶岸后在回转中受到水流的阻碍,故回转缓慢,所以需要加速,一般用中速,有时要用全速。

在顶岸掉头中有时会出现如下情况:由于船头所顶的岸不够陡而有坡度,故在进车摆尾回转中造成船头的部分搁浅,或是所顶的是软泥岸,而在顶靠时冲力又较大,经进车摆尾后船头被粘牢了。上述两种情况均会使船难以摆脱,遇此情况应该停止倒车,开进车,变换操舵方向,使船尾交替左右摆动,待摇松船头搁浅部位后,再把船尾摆回原位置,然后停车,接着倒车,船舶便可倒退脱浅,顺利完成掉头。

7. 利用系缆掉头

具体做法是用缆系紧(珠江船员称之绑紧)船头左缆桩及码头的桩栋,解去其他系缆,然后操左满舵开慢进车,在船与码头接触处放好碰垫。当系缆着力后,船尾在车、舵力作用下离开码头,船体则以桩栋为中心向外回转。当船舶回转至与码头夹角为70°~80°时停车,松系缆,并短暂倒车,待船稍往后倒时即停车,船身便在水流的推压和本身惯性的作用下,一边后退一边继续回转。

系缆掉头法一般是在狭窄航道中用其他方法掉头困难时才采用。此法若是从顺流掉头为逆流时比较容易,因为水流会帮助船舶回转;若是从逆流掉头为顺流时,当流速不大时还好,当流速较大时,船舶则因水流反作用力的推压,使其回转困难甚至无法掉头。

六、靠、离泊操纵

(一)系缆的名称和作用

(1)艏缆:用来控制船不向后移动。

(2)艏横缆:使船首部不致离开。

（3）艏倒缆:用来控制船不向前移动。

（4）艉倒缆:用来控制船不向后移动。

（5）艉横缆:使船尾部不致离开。

（6）艉缆:用来控制船不向前移动。

以上是所使用的基本缆绳,实际运用时,可视情况适当增加或减少系缆。

（二）系缆的收绞与车、舵配合

在船舶靠泊码头中,常用绞收系缆来完成靠泊作业。

1. 系缆的绞收作用

（1）绞收横缆

绞收横缆包括绞收艏横缆和绞收艉横缆。绞收艏横缆,会使船头向码头偏靠,而船尾向外偏离;而绞收艉横缆则相反,船头向外偏离,而船尾向内偏靠。由于横缆不是系在船舶重心位置上的,故被绞的一头偏靠较多,而另一头偏靠较少。

用绞收横缆贴靠码头时,应交替绞收艏艉横缆,使其分次偏靠为宜。两横缆同时绞收时,由于船横移的质量和水阻力较大,故不易绞收靠贴,而一旦绞动后,船就具有较大的动量,以致难以控制。

（2）绞收艏艉缆

在靠泊码头后,若船舶前后位置不对,需要做小调整时,可采用绞收艏艉缆的方法。要使船往前移动,应先松放艏倒缆和艉缆,然后绞收艏缆或艉倒缆;要使船往后移动,应先松放艏缆和艉倒缆,然后绞收艉缆或艏倒缆。若使船往前移动,绞收艉倒缆比绞收艏缆方便;要使船往后移动,绞收艏倒缆比绞收艉缆省力。

2. 系缆与舵配合的效能

船舶靠泊作业中,常用舵配合系缆使靠泊安全、快速地完成。

当逆流靠拢带上艏缆后操舵,可使船尾扬开或收拢,而船尾扬开的程度与流速、舵角的大小有关;若流速大、舵角大,则扬开的角度就大些;当由流速产生的舵力转矩与流压对船体作用的反力矩平衡时,船尾就不再外扬。

船舶逆流带上艉倒缆之后向河心转舵,就能使船头转向河心。此时由于舵力转矩与流压转矩的作用方向相同,而且流压转矩是随着船与流向之间夹角的变大而增大的,因此船头转向河心的角速度也随之增大,只要注意溜放艉倒缆,使其不因过分张紧受力而产生抑制转向的作用时,船头将很快向河心张开。

3. 船舶有进退运动时系缆的作用

当船具有前进速度时,系上艏缆或艉横缆后开车前进时,均可使船靠拢码头,且船尾贴拢较早;如果系上艏缆后开倒车,或船在后退中系上艏缆,则船也靠拢码头,且船头贴拢较早。

若系上艏倒缆后开慢进车,并配合操舵时,可使船尾离开或靠拢码头;若系上艉倒缆后开倒车,可使船头转向河心。

(三)用缆的注意事项

1.停泊中各缆应受力均匀

停泊中因潮汐、装卸、风、流等影响,原来受力均匀的系缆,由于出缆长度及空间角度的变化,会出现新的受力不均匀状态。如多数松弛,只有个别系缆受力,将会发生断缆,因此要严加防范,及时进行调整。

2.操纵中防止缆绳突然受力的现象

船舶利用系缆靠(离)码头、系岸掉头,如操纵不当导致超出缆绳的受力强度,缆绳必将发生突然受力崩断。

3.防止磨损

凡系缆通过的缆孔或缆与缆之间的摩擦部分,都应及时衬垫,预防受损。

4.系缆的角度要适当

根据用缆的目的正确选择使用角度以适应具体情况。一般系缆只有水平分力为有效分力,所以应尽可能降低俯角,如有可能应选择较远的系缆桩。艏、艉倒缆的作用在于配合艏、艉缆以控制船位。如在吹开风时,则与码头线保持一定角度较为有利,如顶流或顺流流速较大,应尽可能使其与码头线平行。

(四)靠泊操作

1.小角度靠泊

若码头下方宽敞,没有他船妨碍,可采用此法,即船舶驶近距码头下方4~5倍船长时摆正船位,以小于15°的角度(艏艉线与码头外缘的夹角),慢车驶向码头。在离泊位2~3倍船长时停车,则船舶在惯性和流压的作用下一边前进,一边逐渐靠向码头,待距码头1~2倍船宽时向外舷操满舵,将船调直,与码头平行靠泊。若船到预定位置时尚有冲力,应开短暂的倒车,以削减冲力;若船向码头靠拢较快时应垫上靠把,以减缓冲力。靠上码头后应迅速系好各缆。

2.平移靠泊

当码头上下或外方停有船舶,不能从下方驶靠,而需要从正横方泊拢时,则采用平移法靠泊。

(1)小角度平移法(逐步平移法)

当码头上的泊位上下方停泊有数排船时,可把船驶到码头泊位的正横外方,控制船速,使之基本无前进速度,然后操内舷舵,使艏艉线与流向成一夹角,利用流压使船头转向,再用车舵调顺船身。如此交替数次,使船舶既不前进又不后退,一步步做近似横向平移运动,待平移速度稍减后再将船平稳地靠拢码头。

使用此种靠泊方法时,要掌握好船舶的内向角(艏艉线与流向的夹角)。一般内向角不宜过大,因为内向角过大时,流压将使船头急剧内转,以致用车舵也难调顺船身(流急时此现象更显著)。若此时处理不当将会造成碰撞码头和船尾扫泊位下方的其他船的事故。因此,水流越急,内向角应越小。内向角的大小应掌握在能随时用车舵把船身调顺为宜。

(2)大角度平移法(穿越锚泊船平移靠泊)

在码头外方上下水域均有锚泊船,而需要穿越这些锚泊船才能靠拢码头时,可用大角度平移法。其方法是操纵船舶逆流驶近码头外方正横处,根据流速的大小用车舵控制船速和航向,将船驶近上方锚泊船的船尾,并用较大的内向角向码头驶靠。当船头已越过锚泊船时,即操外舷舵调顺船身。由于船舶在惯性的作用下会往前冲一段距离,因此应及时停车,必要时还要开一点倒车,使船后退到泊位的正横,然后用车舵逐步平移靠泊。

穿越锚泊船平移驶靠应注意两点。其一应紧靠上水方的锚泊船,要离下水方锚泊船远些,以避免车叶或舵碰撞锚泊船的锚链(锚缆)而发生事故。其二是因为从锚泊船外方驶向码头所采用的内向角一般都较大,故过了锚泊船后应及时把船身调顺再靠泊,不要贪快而直接靠拢码头。因为船已逼近时,来不及用舵调顺,船头会在流(特别是强流)的推压下冲向码头。出现此种情况时,若用大车大舵角虽能调开船头,但会产生踢尾现象,使船尾扫向码头。如果用大车后退,虽能刹减冲力,但船头仍指向码头,并在流和倒后力的共同作用下,船将迅速往码头下方漂流,船尾部将会碰撞锚泊船,产生危险。

3. 吹开风逆流靠泊

一般船舶靠泊时都有风有流,吹开风靠泊虽然有些困难,但靠泊码头的危险性较小。其靠泊的方法有如下两种。

(1)逆流大角度靠泊

船舶驶近码头外下方,根据当时风向和风力的大小,水流的急缓,以适当的角度(若风正横吹开,则风越猛,角度要越大,大风时可转70°~80°)向着风流合力方向线的相反方向慢速驶向码头。当距离码头1~2倍船长时停车,离1~2倍船宽时,向外舷操大舵角,以调顺船身,若船仍有较大冲力时应开倒车刹减冲力。当船抵码头后应迅速系好艏缆和艏倒缆。若船尾尚未靠拢时可垫好靠把后开慢车进车,用舵使船尾靠拢码头,并迅速做好系艉横缆、停车、收紧艏缆和艉横缆以及系艉缆等工作。

使用此法靠泊时,应掌握好调顺船身的时机,切勿过早转外舷舵,否则,在船身调顺后尚未驶达码头时将无法系缆,使得在大风吹压下靠泊失败。

(2)逆流沿边驶靠法

船舶在驶靠中,以较大的航速驶近码头,当离码头约2倍船长时,应靠近上风岸边行驶,以减少风的推压,当离码头约1倍船长时慢车,并向河心转舵调顺船身,使内舷能紧沿着码头的外缘行驶,当船头到达码头下端正横时应停车,在船到达预定泊位时应根据船的余速的大小,开中速或全速倒车,以刹住船的冲势,并迅速系好各缆。

4. 吹拢风逆流驶靠码头

吹拢风靠泊,不但靠泊操纵的困难大,而且碰撞码头的危险性也大,因而操纵必须准确、敏捷。船舶在横风中前进,船位的轨迹不是在航向上,而是在航向与风向的合力线上。因此,在驶靠中船体受横风的推压不断地向码头漂移。水局船的这种漂移尤其显著。航速越慢,这种漂移量也越大,停车后向码头偏拢的速度则加快。如果倒车,由于艉招风而使船头偏向码头。针对上述现象,吹拢风靠泊码头时可采用如下方法。

(1)扬起头(珠江船员称其为担起头)驶靠码头

船舶根据水流的急缓、横风的方向及强弱,逆流扬起头(船头偏向码头外方,艏艉线与码头外缘成一张角)以慢速驶近码头,当距离码头1~2倍船长时停车。若船到泊位正横时船的冲力仍较大,可用倒车刹减其速度,并调顺后靠拢码头。

采用扬起头驶靠法,其一要掌握好船与码头的横向距离,使船离码头不能太近,要留有余地,以防发生差错时没有纠正的时机。其二要掌握好船速,一般慢速驶靠为宜。其三要掌握好停车时机,当横风强时,停车应相应晚些,以免停车过早,船被吹拢过快;当船靠近码头正横时,若冲力较大,要用倒车刹减。要注意强风中倒车时船尾会立刻招风,使船头向码头偏转。若其偏转速度很大时,应及早抛外舷锚,以便用锚力控制船体,使其平稳地靠拢码头。一般应控制船体到达泊位正横,且离码头0.5~1倍船宽时,使船头扬起稍偏外,并稍用倒车把船调顺靠码头。

(2)抛锚驶靠码头

在吹拢风中驶靠码头,如果吹拢风较强而流速较弱时,为靠泊安全和离码头方便起见,可采用抛锚驶靠码头的方法。

用大于风速的船速朝码头外方驶去,当距离码头2~8倍船长时,根据风压的大小,选定一个在码头前方的物标,把定航向,此时船在前进中因风和流的作用向码头一侧偏移,待驶至离码头约1倍船长时,向河心转舵,使船迎向风和流的合力方向前进。要注意适当慢车,当船接近码头正横时应停车,并用倒车速刹制动,待船开始后退时即抛下外舷锚(此时船身以离码头1~1.5倍船长为宜),抛锚后立刻向码头一侧转舵,并适当进车调直船身,使其与码头平行。风力较大时,宜使船尾略有迎风之势,然后逐次放松锚链(每次松2~3 m)使船头慢慢靠拢码头。当距码头约1/2船宽时,应刹住锚链,以控制船向码头靠拢的速度,并垫好碰垫,系好艏倒缆,使船首靠贴码头,随即停车回舵,使整个船身靠贴,然后调整好船位,系好各缆。

(五)离泊操作

1.无风平流离码头

无风平流离开码头可用如下两种方法。

(1)先开头后离艉

只留艉倒缆,解收其他缆后微速倒车,在船尾的内舷垫上碰垫;当艉倒缆着力,船首即慢慢张开,到张开达30°时停车,解收艉倒缆,操小角度内舷舵,微速以摆开船尾(起艉);艉一离码头即回舵,慢速驶离码头后调顺船身,然后加速前进。

(2)先开艉后离艏

只留艏倒缆,解收其他各缆后操内舷舵,在船头内舷垫上碰垫,以微速进车摆开船尾,当艏倒缆吃力后,船尾便慢慢向外摆开,待其夹角达40°~50°时停车并解收艏倒缆,再正舵倒车离开码头,然后停车操外舷舵,进车调顺船身,回舵加速离去。

2.有风有流离码头

在有风有流离码头时,应根据风向、流向的不同而采用不同的离泊法。

(1)吹开风逆流离码头

只留艏横缆和艉倒缆,松艏横缆,则船首在风和流的作用下向外张,当其张开达30°时,解收艏横缆和艉倒缆,并正舵进车离开码头;待驶离一定距离时,操内舷舵,调顺船身,回舵加速前进。

(2)吹开风顺流离码头

留艏倒缆和艉横缆,松艉横缆,当船尾在风和流的作用下向外张开30°~40°时,同时解收艉横缆和艏倒缆,操内舷舵倒车离开;待船退离码头一定距离时停车,再进车调顺船身,回舵加速前进。

（3）吹拢风逆流离码头

由于吹拢风，船身受风吹压贴拢码头而不易离开，故离码头前要根据风流的具体情况，充分利用风流对船舶操纵的有利一面，避开不利的一面。如逆流时应先开艏，顺流时先开艉，以利用流帮助船张开。

逆流离码头的方法是：只留艏横缆和艉倒缆，解收其余各缆；松艏横缆、倒车、船尾内舷垫上碰垫；当艉倒缆受力，船艏在车力和流压的作用下，慢慢张开达30°时，解收艏横缆，至张开达50°～60°时停车，快速解收艉倒缆后正舵进车；当船尾离开码头后立刻加速前进。

采用此法应注意两点，一是张开的角度要大，二是收缆要快。最好能使倒车、停车便即开进车，且回舵也要快。船尾离开码头便要立即加速，使船能尽快驶离码头。如果操纵迟缓，则船离开码头后仍会被吹回来。若是吹强拢风，则船头不易张开，而张开后开车前进时仍会被吹回码头。遇到这种情况时应待风减弱后再离开。

（4）吹拢风顺流离码头

若不是吹强拢风，而是有一定流速的顺流离码头，则一般采用开艉、倒车驶离的方法。具体步骤是：留艏横缆和艉倒缆，松艉横缆，在船头内舷放好碰垫后开进车；艉倒缆吃力后，在车力和流力的共同作用下船尾向外慢慢张开，此时解收艉横缆，待船尾张至40°～50°时，解收艉倒缆后停车，再中舵倒车；当船后退离开码头相当宽的距离，并估计进车不会把船压拢回码头时即停车，然后在向外舷操大舵的同时进车，调顺船身加速离去。

采用此法离码头应注意两点：一是艉倒缆的力要足够，解收缆要快；二是船推离码头的距离要足够宽时才能停车、进车，且用舵和加速要及时。采用此法时由于在后退中船尾受风，船离码头比较顺利，舵也不会碰撞码头，故比较安全。

3. 离锚泊船

应根据本船靠泊于锚泊船的具体位置采取相应的离去法。

逆风逆流离去时，只留艏横缆和艉倒缆，向外用舵，松艏横缆，待船首在流压作用下向外张开到30°时，解收艉倒缆，操小角度内舷舵摆开船尾，再正舵进车离开锚泊船。待船已完全脱离锚泊船后停车，再进车摆正船位开航。

在锚泊船上风系泊的船离去时，应先解艉缆，然后解艏缆。若船尾已离开锚泊船时可慢倒车加快船的溜后。这时应注意船尾受风而使船头偏向锚泊船，故要做好碰垫的准备，待船已完全脱离锚泊船后停车，再进车摆正船位开航。

4. 航行中解靠

两艘靠泊在一起的船在航行中需要解靠而各自航行时，应先慢车再停车，并解收除艏缆外的各缆，然后解收艏缆。随后让小船向外舷摆开船尾，倒车后退，而大船则向外舷微摆开船尾后进车。当两船完全脱离后，各自摆正船位开航。

以上对船舶的靠离操纵做了比较详细的讨论。华南地区和珠江水系的中小型机动船在靠离操纵中，水手常常只使用钩篙顶开船尾；若要先开艏，则可用钩篙顶开船首，从而代替了用倒车开艏和用进车起艉的操纵方法。特别在码头附近锚泊船较多的狭窄区域内靠离掉头时，可用钩篙以一钩一顶相配合，就能起到车舵难以起到的作用，使船舶能在稍大于1倍船长的水域内安全地完成靠离掉头作业。

第三节　船舶特殊情况下操纵

一、大风浪中的船舶操纵

(一)大风浪来临前的准备工作

1. 保证水密
①检查甲板开口封闭的水密性,必要时进行加固;
②检查各水密门是否良好,不使用的一律关闭拴紧;
③将通风口关闭,并加盖防水布;
④盖好天窗和舷窗,并旋紧铁盖;
⑤锚链管盖好防止水流灌进锚链舱。

2. 排水畅通
①检查排水管系、抽水泵、分路阀等,保证以上部位处于良好的工作状态;
②清洁污水沟,保证畅通;
③甲板上的排水孔应畅通。

3. 绑牢活动物件
①起吊货设备、主锚、备锚、舷梯、救生艇筏以及一切未固定的甲板物件都要绑牢;
②散装货要扒平;
③各水舱及燃油舱应尽可能注满或抽空,减少自由液面;
④舱内或甲板装有重件货物时,应仔细检查加固,必要时加绑。

4. 做好应急准备
①保证驾驶台和机舱、船首、舵机室在应急情况下通信畅通;
②检查应急电机、天线、舵设备等是否处于良好状态;
③保证消防和堵漏设备随时可用;
④保证人身安全;
⑤加强全船巡视检查,勤测各液体舱及污水沟等。

5. 空船压载
空船在大风浪中有很多不利之处,为确保航行安全,应进行适当的压载,以提高船舶抗风浪的能力和改善船舶的性能。在吃水差方面,既要防止螺旋桨空转,又要减轻拍底,一般以适当艉倾较为理想。

(二)防雷雨和大风措施

①船舶航行在雷雨天气的航区,应保证避雷设施功能良好。
②发现有雷暴雨来临征兆,或航经经常出现雷暴雨的航区,应提前开启雷达、甚高频无线电话,请船长到驾驶台。
③雷暴雨来临时,立即减速鸣放雾航声号。利用目测、雷达、罗经等一切有效瞭望手

段,加强瞭望。

派专人观测雷达、罗经,接听甚高频无线电话,测深,并及时向船长报告船舶动态和河床航道变化情况。必要时停车淌航,阶段性用车助舵调向。对无雷达的船舶,在摸索淌航中,利用闪电的余光抓点定位、掉头、抛锚。上行船宜早抛锚,或停车稳舵待航;下行船宜选择宽阔水域掉头,或选择锚地抛锚。

二、船舶防碰撞的操纵

(一)预防碰撞事故的措施

(1)严格遵守《内河避碰规则》中的避让原则,两船相遇有碰撞危险时,让路船应早让、宽让、主动让,被让路船应当协同配合操作。

(2)两船对驶相遇,有碰撞危险时,应及早交换信号,转向避让;两船交叉相遇,应根据相对位置的变化来判断是否能安全通过,按照规则谨慎避让;两船追越相遇,追越船应得到前船同意,方可追越,被追越船应协同动作。

(3)对来船所发信号或灯光显示有怀疑时,应先采取减速措施,弄清来船动态后,再常速前进。

(4)避免在狭窄、弯曲、浅滩、桥梁等航段会船或追越。

(5)凡设有通行信号台的单程航道,航行船舶必须听从指挥,做到早联系、早瞭望、早鸣笛和采取相应的措施。

(6)在雾中航行应缓速,鸣放雾号,加强瞭望和测深,谨慎航行。如能见度不良,没有安全航行的把握,应选择安全地点抛锚,不能盲目航行。

(二)船舶碰撞后操纵船舶的应急措施和注意事项

船舶已经发生碰撞事故,应沉着镇静,根据当时当地情况迅速采取措施,尽力保证人员和船舶的安全。

(1)迅速了解碰撞部位的损坏情况、进水情况和航道环境。

(2)如船壳破损进水,应发出进水警报(两长一短声),按应变部署组织人力进行堵漏抢险,并通知机舱开动通向该舱室的排水泵。

(3)若进水量大,无法使用堵漏器材堵漏,应关闭水密门,封闭所有舷侧开孔,以提高抗沉性能。

(4)若破洞在水线附近,为了降低进水速度,可调整压载水,使船纵向或横向倾斜。如在艏部可使艉倾,停车或微速后退。

(5)情况严重时,应立即采取措施,驶向浅滩处搁浅,并发出求救信号,争取外援。如系客船,应有秩序地使用救生设备,将旅客送往安全地区。

(6)若一船船首撞入他船船腹,并造成对方水线以下船壳严重破损时,撞入船切不可立即退出,应利用船首塞住破洞,使他船有充裕时间关闭水密门,开动水泵排水并堵漏。为了防止船首自洞中滑出,可带上缆绳或微速进车,如附近有浅滩,应尽可能将被碰船顶向浅滩处坐浅。当沉没不可避免时,应将沉船上的旅客和船员从船首接过来。

(7)若本船受损不大,无危险时,应立即主动援助被碰船,尤其与木壳船相碰,更应及时援救。只有在确知对方无损仍可航行后，方可驶离。

（8）发生事故后，必须将情况详细填写在航行日志中，如实记载下列内容：碰撞的时间、地点、气象、水域情况，碰撞前后和碰撞时的航向、航速、车舵口令和会让信号；他船的船名、所属公司或单位，发现他船的时间、方位、距离和各种号灯、号型、信号以及变化情况；碰撞状态、损害程度以及施救措施。填写完毕不得涂改。如有条件，应将碰撞现场的照片、录音、录像作为判明事故责任的依据，供主管部门参考。

三、搁浅与触礁

（一）出现搁浅危险时的紧急措施

当船舶有驶入浅区的预兆时，应首先减速、测深，判明情况。如发生跑舵，说明浅区在船的一侧，切忌用反舵制止，也不宜用大舵角转向，以防船尾甩向浅区搁浅，可用边伸边稳的操舵方法逐渐驶离浅区。

（二）搁浅和触礁后的应急措施

1. 立即停车

不得盲目动车，以免扩大事故，增加脱浅的困难。例如，船底搁礁，倒车后退反而会扩大漏洞；若船壳已有破洞，船一离开浅区势必增加进水量，则船有沉没的危险；若船搁浅处的底质为黏泥或沙泥，而船尾的水深不大时，盲目开动主机，将会引起海底阀门或冷却水管充泥淤塞；若单桨船倒车时船尾迅速向一舷偏转，则船身将打横而使整艘船搁浅。

2. 量潮

测量各水舱、二层底、污水沟的水位，检查船体损伤情况。量潮工作要不断进行，直到确认船体无损为止。

3. 判定搁浅情况

测量船舶周围水深与船出港时吃水相比较，可以初步判定搁浅的情况。必要时可用链条或钢缆套过船底，分别自船首向后或自船尾向前拖曳，准确测定搁浅部位。摸清底质、地形，测定准确的船位。

4. 船体破损进水时的措施

如发现船体破损进水，应立即弄清破损部位和程度，按应变部署组织排水堵漏。若进水量大，则关闭水密门窗，封闭破洞舱室，以维持船舶浮力。若发生油舱破损而导致燃油外流时，应立即采取防火措施。

5. 密切注意天气变化、水位升降或潮汐涨落情况

如船搁浅后正值涨水，可抓紧水位上升的时机争取及时脱浅；如正值落水，则应考虑船体是否会因搁浅部位不平衡，或因风、流、淤沙的影响，导致船舶位移、倾斜、倾覆或折断，必要时可抛锚固定船位。

（三）搁浅后的脱浅方法和脱浅救助的注意事项

1. 使用主机脱浅

若船舶搁浅程度甚微，船尾部有足够的水深，可在确定脱浅线路后，运用主机倒车脱

浅。其操纵方法是：倒车时，一般应从慢速逐渐增至快速，当快倒车无效时，可改用半速车并配合左、右满舵来扭动船体；若双螺旋桨船，则可开一进车一倒车，使船舶左右摆动，以减少船底与河底间的接触面积和摩擦力，然后再快倒车；如底质是泥沙，倒车时应注意泥沙可能在船体周围堆积，妨碍出浅。

2. 调整吃水差脱浅

船舶的一端或一舷搁浅，另一端或另一舷有足够的水深，可考虑用调整和转移压载物的方法脱浅。其方法是：采用移动船用燃料油、淡水、压载水、货物或旅客的方法，以减轻搁浅一端（或一舷）的压力，再配合用主机使船脱浅，如当船首搁浅，可将艉部的压舱水或燃料油移至船尾，使船首浮起而脱浅。移载时，要进行计算，以免脱浅后产生较大的纵倾或横倾，使船舶发生危险。在船舶一舷搁浅而河底坡度陡的情况下，不宜使用此法。

3. 卸载脱浅

为了减轻搁浅船舶的载重，减小船舶吃水，增加浮力脱浅，可从附近港口调来船队协助，采用卸货的办法脱浅。卸货过驳前应进行认真估算，即卸哪些舱的货物效果大，卸哪些货种最迅速、方便，应卸多少等。

4. 绞锚脱浅

用小艇将主锚或预备锚运出抛投，出锚的方向要根据船舶周围测深的情况、船体和浅滩相对位置、风向和流向来确定。锚索最好连接在绞辘上，开动锚机或绞车，通过绞辘绞锚，同时配合用车脱浅。

绞锚的缆最好用一节锚链加钢缆组合，钢缆的长度要视抛锚点与船的距离确定，但必须保持足够的垂直度，使锚的抓力充分发挥。绞辘在船上的着力点，必须是可靠的舱口或甲板室的围壁。为了防止失锚，抛锚前必须在锚环上系一根钢丝做好锚浮标，如绞锚时锚缆绷断，则可以通过浮在水面的锚标重新将锚绞起。在施绞过程中配合使用车、舵时，应防止锚缆打损车、舵。

5. 拖曳出浅

当搁浅船自力无法脱浅时，应请求他船救助。救助船到来后，搁浅船应介绍本船搁浅的部位及程度等，并商定拖救方案，联系信号，在一般情况下救助船应听从搁浅船指挥。拖救搁浅船的基本方法有两种：①拖救船先在搁浅船的出浅方向上游抛下艏锚，松出锚链，使船尾接近搁浅船，带好拖缆，然后慢速起拖，待拖缆得力再加大车速，并绞收锚链以加大出浅拉力，搁浅船亦可运用车、舵配合。搁浅船一旦活动脱浅，立即发出信号通知拖救船解缆，并注意操纵车、舵，防止搁浅船冲击碰撞拖救船，或拖缆被绞进螺旋桨。②拖救船直接驶近搁浅船，带上拖缆后慢速起拖，待拖缆得力再加大车速，搁浅船也同时使用倒车配合。

拖曳出浅时应注意：拖缆要有足够的长度，拖钩旁要有专人值班，以便在危急时立即脱钩；在正常情况下拖救船车速应逐渐增加，避免突然开车或突然停车；在拖力不足时，拖船可操舵使搁浅船左右摆动，使其船体活动逐渐脱浅。必要时采用冲击法，即先松弛拖缆然后加大车速。

6. 冲沙出浅

船舶搁浅时，往往因淤泥或细沙把船底吸住，其吸力大小与河床底质有关，一般沙底的吸力相当于船对河底压力的 $10\% \sim 20\%$，泥底为 $20\% \sim 25\%$，黏土可达 40%。

使用冲沙的办法是，用一艘吃水较浅的船在搁浅船的外侧抛开锚，以船尾靠近搁浅船的搁浅部位,加强与搁浅船的系缆,开顺车利用排出流将泥沙掀起冲开。然后适当绞开锚,调整系缆,使施救船与搁浅船成一角度,继续开顺车将泥沙掀开冲散,搁浅船开倒车配合,使船体浮起移向深水处。

7. 利用船波出浅

船舶搁浅程度不甚严重,利用快速船在附近驶过时掀起的波浪,使船体震荡随水面升高,再配合倒车拉力,滑入深水脱浅。

8. 利用浮筒出浅

在潮差大的水域,可在低潮时把浮筒架设好,高潮时水位上升利用其浮力将搁浅船抬起。在潮差不大的地区,应先使浮筒下沉至一定深度并用缆绳和搁浅船架设好,然后用压缩空气将浮筒内的水排出,利用其浮力把搁浅船抬起来,脱离浅区。

9. 开挖滑道出浅

船舶搁浅上滩、上岸情况严重,使用上述任何一种方法脱浅均无效,则可开挖临时性的滑道铺轨滑行出浅。

四、弃船

(一)弃船的条件

弃船是一件非常严重的事,只有在船舶发生海损事故经过全体船员进行有组织的抢救并证明无效后,才能采取这一行动。

(二)弃船的注意事项

(1)在弃船前,船长应当指挥船员尽力抢救航行日志、机舱日志、无线电日志、油类记录簿、航行图、重要文件、贵重物品、邮件、现金、账册等,离船时,应有专人负责。

(2)弃船前,船长应尽力操纵船舶,使其沉没于航道外靠岸的浅水区,防止船舶沉没于港口、航道、锚地、生产区域或妨碍船舶正常航行的区域,并为以后的打捞施救工作创造便利条件。

(3)弃船时,船长必须采取一切措施,首先组织老、弱、妇、幼和旅客安全离船,然后安排船员离船。船长应当携带降下的国旗最后离船。

(4)弃船时,可能由于遇难船倾斜过度或吊艇设备发生故障等原因,以致有部分人员未能随艇离开,此时,尚未离船人员可沿绳索或绳梯下水,或将脚朝下,两手抱在胸前跳入水中。如果船舶倾斜过度,应从船首或船尾离船。离船后应尽量游开并寻找漂浮物以待援救。各艇筏此时应在遇难船附近搜寻落水人员。

第二章
船舶的行动规则

《1972 年国际海上避碰规则》(以下简称《规则》)规定:任何能见度情况包括能见度良好和能见度不良两种情况。因此,总体而言,"船舶在任何能见度情况下的行动规则"既适用于能见度良好的情况,也适用于能见度不良的情况,而不论船舶是否处于互见中。

第一节 瞭 望

一、保持正规瞭望的重要性

(一)瞭望的含义

瞭望主要是指对船舶周围的环境和情况,特别是对来往船舶及其动态以及海域的通航条件、水文气象条件等情况进行观察、了解和判断。此外,瞭望还包括对本船状态、特性和条件限制等情况的了解、掌握和运用。从避碰意义上说,"瞭望"是船舶不断收集和鉴别周围其他船舶信息的过程,其中"用视觉、听觉以及适合当时环境和情况的一切可用手段保持正规的瞭望"强调的是避碰信息的收集,而"对局面和碰撞危险做出充分的估计"强调的是对收集到的避碰信息进行处理和鉴别。

(二)保持正规瞭望的重要性

保持正规瞭望是确保海上航行安全的首要因素。保持正规瞭望是决定安全航速、正确判断碰撞危险、正确采取避碰行动的基础和前提条件。在各国法院审理的船舶碰撞案件中,绝大多数当事船舶都被法院判定有不同形式和程度的瞭望过失;各国专家学者对船舶碰撞事故的统计分析结果表明,无人瞭望或未保持正规瞭望是导致碰撞事故发生的重要原因或主要原因。

二、瞭望条款的适用范围

瞭望条款适用于每一船舶。不论船舶的用途、种类、大小和所处的状态,只要符合《规则》有关船舶的定义,就有责任和义务遵守瞭望的规定。因此,不论是机动船还是非机动船,大船还是小船,处于正常状态下的船舶还是"失去控制的船舶"或"操纵能力受到限制的船舶",在航的船舶还是锚泊中的船舶或搁浅的船舶,普通的商船还是执行政府公务或军事任务的船舶,普通的船舶还是工程作业船或尚未就位的钻井平台,都应当保持正规瞭望。针对系岸的船舶,虽然不要求其像在航或锚泊中的船舶那样保持正规的瞭望,但其应保持相应的值班制度,随时观察船舶本身和船舶周围的环境和情况,这种值班制度也属于广义的瞭望的范畴。

保持正规瞭望的规定适用于任何时候,即不论是白天还是黑夜,能见度良好还是能见度不良,互见时还是非互见时,良好天气还是恶劣天气,航行在大海上时还是航行在狭水道和船舶交通密集的沿岸水域时,船舶处于良好的工作状态还是失去控制时,船舶都要保持正规的瞭望。

值得注意的是,锚泊中的船舶保持正规瞭望,不仅应当对本船是否处于正常的锚泊状态做出确切的估计,而且应当对驶近的他船是否会与本船构成碰撞危险做出判断,并在必要时鸣放相应的警告信号,以避免碰撞。如果锚泊船疏忽瞭望导致碰撞,则其也将承担相应的责任。

此外,保持正规瞭望的规定不仅适用于值班驾驶员,而且适用于任何其他担负瞭望职责的人员,如驾驶台值班水手、瞭头人员等。

三、瞭望的目的

随时保持正规瞭望,并应达到下列目的:

第一,针对操作环境中发生的任何重大变化,利用视觉和听觉以及所有其他可用的手段保持连续戒备状态。

第二,全面评估碰撞、搁浅和其他航行危险的局面和风险。

第三,探明遇险的船舶或飞机、遇难船舶人员、沉船、残骸和其他航行危险物。

因此,保持正规瞭望的目的是通过对局面和碰撞危险做出充分的估计,避免船舶碰撞、搁浅、触礁等海上事故的发生,并及时救助遇险的船舶、飞机、人员,以达到保证海上安全的最终目的。

(一)对局面做出充分的估计

对局面做出充分的估计,不仅要对船舶当时所处水域的环境和情况做出充分的估计,包括对船舶所处水域的能见度情况、天气情况、水域的水深和宽度、是否属于岛礁水域、船舶交通密度、航线分布情况、该海域的航行习惯、是否属于渔区等做出充分的估计;而且还要对船舶本身状况做出充分的估计,包括对船舶本身条件的限制、船舶的动力装置、操舵装置情况、助航设施的情况以及这些装置和设施的误差、本船所显示的号灯、号型的情况等做出充分的估计。

(二)对碰撞危险做出充分的估计

对碰撞危险做出充分的估计,通常包括:

第一,凭借视觉、听觉和其他可用的手段,从来船的形体、号灯和号型、声响和灯光信号、雷达回波、船载自动识别系统(automatic identification system,AIS)获得他船的信息、船舶间甚高频(very high freguency,VHF)无线电话通信、船舶与船舶交通服务(vessel traffic services,VTS)中获得信息,及早发现在本船周围的其他船舶;并根据所获得的上述来船信息和航海知识与经验,了解和掌握来船的大小、种类、状态和动态以及分布等。

第二,通过观测来船的罗经方位的变化情况、对他船进行雷达标绘或与其相当的系统观测或者通过其他手段获得的信息,判断来船与本船是否构成碰撞危险、构成何种会遇态势以及本船是否应当采取和采取何种避碰行动等。

第三,根据所获得的信息,随时判断来船的动态和避让意图;应当密切注意来船动态的变化,及时准确了解和掌握这些变化的趋势和可能造成的后果。

四、瞭望的手段

(一)视觉瞭望

视觉瞭望是保持正规瞭望最基本和最主要的手段。视觉瞭望的优点是简易、方便、直观,并能迅速地获得准确的信息。在任何能见度情况下,放弃视觉瞭望,将被认为是违反正规瞭望的行为,即使是装设有现代化导航设备的船舶,视觉瞭望仍然是保持正规瞭望的最基本的手段。

(二)听觉瞭望

听觉瞭望是能见度不良时保持正规瞭望的基本手段之一。听觉瞭望虽然较视觉瞭望所及的范围要小,但在能见度不良的情况下,尤其是在浓雾中,它可以在视觉无法察觉的情况下,首先获得他船鸣放的雾号,从而判断他船的大概方位、动态和种类。

(三)其他手段

除了视觉和听觉以外,"适合当时环境和情况的一切可用手段"主要是指利用望远镜、雷达和自动雷达标绘仪(automatic radar plotting aid,ARPA)进行观测,以及通过 AIS、VHF 通信、VTS 等手段进行通信。

1. 雷达瞭望

遇到或预料到能见度不良时,以及在拥挤水域的全部时间里,负责航行值班的高级船员应使用雷达,并注意其局限性。因此,雷达瞭望是在能见度不良水域的重要瞭望手段,也是能见度良好时的重要辅助瞭望手段。

2. 利用 AIS 协助瞭望

AIS 是一个广播式的应答器系统,能够自动在 VHF 波段向有相应装置的岸上管理部门、其他船舶和航空器提供包括船名、位置、航向、航速、航行状态等相关安全信息,同时 AIS 可实时获得本船周围 20 n mile① 内目标船的上述信息,且不受气象和海况的干扰。AIS 精确可靠的目标船位置显示和动态跟踪,弥补了雷达盲区和海浪干扰的缺陷。因此,AIS 的配备,为船舶航行安全及航行管理提供了新的有效手段,在瞭望中应当充分加以运用。AIS 在避碰中的应用主要包括以下方面。

(1)利用 AIS 判断碰撞危险和会遇态势

AIS 接收的数据和信息来自他船的自身传感器,数据准确、实时,并且克服了雷达探测的一些局限性,例如,AIS 与雷达结合可以观察到小岛、山脚以及弯曲水道背后的物标,能够显示并靠在大船旁边的小船的位置等。本船可以根据这些数据和信息判断两船是否构成

---

① 1 n mile = 1 852 m。

碰撞危险,并断定两船构成何种会遇态势。例如,AIS 与雷达目标位置进行融合处理,并结合电子海图显示与信息系统(electronic chart display information system,ECDIS)提供的水深、可航水域、水下障碍物等航行环境信息,可以为船舶驾驶人员展示一幅清晰的交通状况图。

(2)利用 AIS 协调船舶间的避碰行动

AIS 具有短信息通信功能,装有 AIS 的船舶间能够利用全球唯一的识别码(MMSI)、他船的船名及呼号准确呼叫对方船舶,并以短文本定向的方式进行信息交互。一旦判明船舶间存在潜在的碰撞危险,装有 AIS 的船舶间就能进行准确的避碰操纵沟通和确认,协调两船间的避碰行动,避免两船因避碰行动的不协调而发生碰撞。

(3)利用 AIS 核查避碰行动的有效性

传统的避碰行动有效性的核查主要依靠观察来船的罗经方位变化或者雷达观察,因此,核查避碰行动的有效性需要一定的时间。而 AIS 能够实时地提供他船的位置、航向、航速、转向率、速度变化值等信息,利用这些信息可以很快地核查避碰行动的有效性。

当然,AIS 所给出的信息未必能完全反映出周围所有船舶的情况,尤其是游艇、渔船和军舰等可能没有配备 AIS,或者配备了 AIS 的船舶由于某种原因其系统处于关闭状态。因此,驾驶人员应该熟悉各种助航和避碰设备的使用方法,对各种设备的性能、特点和局限性要全面掌握,在使用时做到相互取长补短,对局面和碰撞危险进行综合分析、判断,采取正确避碰行动,才能有效地预防船舶碰撞事故和保障船舶航行安全。

3. 基于 ECDIS 协助避碰

电子海图显示与信息系统由主计算机系统、电子海图数据库、输入传感器和输出终端设备等四个部分组成,其被认为是继雷达/ARPA 之后在船舶导航方面的又一项伟大的技术革命。ECDIS 通过连接其他航海设备(如 GPS、AIS、雷达 ARPA、罗经、计程仪、VDR 等)获取航行信息并与之进行数据与信息交流,能够多样化显示海图,自动或手动改正海图,进行船舶动态实时显示(船位、航速、航向等)、航次计划制订与航线设计、航向航迹监控、航行自动报警与提示(如偏航、碰撞、进入限制区域)、自动存储本船航行记录、航行历史再现、航海信息查询(如水文、港口、潮汐、海流等),将雷达/ARPA 捕获到的目标以及通过 AIS 接收到的目标动态叠加显示在海图上等。

ECDIS 不仅能提供海图信息和航行信息(本船位置、航速和航向等),还能实时提供海上物标的动态信息。因此,在制订避碰行动方案时,不仅可以通过 ECDIS 检测避碰行动方案的可行性,而且可以通过 ECDIS 检测本船的行动是否在可航水域。因此,在瞭望和避碰中,可以充分利用 ECDIS。此外,鉴于 ECDIS 可以提供船舶避碰决策过程中所需的所有数据,在 ECDIS 上开发智能化避碰决策系统成为一种新的选择。

4. AIS 与雷达 ARPA 协助瞭望的优劣性

AIS 和雷达 ARPA 作为电子协助避碰设备,两者各有优劣。在跟踪信息的可靠性方面,雷达 ARPA 对目标的探测存在阴影区,有些物标反射回波微弱,存在探测不到的可能性,目标回波还容易受雨雪干扰、海浪干扰等因素的影响,雷达 ARPA 对物标的跟踪存在中断或误跟踪等情况,而 AIS 在一定范围内可以不受距离的限制,不存在近距离盲区,受雨雪干扰、海浪干扰等因素的影响较小。在覆盖范围的广泛性方面,配置了 AIS 设备的船舶,能在 VHF 无线通信频率最大接收范围内互相接收船舶标识与精确位置,其“可视”范围通常为 20 n mile,虽然这与一般船用导航雷达的视距大致相当,但是其信息更新率有了较大的提高,还能自动进行选择和调整;并且 AIS 信号的覆盖范围可扩大到水道弯曲处和障碍物之后等雷达远距离探测不到的区域。在避碰计算的快速性方面,雷达 ARPA 在解算船舶避碰的核心数据 DCPA、TCPA 时,必须要有足够的时间累积,而 AIS 将为所有的接收方提供目标船实时操纵数据的信息,可以随时知悉碰撞危险。在数据可靠性方面,AIS 提供的船位、对地航向、对地航速、航迹向、航行状态、转向率(ROT)等一系列动态信息都是从船上罗经、计程仪、GPS 或其他定位导航仪器上获得的,因此这些定位导航仪的准确性和可靠性会直接影响探测的结果。而雷达 ARPA 则采用主动探测方式,其参数都是本船观测标绘的结果,可靠性强于被动接收的 AIS。此外,无论其他船是否装有 AIS,一般都在雷达屏幕上"可见"。而 AIS"可见性"在很大程度受到限制,其仅能识别配有 AIS 设备的船舶,仅能与配有 AIS 设备的船舶之间进行充分的信息交换,对于一些没有配备或开启 AIS 设备的船舶则无法识别。

通过以上分析比较可知,AIS 作为一种判断船舶是否存在碰撞危险和对船舶进行避碰协调的工具,大大提高了船舶在复杂条件下安全航行的能力,尤其在受到雨雪之时,可弥补雷达 ARPA 在航行中应用的不足,但是这并不意味着 AIS 可以替代雷达 ARPA。因此,在实际避碰中应将两者组合应用以达到优势互补的效果。

无论是视觉瞭望、听觉瞭望还是其他瞭望手段,每一种瞭望手段都有其优点、特点和局限性,因此,在瞭望时应注意对上述各种瞭望手段趋利避害地加以综合运用,并将它们有机地结合起来,从而形成一个科学、有效的保持正规瞭望的完整系统。

五、瞭望必须是不间断的,瞭望人员必须做到恪尽职守

瞭望必须做到连续、不间断,驾驶台的值班人员必须严守岗位、恪尽职守,集中精力保持不间断的瞭望,不得有丝毫的麻痹大意,否则,即使在能见度良好的宽敞水域也可能发生碰撞事故。

六、正规瞭望

有关"正规瞭望"的含义,《规则》和《STCW 公约》都没有对其做出定义。通常认为,保持正规瞭望,应当至少做到如下几点:

(1)应根据环境和情况配备足够、称职的瞭望人员。

(2)瞭望人员的位置应保证能获得最佳的瞭望效果。

(3)瞭望时使用适合当时环境和情况的一切可以使用的手段。

(4)瞭望是连续、不间断的。

(5)瞭望人员做到恪尽职守,认真、谨慎。

(6)瞭望的方法正确,并且是全方位的。瞭望时,应当采用先近后远、由右到左、由前到后的周而复始的瞭望方法,务必做到全方位观察;瞭望人员应当来回走动,以消除因视线被大桅、通风筒、将军柱等遮蔽所造成的盲区的影响。

(7)正确处理好瞭望与其他各项工作的关系,在各项工作中,瞭望和避让应当是首要的工作,切不可因为定位、转向、海图作业或履行通信职责等工作影响瞭望。

第二节　安全航速

一、安全航速的含义

安全航速是指能采取适当而有效的避碰行动,并能在适合当时环境和情况的距离以内把船停住的速度。

(一)能采取适当而有效的避碰行动

所谓适当而有效的避碰行动,是指所采取的避碰行动(改向、变速或者改向变速结合)适合当时的环境和情况,并且这种避碰行动必然产生其应有的效果。要求船舶以安全航速行驶是为采取避碰行动留有足够余地,并保证所采取的避碰行动有效,使会遇两船以安全距离驶过。航速过高,发现他船后有可能在时间上来不及对当时会遇局面和碰撞危险做出充分的估计和判断,因而不能及时采取适当而有效的避碰行动,所以不是安全航速。航速过低甚至船舶丧失舵效,转向效果差,甚至有可能失去对船舶的有效控制,这对船舶避碰也是十分不利的,所以航速过低也不是安全航速。

(二)能在适合当时环境和情况的距离以内把船停住

减速、停船是避免船舶碰撞的有效行动之一。在很多碰撞事故中,驾驶员在碰撞发生前都采取了停车甚至倒车的避碰行动,但仍未能避免碰撞,其主要原因就是船速过高。因此,在确定安全航速时,除要考虑能采取适当而有效的避碰行动外,还要满足所确定的航速能使船舶在适合当时环境和情况的距离以内把船停住这一条件。

船舶停船性能与船舶排水量、初始船速、主机的倒车功率、推进器种类、外界风流等因素有关。其中,船舶排水量和初始船速是影响船舶停船性能的最主要因素,船舶排水量越大,初始船速越高,停船冲程越大,把船停住所需的时间越长。因此,在决定船舶的安全航速时,不仅应当考虑船舶所处的环境和情况,而且应当考虑船舶本身的操纵性能,尤其是船舶的停船性能。

二、安全航速的适用范围

"每一船舶在任何时候均应以安全航速行驶"就意味着"安全航速"的规定适用于任何一艘在航的船舶。

(一)每一船舶

安全航速的规定适用于每一在航船舶,即不管船舶的种类、大小、状态如何,也不论该船舶是否装设有现代化的助航设施。即使是一些特殊权利的"限于吃水的船舶"和"操纵能力受到限制的船舶"甚至于"失去控制的船舶",只要其能够遵守有关安全航速的规定,均应当以安全航速行驶。

(二) 在任何时候

在任何时候,每一船舶都必须以安全航速行驶。所谓任何时候,不仅包括在时间上的任何时候,还包括船舶处在任何环境和情况下。也就是说,不论在白天还是黑夜、能见度良好还是能见度不良、开阔水域还是受限水域等时间和环境情况下,船舶都应保持安全航速行驶。

为在任何时候都能保持以安全航速行驶,海员应对各种不断变化的环境和情况做出估计,且必须立即采取任何必要的变速。

三、决定安全航速时应考虑的因素

(一) 对所有船舶应当考虑的因素

1. 能见度情况

能见度情况是决定安全航速时应考虑的首要因素。能见度不良时的碰撞概率为能见度良好时的一倍还多。能见度情况直接决定了用视觉观测他船的时机,能见度不良导致不能用视觉及时发现来船,难以判断来船动态,不利于两船协调避碰行动。因此,能见度的情况将直接决定安全航速的大小。每一船舶应以适合当时能见度不良的环境和情况的安全航速行驶,机动船应将机器做好随时操纵的准备。因此,能见度情况是决定安全航速的诸多因素中最为重要的因素。

2. 交通密度,包括渔船或者任何其他船舶的密集程度

交通密度通常是指单位面积水域中船舶的密集程度。当船舶航行在船舶密集的水域中时,可航水域的范围受到限制,所采取的避碰行动必然受到影响。同时,由于船舶密集,船舶间会遇次数增加,会遇形式复杂,给船舶驾驶员分析会遇局面、判断碰撞危险、进行避碰决策增加了难度。因此,在船舶交通密度较大的水域中航行时,如果船舶仍高速行驶,就有可能在时间和距离两个方面均无充分的余地来采取适当而有效的避碰行动。船舶在渔船密集区、港口附近等交通密度较大的水域中航行时,所用速度一般要比在交通密度较小的水域中低,或备车行驶,这种做法是符合良好船艺要求的。

3. 船舶的操纵性能,特别是当时情况下的冲程和旋回性能

船舶的操纵性能包括船舶的旋回性能、航向稳定性能和停船性能等,其中与船舶避碰行动密切相关的是船舶的旋回性能和停船性能。船舶的操纵性能因船而异,停船性能越好的船舶,其停车、倒车冲程越小,停船所需时间越短;旋回性能越好的船舶,其旋回进距、横距、旋回初径越小,旋回所需时间也越短。船舶操纵性能越好,船舶就容易控制;反之,船舶的运动状态就不易改变,避碰操纵所需的海面空间和时间就增大。因此,在决定安全航速时,应当充分考虑船舶的操纵性能,尤其是船舶的冲程和旋回性能。

4. 夜间出现的背景亮光,诸如来自岸上的灯光或本船灯光的反向散射

背景灯光的出现,对船舶驾驶员保持良好的瞭望效果将造成不良影响,降低视距。严重时将使驾驶员不能发现灯光方向存在的船舶,轻者也将使驾驶员看不清他船显示的号灯。本船灯光的方向散射也会对瞭望和及时发现来船造成不利影响。背景灯光不仅会影响驾驶员瞭望、对他船以及会遇形式做出正确判断,还将使号灯的能见距离有所减小。因

此，在决定安全航速时，如果有背景灯光影响，则必须予以考虑。

5. 风、浪和流的状况以及靠近航海危险物的情况

风、浪和流作为影响船舶操纵的外界因素，都将对船舶操纵性能产生直接影响。当船舶顺风、顺浪、顺流时，船舶冲程增大，反之则冲程减小，船舶旋回性能也将有所变化；当船舶横风、横浪、横流时，船舶的惯性性能和旋回性能与无这些影响时相比将有所改变。由于这些影响的存在，船舶驾驶员应对船舶在这些外界因素影响下的运动规律有深刻的认识，在决定安全航速时对它们的影响予以充分考虑和估计。航海危险物的情况通常是指航线附近的浅滩、暗礁、沉船等对航行安全带来威胁的情况。在靠近航海危险物航行时，若对当时的风、流、浪、浅水效应、岸壁效应等估计不足，可能因其对航速的影响而发生搁浅、触礁等事故。

6. 吃水与可用水深的关系

吃水与可用水深的关系作为决定安全航速时应考虑的因素，主要是考虑到富余水深对船舶操纵性能以及船舶偏离所驶航向的能力的影响。一方面，船舶在浅窄水域航行时，可能产生影响船舶操纵性能的浅水效应、岸壁效应等，如船舶驶入浅水区域后将出现舵效变差、旋回直径增大、船体下沉和纵倾变化更为激烈等现象，船舶在相互接近且速度较高时容易引发激烈的船间效应。另一方面，当可航水域宽度变窄时，船舶偏离所驶航向的能力必然受到严重限制，将不能采取大幅度的转向行动。鉴于这些情况，当航行在浅窄水域时，应适当降低船速，以适应航行安全的要求。

(二) 对备有可使用雷达的船舶，还应考虑的因素

1. 雷达设备的特性、效率和局限性

雷达作为一种导航设备，在船舶避碰方面也得到了广泛的应用。特别是在能见度不良的情况下，雷达获得的信息已成为驾驶员避碰决策的主要依据，被称为"海员的特殊眼睛"。尽管如此，由于没有正确使用雷达，过分依赖雷达提供的信息，盲目高速行驶，雷达并未有效地发挥其在船舶避碰中的作用，甚至还出现过由于使用不当导致的"雷达助碰"情况。究其原因，是对雷达设备的特性、效率、局限性认识不清，对雷达提供的信息使用不当。雷达虽然能在远距离上发现他船，但在近距离内却有探测不到小物标的可能性；雷达虽然可提供整个海区的船舶分布情况，但却不如视觉提供的情况更直接、信息量更大；雷达虽然可做出碰撞危险的早期警报和获得来船的运动要素，但却需要花费一定时间进行雷达标绘，同时，当他船的运动状态发生变化时，雷达对这种变化反应缓慢，驾驶员不易觉察；此外，雷达提供的各种信息均存在不同程度的误差，误差的存在极有可能导致驾驶员做出错误的判断。鉴于上述情况，在决定安全航速时，应当充分考虑雷达设备的特性、效率和局限性。

2. 所选用的雷达距离标尺带来的任何限制

在选用雷达远距离标尺时，其虽然可及早地发现远距离的船舶并对碰撞危险做出早期警报，但存在物标清晰度不高、分辨率较低、近距离小物标不易探测到等不足；在选用雷达近距离标尺时，虽然可以提高物标清晰度、分辨率，并有利于探测到小物标，但也存在不能及早地发现远距离他船并对碰撞危险做出早期警报的缺陷。因此，在决定安全航速时，应当充分考虑到所选用雷达距离标尺所带来的限制。

为充分发挥雷达在船舶避碰中的作用，如果只有一台可使用雷达，通常在进行雷达观

测时采用远、近距离挡交替使用的方法；当船上有两台可使用的雷达时，如果情况需要，可分别将其设在远、近距离挡，以方便使用，消除由雷达距离挡带来的任何限制。

3. 海况、天气和其他干扰源对雷达探测的影响

海况、天气和其他干扰源对雷达探测的影响，主要是指海浪干扰、雨雪干扰、同频干扰、多次反射回波、间接回波、异常传播等干扰对雷达探测的影响，这些干扰有时是相当严重的，不仅使雷达探测不到小物标，甚至连大型船舶的回波也无法辨认。尽管可以通过调整雷达上有关抑制旋钮，在一定程度上消除干扰，但同时也可能抑止了那些反射能力弱的小物标的回波，这对船舶避碰是十分危险的。当不能排除这种可能性时，应采取控制船速的措施，必要时备车航行。

4. 在适当距离内，雷达对小船、浮冰和其他漂浮物有探测不到的可能性

由于小船、浮冰及一些漂浮物的电磁波反射能力弱，因此，雷达对它们有探测不到的可能性。当雷达受到海况、天气和能见度等因素的影响时，这种可能性更大。由此，应认识到，绝不能过分依赖雷达提供的信息，雷达上没有发现回波，并不表示海上没有其他船舶或物标，特别是在经常有小船出现的水域或在高纬度航行可能有浮冰漂流时，更应该注意这一点。

5. 雷达探测到的船舶数目、位置和动态

雷达探测到的船舶数目反映了当时船舶的交通密度。探测到的船舶数目越多，交通密度越大。船舶在这种水域中航行时，在判断碰撞危险、避碰决策、采取避碰行动等各方面都将增加困难，对此应高度重视。就雷达探测到的船舶的位置和动态来说，强调的是他船与本船之间的关系。雷达显示的来船位于正横以前、小舷角、距离近、接近速度快、最近会遇距离较小，危险性大；相比较来船位于正横或正横以后，危险性则较小。对此，应根据来船的运动要素、与本船的会遇形势等情况做出具体的判断，以便在确定航速时给予充分考虑。

6. 当用雷达测定附近船舶或其他物体的距离时，可能对能见度做出更确切的估计

如上所述，能见度是决定安全航速时应考虑的首要因素，然而，能见度情况仅凭视觉难以判断，因此，船舶驾驶员要尽可能使用雷达对能见度做出正确的估计。而这一点，对于能见度情况可能发生变化时和夜间更为重要。

总之，以安全航速行驶是确保航行安全的重要因素，在决定安全航速时，除考虑上述所列的因素外，还应当考虑与船舶航行安全相关的其他因素，如本船的助航设施的情况等，以保证船舶在任何时候均以安全航速行驶。船舶公司或者船舶承租人的航次指令、船舶班期、经济效益等不应成为船舶不以安全航速行驶的理由。

第三节　碰　撞　危　险

一、碰撞危险的含义

(一)碰撞危险的基本含义

历史上的权威解释认为，"碰撞危险"是一种碰撞的可能性，只不过人们对这种碰撞的

可能性增大到何种程度时才能称之为"碰撞危险"有着不同的理解。

（二）判断碰撞危险的主要依据

既然碰撞危险是一种碰撞的可能性，当同一船舶处于不同的环境和条件下，或者不同的船舶处在同一具体条件下时，不同的人对船舶是否存在碰撞危险有着不同的理解和认识。尽管"碰撞危险"与人、船舶、环境等因素有关，但是，总体而言，判断碰撞危险的最主要依据是两船会遇时的最近会遇距离（distance of closest point of approaching, DCPA）和到达最近会遇距离处的时间（timeto closest point of approaching, TCPA）。通常认为，当在 DCPA 小于安全会遇距离且 TCPA 较小的情况下，应当认为两船存在碰撞危险。

最近会遇距离表示两船在会遇的过程中最近时的距离，它是衡量两船是否可能发生碰撞的重要因素之一。本书用 d_{DCPA} 表示最近会遇距离，用 t_{TCPA} 表示达到会遇距离处的时间。$d_{DCPA}=0$，说明两船若保持航向和航速不变，将同时到达某一点，最终必将发生碰撞；$d_{DCPA}>0$，说明两船之间有一定的通过距离，但这并不意味着可以安全通过。不安全，就意味着仍然存在碰撞危险。只有当两船的最近会遇距离超过安全会遇距离时，才可以认为不存在碰撞危险。而安全会遇距离则需要考虑当时的环境和情况、船舶本身的性能和尺度等因素。所以，在判断碰撞危险时，除了考虑最近会遇距离外，还必须考虑到达最近会遇距离处的时间这一因素。

到达最近会遇距离处的时间表示两船在会遇过程中的时间概念。当 $d_{DCPA}=0$ 或 d_{DCPA} 小于安全会遇距离的情况下，t_{TCPA} 越小，表明船舶到达最近会遇距离处的时间越短，碰撞危险的程度越大；t_{TCPA} 越大，表明船舶到达最近会遇距离处的时间较长，碰撞危险的程度相对较小。t_{TCPA} 数值的大小与会遇形式、两船之间的距离、两船构成的相对速度有关。

在海上船舶避碰的实践中，海员往往更习惯于使用 d_{DCPA} 和两船之间的距离及其变化来判断是否存在碰撞危险。当两船的最近会遇距离小于安全距离，且两船距离较近而在相互驶近时，两船已构成碰撞危险。

除考虑两船会遇时的最近会遇距离和到达最近会遇距离处的时间这两个因素外，在判断是否存在碰撞危险时，还应当考虑船舶所航行的水域环境、外界的气象和能见度情况、船舶的尺度以及船舶的操纵性能等多种因素。

二、判断碰撞危险的有效手段

保持正规瞭望是正确判断碰撞危险的前提，而判断碰撞危险是瞭望的目的之一；瞭望更强调收集信息，而判断碰撞危险更着重于对所收集到的信息的评估。

与瞭望条款的适用范围一样，碰撞危险的判断也适用于每一船舶。即使是在锚泊中的船舶，同样也应当保持正规瞭望，对碰撞危险做出判断；若存在碰撞危险，应当及时采取相应的措施，警告来船。

每一船舶应使用适合当时环境和情况的一切可用手段断定是否存在碰撞危险，就意味着判断碰撞危险的方法、手段必须与当时船舶所处的水域、气象和海况、交通密度、能见度以及船舶本身的条件相适应，并且要用尽所有可能的手段。判断碰撞危险的方法主要有罗经方位判断法、舷角判断法、雷达标绘判断法、VHF 通信判断法、AIS 判断法等。

与瞭望的手段一样，判断碰撞危险的方法有效与无效或效果不好是相对的，每一种方法都有其特定的局限性。例如,观测来船真方位的方法,简单迅速,但却不能确定来船的距离;观测来船的相对方位时,还将受到本船航向变化的影响;雷达标绘方法,可求得来船的运动要素并可以通过进一步的标绘求得避碰措施,但却受到雷达局限性的影响,同时雷达标绘也需要一定的时间;在分道通航制水域内利用 VHF 通信可以接收到有关他船的动态,特别是有关那些与已确立的分道的交通总流向做相反行驶的船舶信息,能及早预报正在逼近的碰撞危险,但 VHF 通信也存在对他船识别错误或者事先协议避碰而后又违反协议避碰的危险性等;AIS 能够自动接收他船的有关信息,有助于识别他船并判断是否存在碰撞危险,但一些小船上特别是渔船上可能未装设 AIS。正确的做法是充分发挥各种方法的优势,在特定的情况下选择主要的判断方法,并注意采取其他辅助的方法,以消除不利的因素。

三、判断碰撞危险的方法

判断碰撞危险的方法主要有罗经方位判断法、舷角判断法和雷达标绘判断法等。

(一)罗经方位判断法

罗经方位判断法是船舶驾驶员在能见度良好时判断是否存在碰撞危险的一种最有效的方法。这种方法是通过观测来船罗经方位的变化情况来判断碰撞危险的,其优点是简单方便、迅速、直观,并且不受罗经差和船舶航向改变的影响,效果最好。使用罗经方位判断法时,在断定是否存在碰撞危险时,考虑的因素中应包括下列各点:

①如果来船的罗经方位没有明显的变化,则应认为存在这种危险;

②即使有明显的方位变化,有时也可能存在这种危险,特别是在驶近一艘很大的船或拖带船组时,或是在近距离驶近他船时。

1. 来船方位没有明显变化,则应认为存在碰撞危险。如果通过连续观测发现来船罗经方位不变,且两船间距离在不断减小,表明两船间 $d_{DCPA}=0$,存在碰撞危险,如图 2-1 所示。图中字母交角代号。

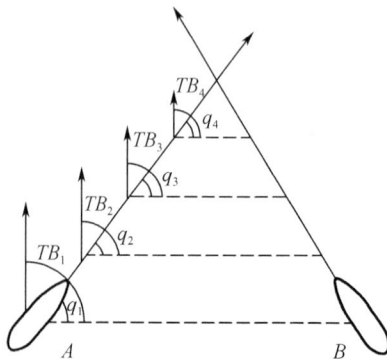

图 2-1 来船罗经方位不变

如果经观测发现来船罗经方位有所变化,但变化幅度不大,在这种情况下,就需要了解和掌握来船方位变化和距离变化之间的关系,以便确定在这种情况下两船会遇的 d_{DCPA} 的值。

如图 2 - 2 所示,设本船位于 O 点,AC 线为来船与本船的相对运动线。当来船从与本船距离为 D_1 处减至 D_2 处时,来船的方位变化了 ΔA,此时,两船的最近会遇距离 $d_{DCPA} = d$,经推导得到

$$\Delta A = \arcsin \frac{d}{D_2} - \arcsin \frac{d}{D_1}$$

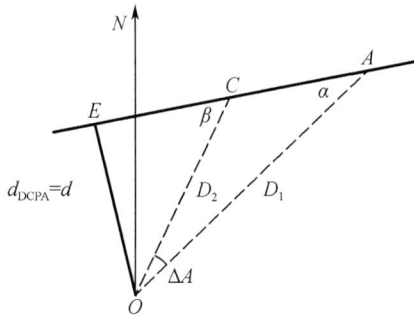

图 2 - 2　来船方位变化和距离变化之间的关系

一般来说,来船罗经方位有明显变化,则不存在碰撞危险。当来船罗经方位明显减小时,在本船右舷的来船,将从本船的船首前方通过;在本船左舷的来船,将从本船的船尾后方通过。当来船罗经方位明显增大时,在本船右舷的来船,将从本船的船尾后方通过;在本船左舷的来船,将从本船的船首前方通过。

2. 有明显的方位变化,有时也可能存在碰撞危险

即使来船罗经方位有明显的变化,有时也可能存在碰撞危险,通常是指如下几种情况。

(1) 在较远的距离上,来船采取了一连串的小角度转向行动

由于来船可能做一连串小角度的转向,而未能被发现,特别是在能见度不良的情况下使用雷达观测时,就更难对这种行动做出判断。因此,在海上实际观测时,要特别对此予以警惕。

(2) 在驶近一艘很大的船舶或拖带船组时

船舶是有一定尺度的,因此,如果把船舶当作点来处理是很危险的,尤其是两船相距较近时。如图 2 - 3 所示,A 船在某一点上观测 B 船的某一点时,若其罗经方位有明显的变化,只表明观测点与被观测点处不会发生碰撞,但是由于大型船舶或者拖带船组的长度很大,所以在驶近时,不能表明两船的其他点不会发生碰撞。因此,当船舶驶近一艘超大型船舶或拖带船组时,即使有明显的罗经方位变化,仍然有可能存在碰撞危险。

(3) 当近距离驶近他船时

如前所述,在 d_{DCPA} 不变的情况下,方位变化率随着两船间距离的减小而增大。当近距离驶近他船时,虽然他的罗经方位有明显的变化,但其 d_{DCPA} 值可能仍然很小,而存在碰撞危险。例如,当来船距离从 2 n mile 减小到 1 n mile 时,即使方位变化达到了 15.5°,两船之间的 d_{DCPA} 值仍然只有 0.5 n mile。因此,近距离驶近他船时,切不可盲目认为方位有明显的变化就不存在碰撞危险。

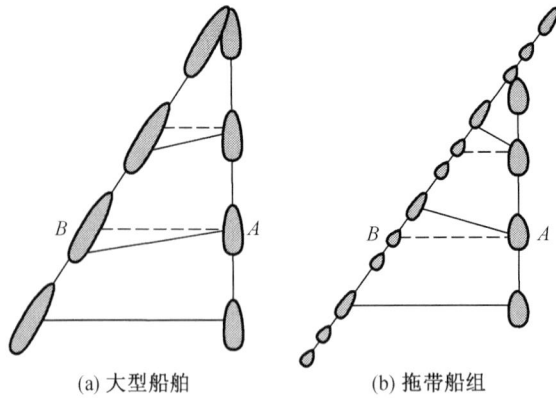

(a) 大型船舶   (b) 拖带船组

图 2 - 3 驶近一艘很大的船舶或拖带船组时

(二)舷角判断法

舷角判断法是一种通过观测来船的舷角变化来判断碰撞危险的方法,也称之为相对方位判断法,其原理与罗经方位判断法完全一致。众所周知,他船的罗经方位为本船的航向与他船的舷角之和,如果保持本船的航向不变,则他船舷角的变化就是他船罗经方位的变化。在实践中,船舶驾驶员只要在驾驶台上选定船上一点,使得驾驶员、选定的点和来船成一直线来观测来船舷角的变化,即可对是否存在碰撞危险做出判断。因此,这种方法较罗经方位判断法更为简便、迅速、直观,但是这种方法的最大缺点是,当本船的航向由于各种原因发生变化时,会产生很大的误差,甚至造成错误判断。例如,由于本船航向变化,虽然他船的罗经方位没有发生变化,而其舷角已经发生了显著的变化,从而被误认为不存在碰撞危险。因此,在风浪较大、艏摇严重、舵工操舵水平不佳、自动舵性能不佳等本船航向不稳定的情况下或者本船改向时,不宜使用舷角判断法,而应当采用罗经方位判断法。

此外,在实践中,船舶驾驶员有时通过观测来船两盏桅灯的水平张角变化情况来判断是否存在碰撞危险,其原理与舷角判断法相同,且也存在舷角判断法的缺点。经验不足的驾驶员不宜使用该法,而应当使用罗经方位判断法。

(三)雷达标绘判断法

正确使用雷达不仅能够及早发现来船,获得碰撞危险的早期警报,而且通过雷达标绘可以判断是否存在碰撞危险以及危险的程度。雷达标绘判断法被认为是在能见度不良情况下判断碰撞危险的最有效方法之一,即使在能见度良好的情况下,也经常被采用,并成为进行避碰决策的重要依据。通过雷达标绘,不仅可以得到来船的航速、航向、DCPA 和 TCPA,还可以求得避碰措施、避碰时机、恢复原来运动状态的时机等船舶避碰信息。此外,雷达标绘还是核查避碰效果的有效方法之一。

在采用雷达标绘判断法判断碰撞危险时,应当注意如下几点。

1. 正确使用雷达

负责航行值班的高级船员应确保所使用的量程以足够频繁的间隔进行转换,以便能及早地发现回波,应切记小的或弱的回波有可能无法被探测到。当使用雷达时,负责航行值班的高级船员应选择适当的量程,仔细观察显示器,并应确保有充分的时间进行标绘或进行系统分析。正确使用雷达通常应当做到如下几点。

(1)提前开启雷达

雷达从接通电源到显示清晰图像,一般需要约 4 min,故在能见度逐渐变坏或接近交通密度大的水域时要提前开机,以便及时探测到来船,并了解其动态。

(2)调整好显示图像

雷达回波的显示状况对雷达探测和标绘具有重要意义。雷达开机后,应立即将亮度、增益、海浪与雨雪干扰抑制等调整好,以便减少干扰,同时又不漏掉微弱的目标。

(3)选择恰当的显示方式

熟练掌握各种雷达显示方式的特点、长处和不利因素,能够正确选择适合当时情况和需要的显示方式,即正确选择真运动显示方式或者相对运动显示方式,采用真北向上显示方式、航向向上显示方式或者船首向上显示方式。一般而言,在雷达观测过程中,船首向上、相对运动方式较常用;在雷达标绘中,真北向上、相对运动显示方式较好。

(4)交替使用远近距挡和宽窄脉冲

在使用雷达过程中,应根据当时环境和情况的要求选择适当的距离标尺,既能够获得对碰撞危险的早期警报,又能够对近距离内的船舶运动状态做出更详细的分析与判断,例如进行雷达标绘。对于具有两台可使用雷达的船舶,一台雷达应放在远距离挡,而另一台则应放在近距离挡;当船上只有一台可使用雷达时,远近距离挡应交替使用,并保持足够频繁的间隔进行转换。在雷达标绘中,雷达距离挡宜放在 12 n mile 挡。

使用宽脉冲时,雷达发射功率大,目标回波强度高,探测目标的距离较远,有利于及早发现目标,但对目标的分辨率较低;而窄脉冲虽然分辨率较高,但目标回波弱,不利于发现对雷达波反射弱的小船和帆船。因此,在使用雷达过程中应交替使用宽窄脉冲,以保证既能及早发现远处的大船和及时注意到近处的小船,又能在必要的情况下提高对目标回波的分辨率,并减小海浪杂波和雨雪杂波的干扰。

(5)经常向左、右偏转航向

为了防止船首方向的目标雷达回波被本船大桅和烟囱等遮挡,要有计划地经常将航向向左、右做少量的偏转,以便查明在大桅等所造成的雷达阴影区内,有无近距离目标的回波。不时使用撤钮将本船船首线标志暂时隐去,也是发现本船正前方的微弱回波的方法。

(6)细致观察

由于雷达本身的局限性及外界的种种影响,荧光屏上显示出的图像与实际情况不尽相符,故在观察时需认真、细致,尤其要注意船首方向、3 n mile 范围内以及海浪或雨雪干扰中的目标回波。应切记小的或弱的回波有无法被探测到的可能性。

(7)正确使用雷达面板上的各种按钮

在雷达观测过程中应熟练地使用雷达的辅助设备和显示功能。例如,正确地使用雷达屏幕上的固定距标盘、固定距标圈、活动距标圈、电子方位线等。

2.利用雷达获得碰撞危险的早期警报

利用雷达远距离地扫描,可以及早地发现来船,特别是在能见度不良的情况下,可以在两船互见以前及时发现来船,以便获得碰撞危险的早期警报,同时可以使用雷达估计该水域的通航情况。船舶不仅应当在能见度不良时使用雷达来判断碰撞危险,而且在能见度良好时也应当使用雷达,特别是在交通密度较大的水域,否则,不使用雷达将被认为是一种疏忽。

3. 进行雷达标绘

所谓进行雷达标绘来判断碰撞危险,是指通过系统连续观测来船雷达回波的距离、方位(三次或三次以上),在专用的雷达标绘纸上或者直接在装有反射作图器的雷达屏幕上作图,求取来船的航速、航向、DCPA 和 TCPA 等信息,从而判断碰撞危险的方法。

4. 与雷达标绘相当的系统观察

当船舶在交通密度较大的水域中航行时,对观测到的所有物标都进行雷达标绘是不现实的。通常情况下,下列几种方法可以认为是与雷达标绘相当的系统观察方法。

(1)使用 ARPA(自动雷达标绘仪)或者使用与 ARPA 相连的 AIS 进行观测。ARPA 能够随时提供物标的 DCPA 和 TCPA,以便船舶驾驶员判断碰撞危险。如果设定 DCPA 和 TCPA 的报警值,当有物标进入报警值范围时,ARPA 还能够自动报警,以提示驾驶员存在碰撞危险。ARPA 的使用,解决了人工标绘的麻烦,同时提高了标绘精度,是完全可以替代雷达标绘的一种观测方法。

(2)对于有经验的驾驶员,可以熟练地使用机械方位盘、电子方位线对物标进行连续的观测和分析,估计物标的 DCPA 和 TCPA,从而对是否存在碰撞危险做出判断。实践证明,这是一种行之有效的方法。应注意的是,要使用这种方法首先要求对雷达上物标运动的机理有透彻的认识,其次能熟练使用雷达,只有这样才能对观测的误差和观测的结果做出正确的估计。

(3)指定专人对雷达提供的信息进行连续观察,并能够根据有关辅助方法,如方位与距离变化表等,对碰撞危险做出判断。这种方法更需要熟练的技巧和丰富的经验,缺乏相应实践和经验的船长和驾驶员,不宜采用该方法,而应当进行雷达标绘。

总之,船舶应当正确使用雷达,以便获得碰撞危险的早期警报,并通过雷达标绘或与其相当的系统观察,并对碰撞危险做出准确的判断,否则将被认为是判断碰撞危险的一种过失。

四、判断碰撞危险的注意事项

(一)如有任何怀疑,应认为存在碰撞危险

当一船采取了适合当时环境和情况的一切可用手段对是否存在碰撞危险进行了判断,但由于种种原因,仍不能对是否存在碰撞危险做出明确的判断时,该船应假定存在碰撞危险,而不应当假定为不存在碰撞危险。例如,当在本船正前方附近发现一盏白灯,两船的距离又在不断接近,对该白灯究竟是他船的艉灯还是他船的桅灯难以判断时,应当假定是他船的桅灯,与本船构成碰撞危险;又如,发现一船未按规定显示号灯、航向不明、方位变化无规律,两船距离又在减小时,应假定两船已构成碰撞危险。

(二)不应当根据不充分的信息做出判断

判断本船与来船是否构成碰撞危险,应当基于对来船的相对运动状态保持连续、仔细

的观测和进行雷达标绘所获得的充分信息。不应当依据不充分的信息做出推断,既包括实际存在碰撞危险而做出不存在碰撞危险的推断,也包括实际不存在碰撞危险而做出存在碰撞危险的推断。因为推断错误,有可能导致错误的行动,从而造成碰撞事故的发生。需要指出的是,在用尽一切判断手段仍然难以断定是否存在碰撞危险时,仍应当假定存在碰撞危险。在实际存在碰撞危险的情况下,做出不存在碰撞危险的推断更为危险。

不充分的信息通常是指在下列情况下获得的信息。

1. 瞭望手段不当所获得的信息

所采用的瞭望手段不适合当时环境和情况,这样所获得的信息往往是不充分的信息。例如,在雾中航行时,仅凭他船的雾号做出判断,不进行雷达观测;能见度良好时,放弃视觉瞭望,仅凭雷达观测,而又没有进行雷达标绘或与之相当的系统观测。

2. 判断方法不当所获得的信息

所采用的判断碰撞危险的方法不适合当时环境和情况的要求。例如,由于风浪的原因使艉摇较大时,采用舷角判断法而不是罗经方位判断法;在使用雷达进行观测时,不进行雷达标绘或与之相当的系统观测。

3. 未进行系统连续观测所获得的信息

在观测时未进行全面的观测或者观测次数太少所获得的信息将是不充分的信息。例如,对他船的运动状态未能全面了解;观测来船的罗经方位或者进行雷达标绘时仅仅使用两次的观测信息或者时间间隔太短等。

4. 未消除误差的信息

直接使用观测数据,未能消除观测中存在的误差,特别是在进行雷达观测时,这种误差将对碰撞危险的判断带来明显的影响。来船的方位变化率与两船之间的距离密切相关,因此,在遇到来船的早期所测的距离和方位上的细小误差,或者标绘得不精确,都将造成错误的判断。例如,假定把他船看作在本船右前方的一个点,并设该船相对于本船的实际方位保持不变,即 $d_{DCPA}=0$,则存在碰撞危险。当利用雷达观测他船方位时,分别在他船距本船 12 n mile 和 10 n mile 时测定两个方位,若第一次方位误差为 $-1°$,第二次方位误差为 $+1°$,则测得他船的方位变化为 $2°$,可以得出该船将在本船右舷约 2.1 n mile 处通过的结论;相反,若第一次方位误差为 $+1°$,第二次方位误差为 $-1°$,则得出该船将在本船左舷约 2.1 n mile 处通过的结论。上述例子可以充分说明在远距离上只做两次观测,由于不充分的观测次数和方位误差,会得出不同的最近会遇距离。同样,观测距离时存在误差也会得出同样的结论。

总之,船舶不应当根据不充分的信息对是否存在碰撞危险做出推断,特别是不应当根据不充分的信息做出不存在碰撞危险的推断。

第四节　避免碰撞的行动

一、及早地采取行动

《1972 年国际海上避碰规则》第 8 条第 1 款规定:应根据本章各条规定采取避免碰撞的

任何行动,如当时环境许可,应是积极地,并应及早地进行和注意运用良好的船艺。

(一)采取避免碰撞的任何行动

这里所指的避免碰撞的任何行动是广义的,包括为避免妨碍他船通行或者安全通行而采取的行动,为避免形成碰撞危险所采取的行动,为避免形成紧迫局面而采取的行动,为避免形成紧迫危险而采取的行动,以及在紧迫危险形成后所采取的紧急避碰行动等。

按照避碰行动的方式,为避免碰撞所采取的行动主要包括转向、变速以及转向和变速相结合,在某些特定的环境和情况下还应包括备车、备锚、抛锚等避碰准备和紧急行动。

(二)如当时环境许可

就船舶所能采取的避碰行动而言,必然受到当时环境和情况的限制。当时的环境和情况主要包括当时的海况、能见度、交通密度、水深、可航水域的宽度、影响航行安全的障碍物以及船舶本身的操纵性能等。"如当时环境许可,应是积极地,并应及早地进行和注意运用良好的船艺"就意味着,一方面,船舶在采取避碰行动之前必须对当时的环境和情况做出充分的估计,应当避免在对当时的环境和情况做出充分的估计之前盲目地及早采取行动;另一方面,所采取的避碰行动必须适合当时的环境和情况,例如在可航水域宽度十分受限的狭水道中采取大幅度转向显然不适合当时的水域情况,而采用减速、停车、倒车等措施可能更适合当时水域受限的环境和情况。简而言之,船舶及早地采取避碰行动的前提条件是当时的环境和情况许可那么做。

(三)积极地,并应及早地采取避碰行动

船舶在根据"驾驶和航行规则"的要求采取适合当时环境和情况的避碰行动时,应当积极地、及早地进行。积极地采取行动是对采取避碰行动主观上的要求,"积极"(positive)是指主动、果断、毫不犹豫地采取行动,也就是说,一旦决定了所要采取的行动,就应该果敢、干净利落地采取,而绝不应该在决策时优柔寡断。"及早"(in ample time)是指在采取避碰行动时,在时间和距离两个方面都留有充分的余地,不仅应当保证在避碰行动完成之后,两船能在安全距离上驶过,还应当保证一旦双方所采取的行动不协调或者有第三船介入时,有弥补的余地。

(四)注意运用良好的船艺

良好的船艺即优良的操船技艺,是指航海人员在长期的航海实践中所积累的经验、所形成的优良技艺及通常做法。因此,在实际避碰中,不仅应当遵守相关的规定,还应当注意运用良好的船艺。在保持戒备和采取避碰行动的良好船艺通常可以解释为以下做法,但并不限于下列各种做法:

(1)在交通密集区、狭水道或航道航行时,将主机做好随时操纵的准备;在狭水道、航道、其他浅水域、进出港口时,备双锚航行。

(2)熟悉本船的各种操纵性能、船舶的条件限制。

(3)充分了解和掌握各种外界环境因素对操船的影响,特别注意各种可能出现的浅水效应、岸壁效应、船间效应。

（4）采取避碰行动时，使用手操舵；转向避碰时，下达舵角指令而不是下达航向指令。

（5）在受限水域或交通密集区追越他船时，通常应在前船的左舷追越，并保持适当的间距以防止船吸的发生。

（6）被追越船若条件许可，必要时可减速，以缩短两船的并行时间，如果两船间距不够充裕，应适当转向以增大两船间距。

（7）在河道或某些特定水域中航行时，遵循"逆水船让顺水船、轻载船让重载船、进口船让出口船"等地方规则的规定或习惯做法。

（8）遇雾时，如果对船舶航行安全无法保证，则应选择锚地抛锚或漂航，至少应将航速减到维持其舵效的最小速度。

（9）在利用 VHF 协调避碰时，必须正确识别他船，防止识别错误。

二、采取大幅度的行动

为避免碰撞而做的航向和（或）航速的任何变动，若当时环境许可，应大得足以使他船用视觉或雷达观测时容易察觉到；应避免对航向和（或）航速做一连串的小变动。

（一）大幅度行动的含义

船舶应采取大幅度的避碰行动的根本目的是避免碰撞事故的发生，保证船舶的安全。一方面，当本船采取避碰行动时，为了避免他船误解本船的意图和行动，本船所采取的行动应当使他船能够用视觉或者雷达观测时容易察觉到，以有效避免由于两船之间对避碰行动意图的误解而采取不协调的行动。另一方面，所采取的避碰行动应当导致两船能在安全距离上通过，而不仅仅是能够避免真正的碰撞。因此，大幅度行动的含义包括两个方面，即所采取行动的幅度大得足以容易被他船用视觉或雷达观察时察觉到，并且能够导致两船在安全距离上通过。

当时环境许可，是采取大幅度避碰行动的先决条件。此外，与及早采取行动必须适合当时的环境和情况一样，行动的幅度并不是越大越好，大幅度的行动也必须适合当时的环境和情况。在确定大幅度的行动时要考虑的因素很多，但至少要充分考虑能见度、两船船速比、会遇局面、船舶所处的航行环境等。在通常情况下，下列做法被认为符合大幅度的避碰行动。

1. 转向

互见中，应当至少转向30°，最好转向60°~90°，使两船航向分离，或转向对准另一船船尾后方。能见度不良时，对正横前来船在相距 4 n mile 或更远处转向30°以上，需要时一般转向60°~90°。

2. 减速

减速避碰时，由于改变航速生效的时间比改变航向要长，因而改变航速往往不容易被他船用视觉或雷达观察时察觉到。因此，采取减速避碰行动时，通常将速度减为原速度的一半以下。必要时，应先下令停车，以便尽快将速度降下来，然后再下令慢速或者微速前进。

3. 转向结合变速

转向结合变速的行动也应当使得该行动容易被他船用视觉或雷达观察时察觉到。应当特别注意某些转向与变速的行动会使两种行动的效果抵消的情况。例如,对本船右舷正横前来船,本船减速和向右转向的效果是一致的,但对于本船左舷正横前的来船,本船减速与向右转向的效果会相互抵消。一般而言,对于避让一艘在本船正前方或者接近正前方或者船首小角度方向上驶近的来船,本船采取转向比减速更为有效;但避让一艘从本船正横或正横附近驶近的来船,采取变速将比转向来得更有效。

(二)应避免对航向和(或)航速做一连串的小变动

在采取避碰行动时,对航向和(或)航速做一连串的小变动不易被他船在用视觉或雷达观察时察觉到,因而不利于他船迅速了解本船的避碰意图和正在采取的行动,容易导致他船采取不协调的行动,同时无助于两船迅速摆脱存在的碰撞危险和保证两船在安全会遇距离上驶过。因此,无论是在能见度良好的情况下,还是在能见度不良的情况下,对航向和(或)航速做一连串的小变动是采取避碰行动时最忌讳的。许多碰撞事故均是由于一船对航向和(或)航速做一连串的小变动而使他船判断错误,导致两船行动不协调造成的。

三、单用转向避免紧迫局面

若有足够的水域,则单用转向可能是避免紧迫局面的最有效行动,只要这种行动是及时的、大幅度的并且不致造成另一紧迫局面的。

(一)紧迫局面的含义

"紧迫局面"是指当两船接近到单凭一船的行动已不能在安全距离上驶过的局面;同时认为"紧迫危险"是指当两船接近到单凭一船的行动已不能避免碰撞的危险。

紧迫局面最初适用时的两船间距离,取决于多种因素,包括能见度、会遇态势、两船速度、船舶所处水域、交通密度、船舶尺度等,其中能见度情况是应当考虑的主要因素之一。大海上,通常认为在能见度不良的情况下,紧迫局面最初适用时的两船间距离以 2 ~ 3 n mile 为界,但对互见中的船舶而言,有时 1 n mile 的距离也是可以接受的。

(二)形成紧迫局面的原因

通过对大量碰撞事故的分析,形成紧迫局面的原因主要有以下几点:
(1)未保持正规瞭望,以至于发现来船太晚而逼近。
(2)未能对碰撞危险做出正确、及早的判断,采取避碰行动太迟或者行动的幅度不够大。
(3)盲目高速行驶,特别是在能见度不良时未使用安全航速。
(4)未能积极、及早地采取避碰行动。
(5)两船所采取的避碰行动不协调。

(三)避免紧迫局面的最有效行动

船舶正常航行时,改变船速受到诸多方面的限制,如由于船舶的巨大惯性,船速不可能迅速改变,又如船舶停车、倒车前通常需要备车等;而转向行动则可以迅速而方便地采取。同时,变速行动所产生的效果不如转向行动产生的效果迅速、明显,转向行动更容易被他船用视觉或者雷达观察时察觉到,故在绝大多数情况下,船舶通常采用单用转向来避让他船。

单用转向作为避免紧迫局面的最有效行动,必须满足如下 4 个条件:

(1)有足够的水域。

(2)行动是及时的。

(3)行动是大幅度的。

(4)不致造成另一紧迫局面。

第五节 狭 水 道

《1972 年国际海上避碰规则》第 9 条狭水道第 1 项:沿狭水道或航道行驶的船舶,只要安全可行,应尽量靠近其右舷的该水道或航道的外缘行驶。

一、狭水道与航道的含义

(一)狭水道

通常认为"狭水道"(narrow channel)是指可航水域宽度狭窄、船舶操纵受到一定限制的通航水域。究竟可航水域宽度为多少才能被认为属于狭水道,难以给出具体量化定义,国际上也没有统一的标准。英国海事法院在确定某一特定水域是否属于狭水道时,通常考虑的依据是海员在该水域航行时的航行方法和航海顾问的建议。有种观点认为,宽度为 2 n mile 左右的水道即可被认为是狭水道,而宽度为 4 n mile 的水道则很难再被认为属于狭水道了。随着船舶朝着大型化、快速化方向的发展,船舶交通密度的增大,狭水道的概念也将发生一定的变化,以适应船舶和航行安全的需要。

(二)航道

"航道"(fairway)通常可以解释为一个开敞的可航水道或者由港口当局加以疏浚并维持一定水深的水道。通常情况下,主管当局在航道两侧设置航标,表明可航水域的宽度,或者在航道的中心线上设置浮标,在海图上以虚线标绘出该中心线两侧航道的边界。

此外,在狭水道或者航道内,往往制定有特殊规则,而且该处还有可能属于分道通航制水域。船舶在狭水道或者航道航行时,不但应当遵守本条的规定,而且应当遵守特殊规则的规定。当该狭水道或者航道中设置有分道通航制时,分道通航制的规定应当首先适用。

二、尽量靠近本船右舷的该水道或航道的外缘行驶

船舶"应尽量靠近其右舷的该水道或航道的外缘行驶"并非指一定保持船舶在狭水道或航道中央线的右侧行驶,即通常所指的"靠右行驶"。不同吃水的船舶应根据其吃水的大小与狭水道或航道水深的关系,决定其在狭水道或航道中航行的区域。通常情况下,浅吃水的船舶应比深吃水的船舶更靠近其右舷的该水道或航道的外缘行驶,一些小型船舶如果能够在深水区以外的水域航行,则不应进入深水区。

此外,船舶靠近其右舷的该水道或航道的外缘行驶要求船舶随时保持在靠近本船右舷

的该水道或航道的外缘行驶,而不仅仅是在有船舶从相反方向驶来时,船舶才移向右侧行驶。为此,在狭水道或者航道中行驶时,船舶应充分利用各种导航、助航设施,勤测船位,纠正偏航,尤其在能见度不良的情况下,更应当充分利用雷达和其他航行设备,保证船舶安全地保持在其右舷的狭水道或航道的外缘行驶。

"只要安全可行"是尽量靠近船舶右舷的该水道或航道的外缘行驶的前提条件。所谓"只要安全可行",通常是指沿狭水道或航道航行的船舶,在遵守本款规定时,不致发生任何航行危险。如果在遵守本款规定时,将可能发生搁浅、触岸、岸吸、岸推现象,或者船舶不得不经常转向,则船舶就不应过分地靠右行驶,而应根据当时的环境和情况适当调整航行方法,以防止不利于安全的现象发生。在判断是否安全可行时,应充分考虑船舶当时所处的环境和情况,例如狭水道或航道的地貌、水流、航行危险物、交通密度以及船舶的操纵性能等。

三、帆船或长度小于 20 m 的船舶

帆船或长度小于 20 m 的船舶,应当不妨碍只能在狭水道或航道以内安全航行的船舶的通行,即应及早地采取行动以留出足够的水域供他船通行,或者采取不致与只能在狭水道或航道以内安全航行的船舶构成碰撞危险的方法航行,以避免造成妨碍。"只能在狭水道或航道以内安全航行的船舶"通常是指那些必须在狭水道或航道的外缘以内才能安全航行的船舶,包括由于船舶吃水与可航水域的可用水深和宽度的关系而致使其偏离所驶航向的能力严重受到限制的船舶。

第六节　船舶定线制和分道通航制

一、船舶定线制

为增进船舶交通安全,规范船舶交通秩序,首先是减少船舶会遇并减少形成碰撞危险的局面,以分道通航制为主要形式的船舶定线制的采用和发展对船舶航行安全起到了重要作用。

(一)船舶定线制及其目的

船舶定线制是一条或数条航路的任何制度或定线措施,旨在减少海难事故的危险。它包括分道通航制、双向航路、推荐航线、避航区、禁锚区、沿岸通航带、环形道、警戒区及深水航路等。

船舶定线制的目的在于增进船舶汇聚区域和交通密集区域以及由于水域有限、存在碍航物、水深受限或气象条件较差而使得船舶的行动自由受到限制的水域中的航行安全,并防止或减少由于船舶在环境敏感区域或其附近发生碰撞、搁浅或锚泊而对海洋环境造成污染或其他损害的危险。

船舶定线制具体的目的包括下列各项或其中的几项:

(1)分隔相反的交通流,以减少对遇局面/态势的发生。

（2）减少穿越船与航行在已建立的通航分道内的船舶之间的碰撞危险。

（3）简化船舶汇聚区域内交通流的形式。

（4）在沿海开发或勘探集中的区域内组织安全的交通流。

（5）在对所有船舶或对某些等级的船舶航行有危险或不理想的水域中或其周围组织安全的交通流。

（6）在水深不明或水深接近吃水的区域对船舶提供特殊指导，以减少搁浅的危险。

（7）指导船舶避开渔场或组织船舶通过渔场。

（二）船舶定线制种类

船舶定线制包括分道通航制、环形道、沿岸通航带、双向航路、推荐航路、推荐航线、深水航路、警戒区、避航区、禁锚区等定线措施，可根据实际需要单独或组合使用。

1. 分道通航制（traffic separation system）

分道通航制是指通过适当方法和建立通航分道，分隔相反的交通流的一种定线措施。

2. 环形道（round about）

环形道是指由一个分隔点或圆形分隔带和一个规定界限的环形通航分道所组成的一种定线措施。在环形通道内，通航船舶环绕分隔点或分隔带按逆时针方向航行从而实现分隔。

3. 沿岸通航带（inshore traffic zone）

沿岸通航带是指由一个指定区域构成的一种定线措施，该区域位于分道通航制向岸一侧边界与邻近的海岸之间。

4. 双向航路（two-way route）

双向航路是指在规定的界限内建立双向通航，旨在为通过航行困难或危险水域的船舶提供安全通道的一种措施。

5. 推荐航路（recommended route）

推荐航路是指为方便船舶通过而设置的未规定宽度的一种航路，往往以中心线浮标作为标志。

6. 推荐航线（recommended track）

推荐航线是指经过特别选择以尽可能保证无危险存在并建议船舶沿其航行的一种航路。

7. 深水航路（deep water route）

深水航路是指在规定的界限内，海底及海图上所标志的水下障碍物已经精确测量适于深吃水船舶航行的航路。深水航路主要是预期给那些由于其吃水与有关区域的可用水深的关系而需要使用这一航路的船舶使用，在海图上标明最大吃水；浅吃水的船舶应尽量避免使用深水航路。

8. 警戒区（precautionary area）

警戒区是指由一个规定界限的区域构成的一种定线措施。该区域可能有推荐的交通流方向，船舶航行时必须谨慎驾驶。

9. 避航区（area to be avoided）

避航区是指由一个规定界限的区域构成的一种定线措施。在该区域内航行特别危险或对于避免海难事故特别重要,所有船舶或某些等级的船舶应避开该区域。

10.禁锚区(no anchoring area)

禁锚区是指由一个规定界限的区域构成的一种定线措施。在该区域内船舶锚泊是危险的或可能对海洋环境造成无法接受的损害。除非是在船舶或人员面临紧迫危险的情况下,所有船舶或特定类型船舶应避免在禁锚区内锚泊。

(三)船舶定线制构成成分

一个实际采用的船舶定线制通常由下列成分构成。

1.分隔带或分隔线(separation zone or line)

分隔带或分隔线是指分隔交通流方向相反或接近相反的通航分道,或通航分道与邻近的海区,或分隔为同一航向的特殊级别船舶而设定的通航分道的带或线。

2.通航分道(traffic lane)

通航分道是指在规定界限内建立单向通航的一种区域。该区域即是船舶通航的航路,其边界可以由分隔带或可能由自然碍航物构成。

3.交通流方向(established direction oftraffic flow)

交通流方向是指指示分道通航制内规定的交通运行方向的一种交通流图式,一般用实线空心箭头表示。

4.推荐的交通流方向(recommended direction of traffic flow)

推荐的交通流方向是指在规定交通流方向不可行或不必要的地方,指示推荐交通运行方向的一种交通流图式,一般用虚线空心箭头表示。

二、船舶在分道通航制中的航行

(一)在分道通航制水域航行的准则

1.使用分道通航制船舶的航行准则

在分道通航制的外界行驶、穿越分道通航制、在分隔带内从事捕鱼、在沿岸通航带内行驶的船舶,不属于"使用分道通航制的船舶"。使用分道通航制水域的船舶,应当遵守下列航行规则:

(1)在相应的通航分道内沿船舶的总流向行驶

分道通航的主要目的是分隔航向相反的船舶。因此,任何使用分道通航制的船舶,包括帆船和在通航分道内从事捕鱼的船舶,都应按照相应通航分道内海图上标示的交通总流向行驶。此处要求船舶应沿相应通航分道内的交通总流向行驶,并不要求船舶的船首向与总流向完全一致,而仅仅要求其航迹向与总流向大体一致。

(2)尽可能让开分隔线或分隔带

尽可能让开分隔线或分隔带,意味着船舶应保持在相应通航分道的中心线或其附近航行。"尽可能"一词包含着船舶应充分考虑到水域的自然情况、定位条件、海况和天气、交通密度、船舶的操纵性能等情况,做到使船舶让开分隔线或分隔带。

(3)驶进或驶出通航分道

船舶在驶入或驶出通航分道时,通常应在通航分道的端部进行。如果分道通航制的区域较大,船舶距离其端部较远,允许船舶从分道的任何一侧驶入或驶出。若从一侧驶入或驶出,应采用与分道的交通总流向成尽可能小的角度的方法航行,其中包括穿越一个分道驶入另一个分道或者驶出一个分道穿越另一个分道的情况。

2. 穿越通航分道

船舶应尽可能避免穿越通航分道,但若不得不穿越时,应尽可能用与分道的交通总流向成直角的船首向穿越。

(1)穿越通航分道的船舶

通常认为,穿越整个通航分道制区域的船舶、穿越一条通航分道驶入或者驶出另一通航分道的船舶称为"穿越通航分道的船舶"。

(2)尽可能避免穿越通航分道

船舶穿越通航分道有可能与分道内行驶的船舶构成交叉相遇局面,形成碰撞危险,故应尽可能避免。特别是在江、河、港口处或岬角附近建立的通航分道,船舶更应尽可能避免穿越。

3. 使用沿岸通航带

设立沿岸通航带的目的是分隔沿海航行和过境航行的船舶,改善船舶航行秩序,保证船舶航行安全和沿岸国家的环境安全。在沿岸水域,沿岸通航带往往与分道通航制结合起来使用,因此,凡可安全使用分道通航制的船舶,不应使用沿岸通航带。但下列船舶可使用沿岸通航带:

①长度小于20 m 的船舶;

②帆船;

③从事捕鱼的船舶;

④抵离位于沿岸通航带中的港口、近岸设施或建筑物、引航站或任何其他地方的船舶;

⑤为避免紧迫危险的船舶。

上述船舶尽管可以使用沿岸通航带,但如果在通航分道内行驶对其安全无影响时,应尽量使用相应的通航分道。

4. 进入分隔带或穿越分隔线

分隔带或分隔线的作用是分隔相反方向行驶的船舶,如果船舶进入分隔带或穿越分隔线,将可能破坏分隔带或分隔线分隔船舶交通流的作用,导致通航分道内船舶交通的混乱。但在下列情况下,船舶可以穿越分隔线或进入分隔带:

①在分隔带内从事捕鱼;

②为避免紧迫危险;

③穿越分道通航制;

④驶入或驶出通航分道。

在分隔带内从事捕鱼时,捕鱼船可以根据需要朝任意方向行驶,但在靠近通航分道从事捕鱼时,应顺着该附近通航分道的交通总流向行驶,以避免与分道内的船舶形成接近对遇的态势,同时还应该注意所用的渔具不致影响通航分道内船舶的航行。为避免紧迫危险而驶入分隔带或穿越分隔线,在紧迫危险消除之后,船舶应迅速返回相应的通航分道,顺着该通航分道的交通总流向行驶。

5. 在分道通航制的端部附近区域行驶

分道通航制的端部是驶入或驶出相应通航分道的通道,船舶将在此处汇聚或分散。因此,在分道通航制的端部,船舶密度大、会遇态势复杂,经常会遇到对遇或交叉的会遇态势,特别是小角度交叉的会遇态势,且可能出现多船会遇的情况。

6. 避免锚泊

"船舶应尽可能避免在分道通航制内或其端部附近区域锚泊"意味着船舶应当尽可能避免在通航分道内、分隔带内以及分道通航制的端部附近锚泊。船舶在通航分道内锚泊,必将影响他船通行,阻塞交通,扰乱分道内正常的交通秩序,因此,船舶应当避免在通航分道内锚泊。同时,在分道通航制端部附近,船舶交通复杂,船舶密集,若在端部附近锚泊,势必影响其附近船舶的通行,船舶应当避免在分道通航制端部附近锚泊。此外,分隔带的作用是分隔相反方向行驶的船舶,若船舶在分隔带内锚泊,将会影响分隔带发挥作用,因此,船舶也应当避免在分隔带内锚泊。当船舶遇到诸如主机、舵机故障,或在能见度不良时雷达故障等特殊情况而不得不锚泊时,应尽可能采取措施,选择在分隔带内或者其他不影响他船正常航行的地点锚泊。

(二)在分道通航制水域航行的注意事项

针对分道通航制的特殊要求,船舶在分道通航制水域航行应当注意如下几点。

1. 遵守船舶报告制度

在某些分道通航制水域,如多佛尔海峡、马六甲海峡以及我国的成山角分道通航制水域等,有关主管当局要求船舶在指定地点向有关部门报告诸如船名、船位、航向、航速、吃水、货物种类和性质、目的港等情况,以便有关部门对船舶实施动态安全管理。船舶在这种水域航行时,应遵守船舶报告制的规定,及时准确地向有关部门报告。

2. 保持 VHF 守听

在分道通航制水域,一般均建有监测站或航海信息服务中心。因此,船舶在分道通航制水域航行时,应保持 VHF16 频道的守听,以便获得关于本船航行情况、通航情况、航海警告等有益信息。

3. 注意接收"YG"信号

"YG"信号的含义是"你船似未遵守分道通航制"。因此,当收到"YG"信号时,可能是本船驶入了相反的通航分道,应立即检查本船航向与船位。发现他船没有遵守分道通航制航行规则或在相反的通航分道内行驶,也可使用"YG"信号。

第三章
船舶在互见中的避碰行动

第一节　追　　越

一、追越的含义

一船正从他船正横后大于 22.5° 的某一方向赶上他船时,即该船对其所追越的船所处的位置,在夜间只能看见被追越船的艉灯而不能看见它的任一舷灯时,应认为是在追越中。一船构成"追越"另一船必须同时具备如下三方面条件。

1. 两船方位

后船应位于前船正横后大于 22.5° 的任一方向上,即后船应当位于前船的艉灯光照弧度范围内,在夜间只能看见被追越船的艉灯而不能看见它的任一舷灯。

2. 两船速度

正在赶上他船,表明后船速度必须大于前船,只有这样后船才能赶上他船(前船),这是追越船和被追越船之间动态的关系。

3. 两船距离

从"在夜间只能看见被追越船的艉灯而不能看见它的任一舷灯时,应认为是在追越中"这一规定可以推断出构成追越的条件之一是后船位于前船的艉灯光照距离范围内。实际上,前船的艉灯光照距离随着该船的大小、当时的能见度情况而有所不同。因此,在夜间,应当通过用视觉是否可以看到前船的艉灯来判断是否满足构成追越的距离要件。但是,在白天,这一要件就难以判断。鉴于船长大于或等于 50 m 的船舶的艉灯法定最小能见距离为 3 n mile,通常认为,当后船赶上前船且距离小于 3 n mile 时,就满足了构成追越的距离要件。

两船在互见中相遇,只要同时满足上述三方面条件,两船就构成追越,追越条款开始适用,而不论构成追越的船舶属于何种类型的船舶,也不论船舶所处的水域是宽敞的水域、狭水道或者分道通航制水域内。换言之,追越条款适用于任何船舶、任何水域。

值得注意的是,追越并不以构成碰撞危险为条件。多年来,对于两船不存在碰撞危险时追越条款是否适用,一直存在较大的争议。一种观点认为,追越条款只有在两船追越且出现或存在碰撞危险时才适用。另一种观点则认为,追越条款并不以构成碰撞危险为条件。从条文的标题上,对遇局面、交叉相遇局面条款均使用了"局面"一词,它们的适用均已构成碰撞危险为要件之一,而追越条款中并未使用"局面"一词。

二、追越的判断

当一船对其是否在追越他船有任何怀疑时,该船应假定是在追越,并应采取相应行动。

追越的定义是明确的,在判断是否构成追越时,可以利用前述构成追越的条件加以判断。如果满足前述构成追越的三个要件,追越条款开始适用。然而,在实践中,有时确实存在对两船所处的范围、距离难以判断的情况。例如,在方位的判断上,在夜间,对于方位的判断较容易,可根据看到他船航行灯的情况来判断本船相对他船所处的方位,即在可看到他船的艉灯而看不到桅灯或舷灯时就符合这一方位条件。但在白天,准确判断本船相对他船所处的方位是困难的。另外,根据对号灯的技术细节要求,舷灯(桅灯)、艉灯将各自向后和向前延伸5°才达到切实断光,因此,当后船位于前船正横后大约22.5°的方向上时,可能可以同时见到他船的艉灯和舷灯(桅灯);同时,受船舶的艏摇运动、操舵不稳定等因素的影响,也可能出现后船偶尔看到他船艉灯、偶尔看到他船舷灯的情况。

当后船利用各种方法仍然难以判断是否构成追越而对是否构成追越有任何怀疑时,后船应当假定构成追越,主动承担避碰责任,直到最后驶过让清为止。

后船对是否正在追越前船存在怀疑的情况主要包括:

(1)夜间赶上他船,有时看到他船艉灯而有时又看到舷灯。

(2)夜间赶上他船,并且能同时看见他船的舷灯和艉灯。

(3)白天赶上他船,本船位于他船正横后约22.5°的方位上,且距离较近,本船对两船构成交叉相遇局面或追越有怀疑时。

(4)白天赶上他船,本船位于他船正横后大于22.5°的方位上,但对两船的距离是否构成追越尚不能确定。

(5)任何其他对是否构成追越有怀疑的情况。

三、追越中的避碰行动

(一)追越的特点

1. 相对速度小,并行或相持时间长

在追越时,两船接近于同向行驶,相对速度小,相持时间长。虽然相持时间长使得可供判断考虑、采取行动的时间比较长,但是若追越中两船的横距较小,可能产生激烈的船间效应,尤其是在狭水道或者航道中追越时,这种船间效应的现象尤甚。根据影响船间效应激烈程度的因素,两船船速越高、相对速度越小、水深越浅、航道宽度越窄、两船的横距越小,则船间效应越显著。因此,当一船在追越另一船时,应当保持足够的横距;在狭水道或者航道中追越应当征得被追越船的同意,使得两船能够保持足够的横距,并有一定的速度差以缩短两船并行的时间。

2. 易与大角度交叉相遇局面相混淆

当后船从前船正横后约22.5°的某一方向上驶近并赶上前船时,后船可能对本船究竟是在追越前船,还是与前船构成大角度交叉产生怀疑,如图3-1所示。在图3-1(a)中,无论A、B两船是构成追越还是交叉相遇局面,A船均属于让路船,因而不容易发生两船行动的不协调。而图3-1(b)中,A船可能认为两船构成交叉相遇局面,因而认为B船为让路船而自己仍然保向保速航行,而 B 船可能认为两船构成追越,本船为被追越船而保向、保速,结果 A、B 两船均不采取行动而造成紧迫局面,进而发生碰撞。因此,当两船可能构成追越时,从前船的右舷后方追越较从前船的左舷后方追越更为危险。

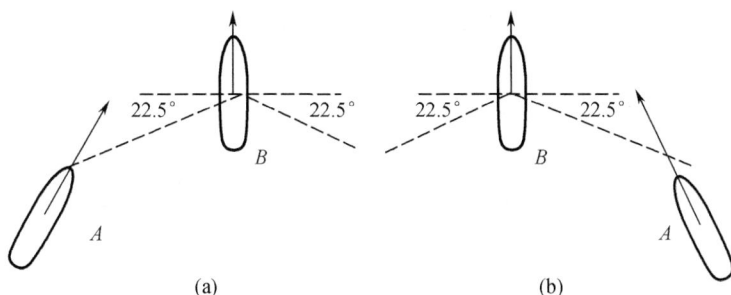

图 3-1　易与大角度交叉相遇局面相混淆的追越

(二)追越船的行动

追越船作为让路船在采取避碰行动时,应当做到"早、大、宽、清",并且应当牢记其让路的义务一直持续到最后驶过让清为止,其后的两船间的任何方位的变化,或者主机、舵机等发生故障而处于失控状态,均不免除其让路的责任和义务。此外,在追越中应当注意如下事项。

(1)在追越时,应当保持足够的横距。

(2)当与被追越船航向会聚时,追越船应适当地改变航向,先从被追越船的船尾驶过,如图 3-2 所示。

(3)当追越船追过前船后,不应当立即横越他船船首,而应当确实驶过并让清他船后再横越他船船首,如图 3-3 所示。

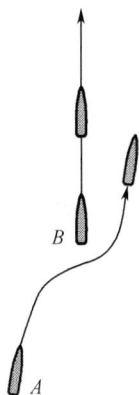

图 3-2　航向会聚时的追越

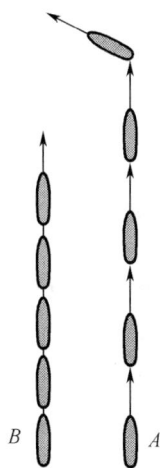

图 3-3　追越后的转向

（4）在追越过程中密切注视被追越船的动态,对被追越船可能采取的不利行动予以高度戒备,尤其是当临近被追越船的转向点附近或者发现被追越船可能与另一艘船舶致有构成碰撞危险的局面时。

（5）在狭水道、航道内应当严格遵守狭水道条款的规定,应避免在狭水道的弯头地段、通航密集区、习惯转向点或禁止追越的水域追越。当需要被追越船配合采取行动时,应当鸣放相应的声号,禁止强行追越。在狭水道、航道内实施追越时,应当尽可能避免航向交叉,而应当尽可能并行追越,在追越过程中应保证足够的横距,避免产生激烈的船间效应。

（6）在追越过程中,尽可能与被追越船保持 VHF 通信联系,协调双方行动。

（7）在追越中或者在采取避碰行动时,应当特别警惕在近距离有第三船逼近而造成新的紧迫局面的可能性。

（三）被追越船的行动

被追越船作为直航船,在被追越的过程中应当注意如下事项。

（1）当发现有他船追越时,应当检查本船所显示的号灯、号型是否正常,尤其是本船艉灯是否正常显示。

（2）针对从本船右舷正横后约22.5°的某一方向上驶来的船舶,应当保持高度的戒备,运用良好的船艺,在必要时独自采取操纵行动。

（3）被追越船应密切注视追越船的行动和追越的方式,对可能发生的意外情况,例如船舶失控、激烈的船间效应、激烈的岸壁效应、第三船出现等,做好随时操纵的准备。

（4）在狭水道或航道内,如果同意追越,则应鸣放声号明确表示,并采取让出航道、降低船速等措施,在整个被追越过程中,充分注意船间效应、浅水效应、岸壁效应的影响;如果不同意追越,则应立即向企图追越的船发出怀疑或警告声号。

（5）被追越船在到达预定转向点附近准备转向时,或者在避让第三船时,应当充分注意到其行动是否可能与追越船的避碰行动相冲突。

（6）在被追越过程中,尽可能与追越船保持 VHF 通信联系,协调双方行动。

第二节　对遇局面

一、对遇局面的定义

当两艘机动船在相反或接近相反的航向上相遇致有构成碰撞危险时,应各向右转向,从而各从他船的左舷驶过。"对遇局面"是指两艘机动船在相反或接近相反的航向上相遇致有构成碰撞危险的局面。除需满足互见这一条件外,构成对遇局面应满足以下三个要件。

（一）两艘机动船

即相遇的两船必须均为机动船。机动船在航时应当给失去控制的船舶、操纵能力受到限制的船舶和从事捕鱼的船舶让路,而不论失去控制的船舶、操纵能力受到限制的船舶和从事捕鱼的船舶是否用机器推进。因此,本条所指的"机动船"是指除"操纵能力受到限制的船舶""失去控制的船舶"和"从事捕鱼的船舶"之外的用机器推进的船舶,而限于吃水的船舶仍然属于本条所指的"机动船"的范畴。因此,机动船与上述失去控制的船舶、操纵能力受到限制的船舶和从事捕鱼的船舶三种船舶构成"对遇"的态势时,或者上述三种船舶之间构成"对遇"的态势时,并不构成本条所指的"对遇局面"。

(二)航向相反或接近相反

航向通常是指船首向,而不是船舶的航迹向。航向相反是指两船船首向相差180°。航向接近相反通常是指两船船首向的夹角为6°左右或半个罗经点。

(三)致有构成碰撞危险

致有构成碰撞危险是构成对遇局面的一个重要条件。在对遇局面中,判断碰撞危险时应侧重考虑两船之间的横距和两船间的距离。两船之间的横距可用两船间的最近会遇距离(d_{DCPA})来表征。在大海上,若两船间的$d_{DCPA} \leqslant 1$ n mile,则说明两船间的横距不宽裕,存在着碰撞的可能性,在某些情况下0.5 n mile的安全会遇距离也是可以接受的。当$d_{DCPA} \geqslant 1$ n mile时,则可以认为不存在碰撞危险,但是两艘大型船舶之间,则要求的横距更大一些。在$d_{DCPA} \leqslant 1$ n mile并存在碰撞可能性的情况下,两船之间的距离实际上决定t_{TCPA}的大小,通常认为,当一船可以用视觉看到他船桅灯时,对遇局面开始适用。对于$L \geqslant 50$ m的机动船而言,其最小的法定能见距离为6 n mile,因此,可以认为两船相距6 n mile时,对遇局面开始适用。而对于$L < 50$ m的机动船而言,该距离可以根据其装设的桅灯的最小法定能见距离予以适当的考虑。

二、对遇局面的判断

当一船看见他船在正前方或接近正前方,并且在夜间能看见他船的前后桅灯成一直线或接近一直线和(或)两盏舷灯;在白天能看到他船的上述相应形态时,则应认为存在对遇局面。当一船对是否存在对遇局面有任何怀疑时,该船应假定确实存在对遇局面,并应采取相应行动。在实践中,通常可采用下列方法来判断是否构成对遇局面。

(一)根据两船之间的相互位置予以判断

当两艘机动船相互位于各自的正前方或接近正前方,以相反的航向或者接近相反的航向相互逼近时,即可认为对遇局面正在形成。

所谓"正前方"是指一船位于另一船船首向的延长线上。所谓"接近正前方"通常是指一船位于另一船船首向左右各6°(或各5°或各半个罗经点)范围内。之所以取左右各6°,主要是基于:

①根据号灯的技术细节,两盏舷灯的水平光弧在船首向上分别向另一舷侧延伸1°~3°切实断光,因此,在本船正前方左右各3°的范围内,他船均可以同时看到本船的两盏舷灯;

②船舶操舵不稳,以及风、流和波浪的影响,都可能导致艏摇而出现船首左右摇摆的现象。

（二）根据见到他船显示的号灯或者相应的形态予以判断

在两机动船各自位于他船正前方或者接近正前方的前提下，在夜间，如果发现他船的两盏桅灯成一直线或者接近成一直线和两盏舷灯，则两船构成对遇局面。对于 $L < 50$ m 的船舶有可能只显示一盏桅灯，此时，则可以根据同时发现他船的两盏舷灯来判断对遇局面，如图 3-4 所示。在白天，两机动船看到他船的上述相应形态，即当来船位于本船的正前方或者接近正前方，见到他船的前后桅杆成一直线或接近一直线，或者看到他船的驾驶台正面对着或者接近正面对着本船，即可判断两船将形成对遇局面。

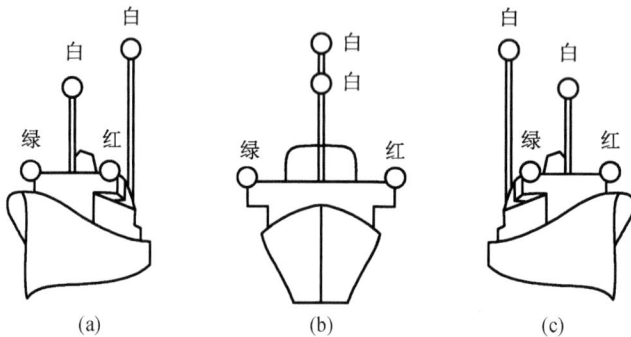

图 3-4　见到对遇船的形态

（三）当对是否构成对遇局面有任何怀疑时应当假定存在对遇局面

当一船对是否存在对遇局面有任何怀疑时，该船应假定确实存在对遇局面，并按要求采取相应的行动。对是否属于对遇局面容易产生怀疑的情况，通常有以下几种。

1. 对他船是否位于本船的正前方或接近正前方有怀疑时

例如，对正前方附近小角度方向上的他船，是属于构成对遇局面还是交叉相遇局面难以断定时，特别是当他船位于本船左舷小角度方向上时，切忌将本船作为小角度交叉相遇局面中的直航船。

2. 对两船是否为航向相反或者接近相反有怀疑时

具体包括：

①在正前方或接近正前方发现他船的两盏桅灯，但对两盏桅灯是否属于接近一直线难以断定；

②在正前方或接近正前方只发现他船的一盏白灯，难以断定该灯是桅灯还是艉灯；

③在正前方或者接近正前方时而看到他船的红灯，时而看到他船的绿灯；

④在白天，对看到的他船的前后桅杆是否接近一直线，或者看到他船的驾驶台是否正面对着或者接近正面对着本船有怀疑时。

3. 对两船是否致有构成碰撞危险难以断定时

特别是当两船以较小的 DCPA 右舷对右舷对驶时，切忌假定不存在碰撞危险。

三、对遇局面中的避碰行动

(一)对遇局面的特点

对遇局面中由于两船航向相反或接近相反,因此两船的相对速度快,可供判断考虑以及采取避碰行动的时间短。因此,要求处于对遇局面中的船舶必须对局面做出迅速、准确的判断,并及早地采取大幅度的行动。

(二)船舶的避碰责任

对遇局面中的两船,应当各自向右转向,从而从他船的左舷驶过。可见,在对遇局面中,两船负有采取相同的避碰行动的责任和义务,而不存在让路船和直航船的关系,也不存在互为让路船的关系。

(三)对遇局面中的避碰行动

对遇局面中的每一船舶必须各自向右转向,从而从他船的左舷驶过。每一船舶在采取行动时,必须及早地采取大幅度的避碰行动,宽裕地让清他船,在采取行动时,鸣放相应的操纵和警告信号。

四、危险对遇

在危险对遇中,因两船处于右舷对右舷会遇且 d_{DCPA} 不大,两船对当时的局面就有可能存在不同的理解,一船认为是两船存在碰撞危险而构成"对遇局面",采取向右转向的行动;另一船可能:

①未保持正规瞭望,发现来船太晚,以至于惊慌失措,采取了不协调的行动;

②对对遇局面的特点认识不足,未能及早采取大幅度的行动;

③虽然其认为两船构成碰撞危险,但为节约航程或者避免大角度转向而采取向左转向以扩大两船的会遇距离。

其结果很可能是由于两船的行动不协调而导致碰撞。

第三节　交叉相遇局面

一、交叉相遇局面的定义

当两艘机动船交叉相遇致有构成碰撞危险时,有他船在本船右舷的船舶应给他船让路,若当时环境许可,还应避免横越他船的前方。"交叉相遇局面"是指两艘机动船交叉相遇致有构成碰撞危险的局面。除满足互见这一条件外,构成交叉相遇局面应满足以下三个条件。

1.两艘机动船

即相遇的两船均必须为机动船。本条所指的"机动船"的含义与对遇局面中的"机动船"的含义相同,即本条所指的"机动船"是指除"操纵能力受到限制的船舶""失去控制的船舶"和"从事捕鱼的船舶"之外的用机器推进的船舶,而限于吃水的船舶仍然属于本条所指的"机动船"的范畴。

2. 交叉相遇

"交叉相遇"是指来船处于本船大于6°舷角(左与右)但小于112.5°舷角(左与右)的位置,即除追越和对遇局面以外的两船航向或者船首向交叉的情况。在交叉相遇局面中,海员按照以往的习惯做法和船舶避让的特点,根据两船航向或者船首向交角的不同,把"交叉相遇"分成小角度交叉、垂直交叉和大角度交叉三种情况。

3. 致有构成碰撞危险

致有构成碰撞危险是构成交叉相遇局面的一个重要条件。在交叉相遇局面开始适用的距离上,与对遇局面相同,通常认为,当一船可以用视觉看到他船桅灯时,交叉相遇局面开始适用。对于 $L \geqslant 50$ m 的机动船而言,其最小的法定能见距离为 6 n mile。因此,可以认为两船相距 6 n mile 时,交叉相遇局面开始适用。而对于 $L < 50$ m 的机动船而言,该距离可以根据其装设的桅灯的最小法定能见距离予以适当的考虑。

二、交叉相遇局面的判断

对于交叉相遇局面的判断,应当根据是否满足前述交叉相遇局面的构成条件做出。在判断和适用交叉相遇局面条款时,应注意以下几点:

第一,由于在交叉相遇局面中,一船应给另一船让路,为了使让路船能够承担让清直航船的义务,让路船必须能够了解直航船的位置、动态以及是否稳定在某一航向和某一航速上。所以必须以将被定为直航船的船舶的航向是持久的、稳定的并能被他船所理解作为前提条件。

第二,当两艘机动船在岬角、灯船或习惯转向点附近水域、港口的进出口处、江河的交叉口处交叉相遇致有构成碰撞危险,通常交叉相遇局面仍然适用。但在上述转向点附近航行时,如果地方规则有特殊规定,交叉相遇局面条款就不一定适用。

第三,在狭水道、航道以及分道通航制水域,如穿越狭水道、航道或通航分道的机动船,与顺着狭水道、航道或通航分道行驶的机动船交叉相遇致有构成碰撞危险,交叉相遇局面仍然适用。

第四,当两艘机动船顺着狭水道或航道的弯曲地段并循着岸形行驶时,两船的船首向始终处于交叉态势,但是两船的航向需要不断地改变,这时交叉相遇局面条款并不适用,而应适用狭水道条款。

第五,交叉相遇条款仅适用于两艘机动船,当三艘或以上的机动船同时交叉相遇时,本条规定将不适用。

第六,当一船对两船是否构成小角度交叉相遇局面还是对遇局面有怀疑时,应当假定存在对遇局面,并采取相应的行动。

第七,当一船对本船右舷正横后的来船是否在追越本船还是与本船构成大角度交叉相遇局面有怀疑时,应当对他船的行动保持高度的戒备,切忌盲目地将本船作为追越中的被追越船而始终保向、保速,并且在采取行动时,应当充分注意良好船艺的运用,避免本船所采取的行动与他船可能采取的行动不协调。

三、交叉相遇局面中的避碰行动

(一)让路船的避碰行动

交叉相遇局面中的让路船在采取让路行动时,应当避免横越他船的前方。让路船只要在采取避碰行动时做到不横越他船的前方,其可以向右转向,或者向左转向,或者采取减速措施等。根据海上避让实践和两船所构成的不同交叉会遇态势,通常采用如下避碰方法:

第一,通常情况下应采取向右转向的行动,从而从他船的船尾通过。海员通常的做法是让路船采取向右转向的行动,使得本船船首对着他船的船尾后,保持该航向,直到最后驶过让清,再恢复原航向。

第二,避让小角度交叉船时,由于相对速度高,两船接近快,应采取向右转向的行动,并使得他船能够见到本船的红舷灯,使本船从他船的船尾后方驶过。

第三,避让垂直交叉船既可采用上述避让小角度交叉船的方法,采取向右转向从他船的船尾后方通过;也可以采取减速、停车的方法避让,让他船先行通过。

第四,避让大角度交叉船时,不宜在较近距离内右转,通常可适当左转或者减速让他船先行通过,必要时本船可以左转一圈。

(二)交叉相遇时发生碰撞的原因

交叉相遇局面发生碰撞事故的主要原因有:

(1)相遇两船未保持正规瞭望,特别是让路船疏忽瞭望,以致形成紧迫局面,最后导致碰撞事故发生;

(2)让路船没有及时、及早采取大幅度的行动,宽裕地让清他船;

(3)会遇双方误将小角度交叉判断为对遇局面,又互相观望,错过避碰良机;

(4)直航船一味强调直航,待紧迫局面形成时,采取向左转向的行动,导致两船行动不协调而发生碰撞事故。

第四节　让路船与直航船的行动

一、让路船与直航船的含义

(一)让路船的含义

让路船与直航船是相对而言的,应给他船让路的船舶为让路船,而另一船则为直航船。也就是说,当会遇两船中的一船为直航船时,另一船必定是让路船。在理解"让路船"的含义时,应注意到,"不应妨碍他船的船舶"不是让路船;对遇局面中的两船、能见度不良时不在互见中相遇的两船既不存在让路船与直航船,也不能称之为"互为让路船"。

(二)直航船的含义

"直航船"是会遇两船避让关系中与"让路船"相对应的一个概念,即被让路船。直航船在两船相遇过程中的不同阶段,负有不同的责任和义务,而不仅仅是保向保速的责任和义务。

二、让路船的行动

须给他船让路的船舶,应尽可能及早地采取大幅度的行动,宽裕地让清他船。其对让路船的行动要求可归纳为"早、大、宽、清"四个字。"早"是对采取避碰行动的时机提出的要求;"大"是对采取避碰行动的幅度提出的要求;"宽"是对采取避碰行动所应达到的安全距离提出的要求;"清"是对最后避让结果提出的要求。

三、直航船的行动

直航船在两船会遇过程中的不同阶段,负有不同的责任和义务,即保持航向和航速、独自采取操纵行动和采取最有助于避碰的行动。

(一)保持航向和航速

两船中的一船应给另一船让路时,另一船应保持航向和航速。保持航向和航速是对直航船提出的一项基本要求,目的在于使让路船能够准确地掌握其运动状态,对两船的会遇局面做出正确判断,毫不犹豫地采取避碰行动,并防止两船采取不协调的行动。直航船保持航向和航速,既是直航船的权利,也是其应当履行的责任和义务。

1. 保持航向和航速的含义

保持航向和航速(简称保向、保速)通常是指保持初始的罗经航向和航速,但并非一定要保持在同一罗经航向和主机转速上,而应当理解为保持一船在当时从事航海操作所遵循的并为他船所理解的航向和航速。直航船在应保持航向和航速的阶段,若无正当理由而未能履行保向和保速的义务,将被认为是一种违反《规则》的行为。然而,若直航船的改变航向和(或)航速的行为是航海操纵所必需的,也是能够被他船所理解的,则其行为并非违反直航船保向、保速的行为,这些情况包括:

(1)驶往锚地的过程中准备抛锚而采取减速措施;

(2)到达港口前为了安全进港而减速;

(3)接送引航员所做的航向、航速的调整;

(4)由于风浪变大,为防止主机超负荷运转而采取适当降低转速的措施;

(5)被追越船为留出水域和缩短两船的并航时间所做出的改向和减速;

(6)执行引航任务的船舶由于工作需要而做的航速和航向的改变;

(7)因风流条件的变化和调整风流压差的需要而做的航向改变。

以上这些变速和变向的行动应该是能被他船所理解的,也是航海操纵所必需的,所以也不能认为直航船违反了保向、保速的义务,而应当被认为是正当的、合理的行为。

2. 保持航向和航速的适用时间

保持航向和航速的开始适用时间,通常以有关条款开始适用作为其生效的依据。终止保持航向和航速的时间,可以分为三种情况:其一是让路船履行了驶过让清的义务,直航船的保持航向和航速的义务也随即解除;其二是当直航船一经发觉让路船显然没有采取适当行动时,直航船可以终止保持航向和航速的义务,而独自采取操纵行动;其三是当直航船发觉不论由于何种原因两船逼近到单凭让路船的行动已不能避免碰撞时,直航船应当立即终止保持航向和航速,而采取最有助于避碰的行动。

(二)独自采取操纵行动

1.直航船可以独自采取操纵行动的时机

当保持航向和航速的船一经发觉规定的让路船显然没有遵照本规则条款采取适当行动时,该船即可独自采取操纵行动,以避免碰撞。

在避碰实践中,为确定独自采取操纵行动的适当时机,直航船在保向和保速阶段,应密切注视让路船的行动,当发觉两船接近到单凭让路船采取大幅度的行动已不能导致两船在安全的距离上驶过时,即将形成紧迫局面或者紧迫局面正在形成时,直航船就可以独自采取行动。通常认为,在海上两艘大型船舶形成紧迫局面时的两船距离为 2 ~ 3 n mile。

2.直航船独自采取的行动

直航船独自采取操纵行动并不是强制性的,而是建议性的。并且,即使是直航船独自采取了操纵行动,让路船的让路义务并不解除。为了促使让路船立即采取避碰行动,在直航船独自采取操纵行动前,应当鸣放相应的警告信号,引起让路船的注意,并在采取行动时,充分注意到其独自采取的避碰行动尽可能与让路船可能采取的行动协调一致。为此,直航船在独自采取操纵行动时,应当注意如下几点:

(1)在采取行动之前,应鸣放至少五声短而急的声号,并可以用五次短而急的闪光信号予以补充,以表示无法理解他船的意图和行动、怀疑他船是否采取了足够的避碰行动,对他船发出警告,开启 VHF 呼叫他船,争取与他船建立通信联系。

(2)严密注视他船进一步的动态,并做好随时操纵的准备,如果改用手操舵、命令主机备车,必要时请船长上驾驶台。

(3)在独自采取行动时,其行动应当是大幅度的并尽可能迅速完成,如转向,应当至少转30°;如采用减速,可先停车然后再微速前进;在采取操纵行动的同时,应鸣放相应的操纵声号和/或显示操纵号灯。

(4)为避免与让路船的行动不协调,通常情况下,直航船宜采取背着他船转向的行动,在转向时要充分注意到他船穿越船头的情况;对于不同的会遇形势,背着他船转向时,还应采取最有利的转向行动。

当直航船背着他船独自采取操纵行动时,还应当充分考虑到当时的环境和情况是否许可,如其行动是否会与第三船形成紧迫局面,或者招致航行的危险等。若是如此,直航船不宜采取该行动,但也应当避免对着让路船转向。此时,直航船应当毫不犹豫地采取大幅度减速措施,必要时把船完全停住。

(三)采取最有助于避碰的行动

当规定保持航向和航速的船,发觉本船不论由于何种原因逼近到单凭让路船的行动不能避免碰撞时,也应采取最有助于避碰的行动。因此,当两船不论由于何种原因逼近到单凭让路船的行动已经不能避免碰撞时,直航船应终止保向、保速,并采取最有助于避碰的行动。

1.采取最有助于避碰行动的时机

当两船接近到单凭让路船的行动已不能避免碰撞时,说明此时紧迫局面已经形成,紧迫危险正在形成。此时,无论是作为让路船还是直航船,均应当立即采取最有助于避碰的行动。究竟两船接近到何种程度,才算构成"单凭让路船的行动已经不能避免碰撞",可以船舶转向避碰的临界距离为基础,并根据船舶的会遇形势、相对速度、船舶的操纵性能、船舶长度等具体情况做出判断。通常认为,以两艘万吨级船舶在开阔的洋面上构成交叉相遇局面为例,直航船应当采取最有助于避碰的行动的时机为两船相距 1 n mile;若为大型或者超大型船舶则为 1.5 n mile。

2.最有助于避碰的行动

最有助于避碰的行动应当是能够避免碰撞,或者在碰撞不可避免的情况下能够尽量减少碰撞损失的行动,包括转向、停车、倒车、停船等措施。在具体采取最有助于避碰的行动时,若当时环境许可,船舶应当按要求采取相应的行动。

第五节　船舶之间的责任

一、确定船舶之间责任的原则

船舶之间的责任,即 responsibilities between vessels,单从英文本身的字面上可以看出,本条所指的船舶之间的避碰责任,是指相遇两船在避碰中一船对另一船应当承担的避碰责任或避让义务。

在划分船舶之间的责任时,主要采用了等级制和几何制两个原则。所谓等级制原则,是指根据船舶的避碰操纵能力的优劣来划分船舶之间的避碰责任;而几何制原则是指根据两船所处相对几何位置关系来划分船舶之间的避碰责任。

二、各类船舶之间的责任

(一)在航机动船

机动船在航时,当与下列一艘船舶相遇时,应当给其让路:
(1)失去控制的船舶;
(2)操纵能力受到限制的船舶;
(3)从事捕鱼的船舶;
(4)帆船。
这里所指的"机动船在航"包括机动船在航对水移动和在航不对水移动两种状态。对于从事拖带作业的机动船,当偏离其所驶航向的能力没有受到严重限制时,则适用本款规定。

(二)在航帆船

帆船在航时,当与下列一艘船舶相遇时,应当给其让路:

(1)失去控制的船舶；

(2)操纵能力受到限制的船舶；

(3)从事捕鱼的船舶。

帆船在给上述船舶让路时,应当根据其自身的操纵特点,按照要求及早采取大幅度行动让清他船。

(三)在航从事捕鱼的船舶

从事捕鱼的船舶在航时,当与下列一艘船舶相遇时,应当尽可能给其让路：

(1)失去控制的船舶；

(2)操纵能力受到限制的船舶。

考虑到从事捕鱼船舶的作业特点以及所使用的渔具,某些从事捕鱼的船舶很难做到给失去控制的船舶和操纵能力受到限制的船舶让路。

因此,本款规定使用了"尽可能"一词,对此,失去控制的船舶和操纵能力受到限制的船舶应予以充分注意。

(四)限于吃水的船舶

考虑到限于吃水的船舶偏离其所驶航向的能力严重地受到限制,不能采取大幅度的转向行动避让他船,要求除失去控制的船舶和操纵能力受到限制的船舶外,任何船舶应避免妨碍限于吃水的船舶的通行。

对于限于吃水的船舶,应充分考虑其操纵特点,在享有"不应被妨碍"权利的同时,还应注意与他船相遇时可能要承担的让路责任与义务。而且,无论如何,应充分注意其特殊条件,特别谨慎驾驶。

(五)水上飞机

在水面上的水上飞机,鉴于其具有优越的机动性能,必要时还可飞离水面,可以做到不与他船形成碰撞危险,即在水面上的水上飞机(如在水面上滑行或在水面上漂浮时)通常应宽裕地让清所有船舶并避免妨碍其航行。"宽裕地让清"(keep well clear of),按照其英语含义,是指"远离",即要求水上飞机在会遇局面构成之前,履行远离他船的义务,以避免与其他船舶形成会遇局面；"避免妨碍其航行"是指水上飞机在水面上航行时应当远离其他船舶,使得其他所有船舶的航行状态不受影响,即其他船舶不会因水上飞机的驶近而需要变速或者变向,而不仅仅是要求其避免妨碍其他船舶"通过或安全通过"。

(六)地效船

地效船在起飞、降落和贴近水面飞行时,应宽裕地让清所有的船舶并避免妨碍其航行。这主要是考虑到地效船在起飞、降落和贴近水面飞行时,具有良好的机动操纵性能,能够做到避免与其他船舶形成碰撞危险和避免妨碍他船航行。

(七)气垫船和水翼船

气垫船、水翼船在处于非排水状态下航行时,应按照机动船确定它们的责任和义务。

考虑到这些船舶具有良好的操纵性能,按照良好船艺的要求,在高速行驶时,通常应当及早采取行动,宽裕地让清他船。

由于气垫船在非排水状态下航行时受风的影响比较大,严重时其偏航角度可以达到40°~50°,因此,当在海上发现显示一盏黄色闪光灯的气垫船时,应注意观测其实际运动方向,切实掌握其运动状态,以免由于其显示的舷灯和实际运动方向的差别而造成误解。

第四章
船舶航线及航行方法

第一节　大　洋　航　行

一、大洋航行与航线选择

大洋航行就是引导船舶跨越大洋的长距离航行。

(一)大洋航行的特点

第一,离岸远,航行时间长,气象、海况变化大,一旦遇到灾害性天气则较难避离。

第二,受洋流、冰况影响较大。

第三,驾驶员对多变的大洋海区的了解熟悉程度不够,往往只能依赖航海图书资料的介绍与气象预报。

第四,水深大、障碍物少、海域广阔、避让条件好,航线有较大的选择余地。

基于上述的特点,大洋中航行,在保证安全的同时,做到节省航行时间,对于降低运输成本和减少航行风险具有重要的实际意义。

(二)大洋航线的选择

大洋航行可采用以下几种航线。

(1)大圆航线:它是地球圆球体上两点之间的最短航程线。但它与所有子午线相交呈不等的角度(子午线和赤道除外),即沿大圆弧航行时,必须时刻改变航向。

(2)恒向线航线:它不是地球面上两点之间的最短航程线(子午线和赤道除外)。但在低纬度或航向接近南北时,它与大圆航线的航程相差不大。

(3)等纬圈航线:若两地在同一纬度,则沿纬度圈航行,即计划航迹向为090°或270°。它是恒向线航线的特例。

(4)混合航线:为了避开高纬度的航行危险区,在设置一限制纬度的情况下,采用大圆航线与等纬圈航线相结合的最短航程航线。

大洋航行中,两地相距较远,根据具体情况整个航程可能并不采用一种固定航线。如果按考虑航线上可能遭遇到的水文气象因素来讲,大洋航线又可分为以下几种。

(1)最短航程航线:地球面上两点之间的大圆航线或混合航线。

(2)气候航线(climatic route):是在最短航程航线的基础上,考虑了航行季节的气候条件和可能遭遇的其他因素而设计的航线。如航路设计图和《世界大洋航路》中推荐的航线。

（3）气象航线（weather route）：是气象定线公司在气候航线的基础上，再根据中、短期天气预报，考虑气象条件和船舶本身条件后，向航行船舶推荐的航线。

（4）最佳航线（optimum route）：是在上述各种航线的基础上，确定的航行时间最少、船舶周转最快、营运效率最高的航线。

二、大圆航线

大圆航线是跨洋长距离航行时所采用的地理航程最短的航线。若将地球当作圆球体时，地面上两点间的距离，以连接两点的小于180°的大圆弧为最短，而当航线所在纬度较高并又横跨经差较大时，大圆航程比恒向线航程有时会缩短达数百海里。

由于大圆弧与各子午线的交角，除赤道与子午线外，都不相等，因此，船舶若要沿着大圆弧航线航行，就要随时改变航向，既麻烦又很难做到。所以，实际上所谓的大圆航线，并不是真正沿着大圆弧航行，而是将大圆弧分成若干段，每一段仍按恒向线航线航行，整条航线只是接近大圆航线，分段越多越接近。

（一）求分点

即将整个大圆弧航线划分成若干段。大圆航线的分段原则是每隔经差5°或10°，或以一昼夜左右的恒向线航程为一个分段，且一般将分点经度取为整度。因而，若能求出大圆弧航线的分点坐标，就能在墨卡托海图上绘出大圆航线。

（二）求各分点间的恒向线航向

求算大圆航线的方法主要有以下几种。

1. 大圆海图法

大圆海图是根据心射平面透视投影原理绘制的，由于是心射投影，大圆海图上所有大圆弧呈现为直线（大圆弧平面都过球心，大圆弧平面与投影平面的交线为直线）。利用大圆海图这一特点，可以在大圆海图上求得大圆航线分点的经纬度。具体步骤如下：

第一，根据航行海区查《航海图书总目录》抽选相应的大圆海图。

第二，选择大圆航线的起始点和到达点。

起始点最好选择在能够利用灯塔、陆标和雷达测得准确船位的地点；到达点附近最好不存在暗礁和其他障碍物等，并有从远处可看见的显著物标和有利于雷达观测的物标。

第三，将起始点和到达点按其坐标标在大圆海图上，用直线连接两点，即为大圆航线。

第四，在大圆航线上确定各分点。一般按每隔经差5°或10°，或以一昼夜左右的恒向线航程为一个分段来确定分点，通常取整度经线与该线的交点为一分点，然后量出各分点的经纬度。

第五，在航用海图上确定分点及大圆航线。将各分点按其经纬度移画到航用海图上去，并用直线连接相邻分点，便得折线状大圆航线，每段折线即为分点间恒向线航线。

第六，量出各段恒向线的航向和航程，并列表备航。

2. 大圆改正量法

当两点间距离不太远时，在航用海图上两点间的大圆方位和恒向线方位相差一个大圆改正量值 ψ。

$$\psi = \frac{1}{2}(\lambda_B - \lambda_A)\sin\frac{1}{2}(\psi_B - \psi_A) \qquad (4-1)$$

实际工作中,可在航用海图上用恒向线接起始点、到达点,量出其恒向线航线航向 C_R,利用式(4-1)算出或从航海表中的"大圆改正量表"查得 ψ,于是可以求得大圆的起始航向 C_G。

$$C_G = C_R - \psi \qquad (4-2)$$

如图 4-1 所示,C_G 为沿大圆弧切线航行时 A 点的大圆起始航向,即第一段恒向线航向。图 4-1 中字母表示交角代号。

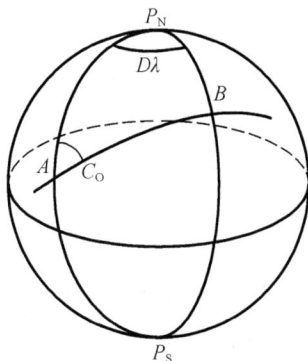

图 4-1 利用大圆改正量法求算大圆航线

航行约一昼夜后,需准确观测船位,用大圆改正量法求出下一段的大圆切线航向,即得出第二段恒向线航向。以此类推,直至到达点,亦可结合推算,在开航前做出整个折线状大圆航线。

大圆改正量公式在出发点与到达点之间距离较远时会出现较大误差,所以这种方法只适用于距离较近的大圆航行。

三、混合航线

采用大圆航线时,往往要通过高纬度地区。为了避开高纬度地区的恶劣水文气象条件或岛礁等航行危险区,例如,北太平洋有阿留申群岛阻隔,冬季多风暴,夏季多雾;北大西洋多冰山等。可以根据航行季节及航区具体情况,设置一限制纬度(φ_L),使船舶不超过此纬度航行,但又要尽可能缩短航程。因此,混合航线就是有限制纬度时的最短航程航线,如图 4-2 所示。

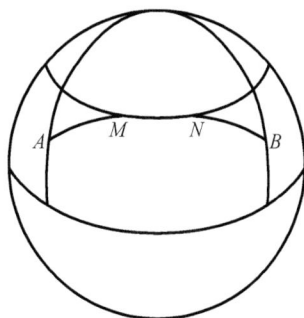

图 4-2 混合航线

混合航线由三段组成:

第一段:由起航点 A 到与限制纬度圈相切的点 M 的大圆航线 AM。

第二段:在限制纬度圈上由点 M 到点 N 沿等纬圈的恒向线航线 MN。

第三段:由限制纬度圈相切的点 N 与到达点 B 的大圆航线 NB。

四、选择大洋航线应考虑的因素

选择大洋航线应该在保证安全的前提下选择航行时间最短、经济效益最高的航线,但是这条航线并不一定是航程最短的航线。在拟定大洋航线时,主要应考虑以下几个因素。

(一)气象条件

驾驶员主要应考虑本航次中遭遇大风和灾害性天气的可能性。为此,驾驶人员对大气环流的一般规律应当有所了解。

1. 世界风带

一般大洋的风是比较有规律的,但随季节和海区也稍有变化。

从副热带高压带(纬度30°附近)吹向赤道的风,由于受地球偏转力的影响,北半球为东北风,南半球为东南风。因为它风向稳定、风力不大,一般只有 3 ~ 4 级,其中心区域可达 5 级,若无台风影响,几乎全年如此,被称为信风或贸易风,所以人们把南北纬度10°~30°的东风带,叫作信风带。

南北信风带之间在赤道附近的静稳区,叫作赤道无风带。

从副热带高压带向极地吹的风,在地球偏转力的影响下,北半球为西南风,南半球为西北风,风力平均有 5 ~ 6 级,故将这一带(纬度30°~60°)叫作盛行西风带,而在好望角附近叫作咆哮西风带。

在纬度30°附近,即在信风带和盛行西风带之间是副热带无风带。

极地高压区向中纬度吹的是偏东风,因此在纬度 60°~90°形成了极地东风带。

2. 季风

冬季从陆地吹向海洋,而夏季从海洋吹向陆地的周期性的风叫作季风。我国是世界上著名的季风国家。冬季,我国东海岸吹西北风,南海岸吹东北风;而夏季,东海岸吹东南风,南海岸吹西南风。转换期一般在 4 月、5 月和 9 月、10 月。冬季季风比夏季季风强,冬季季风一般可达 8 级,而夏季一般只有 3 ~ 4 级。

印度洋北部季风也特别强盛。冬季吹东北风,夏季吹西南风,在阿拉伯海西部西南季风特别强盛。

3. 热带低气压和温带低气压

热带风暴一般产生在夏秋季的低纬度大洋上,形成后会构成灾害性天气,应特别注意,西北太平洋的温带低气压和比斯开湾的低压在秋冬季节非常强盛。

4. 雾

世界上的多雾区大都发生在寒流和暖流的交汇处。如大西洋的纽芬兰岛和英吉利海峡附近,太平洋的北海道东南岸、千岛群岛、阿留申群岛和美洲西岸等,在夏季多有浓雾。

(二)海况

与航海有重大关系的主要是海流和波浪,概述如下。

1. 大洋环流

洋流对船舶航行有较大的影响,合理利用洋流可以提高船舶运输效率。大洋环流与风带有着密切关系。

近海海流受季风影响较大。如中国沿海,东北季风期间产生西南海流,西南季风期间则产生东北海流。印度洋北部的海流也是随着强大季风的变化而变化的。

2. 海浪

船舶受波浪影响后,产生横摇和颠簸,船速降低,船体遭受很大的冲击力,使所载货物可能发生移动,稳性受到影响。波浪还时常使船首没入波间、船尾被抬出水面,产生打空车的现象。同时船首常常被风浪压向下风偏离航向,不得不经常用较大舵角来保持航向。较大风浪使船舶安全受到威胁、船员生活受到影响。因此,在选择航线时,应尽可能地避免穿越大风浪区。

3. 流冰和冰山

鄂霍次克海、北海道南岸局部地区有流冰。冰山多见于大西洋纽芬兰附近,常出没于欧美航线附近,非常危险,应予以注意。

(三)障碍物

大洋上一般很少有障碍物,但高纬度地区则不然。北太平洋高纬度岛屿比较多,北大西洋高纬度地区则冰山经常出没,使大圆航线往往受到限制。必须对岛礁、冰山等危险障碍物予以充分注意,设计航线应留有足够的安全距离。

(四)定位与避让条件

选择航线时,应充分考虑到利用各种定位方法。接近陆地时,应选择有显著物标或有明显特征等深线的水域。还要重视避让条件,特别是能见度不良时,更应尽可能避免航线通过渔区和拥挤水域。

(五)本船条件

在选择大洋航线时,必须充分考虑本船条件。例如,本船的新旧、船型、吨位、船舶结构强度、航行性能、船速、船舶吃水、续航能力、船员的应变能力和技术水平,以及所载货物的性质、特点与布局等。

1. 本船结构强度

船龄对船舶的结构强度影响较大,老船因船壳锈蚀,容易在大风浪中被冲击漏水,所以选择航线时要慎重考虑。即使是新船,也会因遭遇风浪而发生意外事故。

2. 吃水

空船吃水浅,船体受风面积大,车效和舵效都不能充分发挥,而满载则上浪厉害,容易损伤船体。

3. 船速

低速船在大风浪中顶风航行,航程进展小,傍风航行又会产生较大偏移,舵效较差。船在大风浪中航行应合理选择船速,以减小风浪对船体的影响。

4. 船舶吨位

一般来说,吨位大的船抗风能力也大。此外,船型不同,适航性能也不同。但只要措施得当,吨位并不是重要因素,而船长与波浪长度的关系对船舶的抗浪能力及船舶安全影响却很大。

5.客货载情况

航线选择时应考虑货载情况,如是满载还是空载,是散装货还是杂货,有无危险品,有无甲板货,封舱、衬垫和绑扎情况如何,稳性大小怎样等。客船应选择风浪小的航线。

6.船员

船员的技术水平、熟练程度和对紧迫局面的应变能力密切关系到船舶航行安全。在其他条件一定的情况下,船长的经验和船员集体的应变能力是选择航线应当考虑的一个重要因素。

由于大洋航行时间长,各种不确定的因素比较多,对于上述各种因素的利弊,应当充分加以权衡。总之,航线的选择,首先应考虑的是船舶安全,在保证安全的前提下,合理选择航线,缩短船舶航行时间,以提高船舶营运效率。

五、气象定线概述

随着收集海洋资料和气象资料先进技术的发展,以及气象预报技术和船舶通信技术(包括气象卫星)的出现和发展,船上能较方便而迅速地得到最新气象预报,天气形势图以及海浪、冰况等预报,从而可以根据气象海况条件并结合被导船舶的性能、船型、装载情况、航行要求等而拟定并实施最佳天气航线,这个过程也就是气象定线。事实证明,气象定线对于保证航行安全和缩短航行时间以及节省燃料和减少船、货的损失方面具有显著效果。

气象定线,通常由岸上的专门机构来进行,故简称岸导,也就是由岸上的专门机构向接受气象定线的船舶提供航线设计指导或航行期间的航线修改建议。岸导的一般步骤如下。

(一)启航前数天向气象定线公司提供本船资料

一般包括:
①船名、呼号及船速;
②受雇公司名称、地址;
③预计起航时间;
④出发港、目的港(及中途港);
⑤船舶稳性、干舷、吃水和载货情况等;
⑥其他要求与说明。

气象定线公司收到船舶的申请后,结合气象预报资料,通过计算机及时分析处理,为船舶提出推荐航线和开航后未来5天的天气形势、风浪、海雾、海流等情况;同时根据各种类型船舶船速曲线的特点和载货安全的需要,向被导船舶提供导航指导意见。

(二)船舶收到定线公司的定线咨询报告

应在仔细分析的基础上确定本船的计划航线。起航后尽快将实际开航时间(ATD)电告气象导航机构。

(三)航行中,船舶和气象定线公司应密切配合

一般情况下,船舶每两天把中午船位、航向、航速、风向、风级和海况等电告定线公司;

定线公司也每两天发一次跟踪导航的指导电报。如果船舶因非天气原因发生故障或减速，或船舶自行改变航线，应速电告定线公司；如遇复杂的天气情况，双方加发电报联系协调。

（四）航行结束时

船长应尽快电告定线公司实际到达时间（ATA）；定线公司将及时做出航次总结并发给船舶公司，副本送船长。

应当指出，岸上机构不负有指导失误的法律责任。航线的制定和修改权掌握在船长手里。

采用气象定线，要求用无线电传真机及时接收地面分析图、24 h 和 48 h 的地面预报图，以及 72 h 和 96 h 的 500 Mbar 高空图。同时应具备航行海域的风浪预报图和海流图，分析地面和高空预报，以掌握长期的风暴动态和海况。当本船装备有较完善的气象传真机等仪器，船长和驾驶员又有较丰富的气象知识储备和相当的分析及判断能力，那么可根据充分的海洋气象预报资料、天气传真以及现场观察资料，由船长和驾驶员自己实施气象定线或局部气象导航，也就是所谓的自导。

岸导与自导相比，岸导具有较高的准确性。这主要由于岸上机构的仪器及分析手段完备、资料丰富、气象预报人员受过专门训练且富有经验。从目前的实践看，已有越来越多的船舶接受岸导，尽管要付出一些费用，但与船舶安全、节省燃料和减少货损等方面来看，仍是有利的。

船舶气象导航已成为现代航海技术的一个组成部分，它在保证船舶航行安全、提高航行经济效益方面所起的作用已为国内外航运界所确认。

六、大洋航行注意事项

在大洋航行中，应综合各种因素，选择最佳航线，无疑是很重要的。但是在航行过程中应及时发现并补充航线选定方案中的不足，以及根据变化的情况不断修正航线，采取及时、正确的航海措施，这些也是保证航行安全不可或缺的重要环节。为此，应注意以下一些事项。

（一）认真推算

在大洋航行中，推算船位既是进行天文定位、无线电定位等的基础，又是发现观测船位错误的重要参数，因而不可忽视航迹推算对于航行安全的重要作用。为了尽可能提高推算的准确度，发挥航迹推算的作用，应该做到以下几点。

（1）航迹推算的起始点应是利用陆标等测定的准确观测船位。

（2）应尽可能利用计程仪测定准确航程，以提高推算的精度。在航行中，应经常注意计程仪的工作情况，掌握准确的计程仪改正率。

（3）罗经工作正常与否，直接关系到航行安全与航迹推算的准确性。因此，远航中应注意：

①在每次改向后或长时间在同一航向上航行时，应每隔 1 ~ 2 h 对比一下磁罗经与陀螺罗经之间、标准罗经与操舵罗经之间的读数，计算磁罗经差。如发现问题，应立即查明原因，采取适当措施，并把情况记入航海日志。

②应利用天体测定罗经差。每天利用日出日没或太阳低高度方位,早晚各求一次罗经差,并把测定结果记入航海日志。

③应根据航行地域的地磁变化,计算磁罗经差。

④当航行跨越赤道后,应对罗经自差进行检查,看其有无较大的变化。

(4)正确计算风流压差。虽然洋流的流速不大,但在长时间、长距离航行中,其累积影响也很可观。

(二)充分利用机会进行船位观测

尽管目前的 GPS 具有很高的定位精度,但为了可靠起见,也应抓住其他测定船位的机会,如太阳移线船位,测星定位以及无线电导航仪器定位等;并应注意分析船位差产生的原因,作为继续进行航迹推算的参考。有时若只能测得单条位置线,也不要轻易放过,它可以作为分析推算误差的参考。

(三)掌握转向点

在到达转向点之前,尽可能求得观测船位,然后根据观测船位与转向点之间的航行时间或计程仪读数进行改向。而推算船位转向时,必须对推算船位的准确度心中有数。改向后应及时寻找机会测定船位,校验改向后的船位是否在计划航线上。

(四)注意接近海岸前的安全

(1)远航接近海岸前,要特别仔细地研究海图,注意识别物标,准确定位,确保航行安全。除应选择显著物标作为接岸点外,必须仔细了解接岸区的地形特点、水深变化规律、水中危险障碍物位置、水流情况和助航设施等。

(2)在估计沿岸物标在望时,应提前加强瞭望。当初次发现陆标时,千万不能主观臆断,必须用雷达、罗经等反复观测或与已知船位进行核对,直到确认无误时为止。

(3)应采用一切有效手段测定船位,只有在确认船位后,才可接近海岸和港口,不可贸然行动。

(4)如已接近海岸,但未看到预计能够看到的物标,或对所见物标有疑问时,则应根据当时情况许可,采取减速、停车或抛锚等措施,等弄清楚情况后再续航。

(五)认真收听气象报告和接收气象传真图

由于气象变幻莫测,灾害性天气时有出现,大洋航行时,必须按时收听有关气象台站的气象报告和传真图,结合本船的气象观测资料进行分析判断,如有灾害性天气,应采取必要的避离和预防措施。

(六)按时接收航海警告

大洋航行,持续时间长,应按时收听航行海区的无线电航海警告,并及时进行必要的改正。

(七)拨钟

在大洋航行中,为了维持正常的作息时间,并使船时与所航行海区的时间一致,应及时按时区拨钟,通过日界线时应变更日期,并记入航海日志。

(八)正确使用空白定位图

航行在大洋上,航用海图的比例尺一般都比较小,为了提高推算和定位的准确性,应该选用比例尺适当、与航行纬度匹配的空白定位图来进行海图作业。

空白海图的特点是,图上只有经纬线及其图尺,而且只在纬线上标明纬度读数,而经线上则未标明任何读数,可由使用者根据航行经度范围自行标注。空白海图南北纬可以通用,只要纬度合适即可。空白海图上纬度图尺有正、倒两个读数,用于南纬时,仅需将海图上下倒置,纬度图尺读数采用由北向南(即由上向下)逐渐增加的那一个。图上的向位圈也有内外两圈,用于南纬时,应使用内圈。

在大洋航行中使用空白海图时,首先应根据航区的纬度选用适当的空白海图。然后根据航区的经度在空白海图上用铅笔将经度值标注在适当的经线处。因此,只要纬度合适,同一张空白海图可重复使用经度线,只要改写经度值即可。

使用空白海图时,必须经常对照该海区的航用海图,并应将早、中、晚的观测船位移到航用海图上去,以便及时了解船舶周围的海区情况。

(九)注意航速与燃油消耗的关系

大洋航行由于可能遭遇灾害性天气等意外原因,有时会延长航行时间,造成燃料储存短缺。因此,船舶除应有额外燃油储备(一般不少于两天的耗油量)外,航行中应注意航速与燃油消耗的关系,选择适当航速,以保证船舶续航至中途港或目的港。

船舶航行时每小时耗油量 Q(单位:t)与船舶排水量 D(单位:t)和航速 V(单位:kn[①])的关系为

$$Q \propto D^{\frac{2}{3}} \cdot V^3 \tag{4-3}$$

船舶航行时耗油量 F(单位:t)与航速 V(单位:kn)和航程 S(单位:mile)关系为

$$F \propto V^2 \cdot S \tag{4-4}$$

第二节　沿岸航行

一、沿岸航行的特点

沿岸航行是指船舶在沿海各港口间的近岸海上航行。沿岸航行时交通环境复杂,事先选择一条安全、经济的航线,了解航线附近水文气象、地形和助航设施、交通管理规章等特点,对确保船舶航线安全、提高营运效益都具有十分重要的意义。

①　1 kn = 1 n mile/h = (1 852/3 600)m/s。

沿岸航行离岸线近,许多情况下船舶回旋余地较小,航行中要集中精力,谨慎驾驶,以确保船舶的航行安全。航行前要仔细研究航海资料,熟悉航区特点。其特点如下:

(1)距沿岸的危险物近,地形复杂,水深一般较浅。

(2)潮流影响大,水流较为复杂。

(3)交通密集度大,来往船只和各种渔船较为密集,航行和避让都有较大的困难。

(4)当遇到紧迫局面时,船舶操纵困难。

(5)沿岸航行所涉及的航海图书资料一般详尽、准确。

(6)沿岸航线距岸较近,可用于导航定位的物标较多,能较容易获取较为准确的陆标船位。

(7)沿岸交通复杂海区,大多实行交通管制,以确保船舶安全航行。

二、沿岸航线的选择

沿岸海区船舶通航历史较长,航区内的图书资料比较详尽,许多地方均有推荐航线,在条件允许的情况下应予以采用。同时,在沿岸航行时随时间的变化,航线也不是固定不变的。在具体选定航线时,应充分做好以下三个方面的工作。

(一)分析航次情况

根据航次任务,综合考虑本船性能、仪器设备性能、积载情况、航程长短,以及航区的风、流、能见度、障碍物、可能出现的灾害性天气及避风港选择等情况。

(二)研究有关资料

根据航次任务的一般要求,深入研究有关航海图书资料并及时根据航海通告和航海警告对有关图书资料进行认真而仔细的改正。对本航次中可能遇到的困难条件,应做到心中有数并做好必要的安排工作。

(三)拟定航线

在确定和预画航线前,应根据安全和经济的原则充分考虑如下内容。

1. 尽可能采用推荐航线

在没有特殊原因的情况下,应尽可能采用海图和航路指南中的推荐航线,包括采用通航分隔航路。

在 IMO 采纳的分道通航制区域或其附近航行时,必须遵守船舶定线制和国际海上避碰规则的有关规定。不使用分道通航制的船舶应尽可能远离该区域。

使用通道分航制的船舶,拟定航线时应注意以下几点。

(1)将航线设计在相应的通航分道内,并尽可能从其端部与该分道内交通流总流向以尽可能小的角度进入或离开。

(2)所选航线尽量与分道内船舶总流向相一致,并注意让开分隔带和分隔线,双向航路内的航线应尽量靠近航道的右侧。

(3)谨慎使用深水航路,深水航路是考虑到船舶吃水和水域水深,为有必要利用这种航路的船舶提供的,不考虑这些因素的船舶,应尽可能将其航线设计在深水航路以外。

（4）选择双向推荐航线时,应将航线设计在推荐航线右侧适当的地方,以尽可能地避免航行中与来船构成对遇和不协调避让局面。

2.确定适当的航线离岸距离

航线离岸距离应根据船舶吃水的深浅,航程的长短,测定船位的难易,海图测绘的精度,能见度的好坏,风、流影响的大小,白天还是夜间,航行船只的密集程度以及本船驾驶员的技术水平、航行经验等情况加以确定。有些海区还要考虑该水域的治安情况与政治气氛,例如,有无海盗活动、国际关系是否正常、国内形势是否稳定等;同时,还应为避让和转向留有足够的余地。

一般情况下,在能见度良好的条件下,距陡峭无危险的海岸 2 n mile 以上通过,以保证能清楚地辨认岸上物标;沿较平坦倾斜的海岸航行时,大船应以 20 m 等深线为警戒线,小船可以 10 m 等深线为警戒线,或至少应在本船吃水 2 倍的等深线之外航行。夜间航行,如定位条件不好或能见度不良,应在离岸 10 n mile 以外水域航行,以利安全。在定位条件不好的海区沿岸航行时,采取与岸线总趋势平行的航线有利于船舶安全。在夜间,特别是在可能遇到吹拢风或向岸流影响时,应将航线再适当地向外海偏开一些,以确保航行安全。为了有利于避让,航线应避开船舶的交会点,应尽可能避开渔船作业区,必要时以绕航为宜。

3.确定航线离危险物的安全距离

沿岸航行,确定航线距其附近的暗礁、沉船、浅滩、鱼栅、鱼礁等危险物的安全距离时,应根据下列因素决定。

（1）从接近危险物前所能测到的最后一个陆标船位距危险物的航程长短和所需的航行时间:一般情况下,这段航程越远、航行时间越久,通过时的或然航迹区距该危险物的距离也就越近,则航线与危险物的距离应远些。

（2）危险物附近海图测量的精度:通过未经测区比通过精测区的距离应远于通过精测过的危险物,可从其外缘以 1 n mile 为半径画出危险圆,并考虑本船的船位误差范围,再确定距危险圆的距离。

（3）危险物附近有无显著的可供定位和避险的物标。

（4）通过危险物时的能见度情况,是白天还是黑夜。

（5）风、流对航行的影响。

（6）水下障碍物还是可见障碍物,以及是否设有危险物标志。一般有陆标可供不断观测定位时,应在 1 n mile 以上通过危险物,如果是在潮流影响较大的海区或者受吹拢风影响,或者能见度不良时,离危险物的距离应该加大。在通过远离陆地而又未设有标志的危险物时,应根据水流情况和最后一个实测船位到危险物航程的远近,以 6～10 n mile 的距离通过。当黑夜或者能见度不好时,此距离还应当增大。

4.绕航

选定沿岸航线,有时为了避开风浪、不利水流或者为了安全通过危险物等原因而需要绕航。须知避离危险物的绕航,即使离开危险物距离增大 2 倍时,由此而增加的航程也是很有限的,而船舶的航行安全却因此而得到较大的保证。

5.定位与转向条件

沿岸航行,应考虑在各种航行情况下,都能有较好的定位条件。在重要转向点,应选择在转向侧正横附近的位置准确的显著物标作为转向物标,如灯塔、立标、岛屿、山头等,避免用平坦的岬角或者浮标作为转向物标。

绕岛屿与岬角航行,不必都采用正横转向。因为这样转向,船与物标的距离会越来越近。若连续三次正横转向30°,则最后距物标的距离约为原先第一次转向时的2/3。最好采用定距绕航的方法,先在海图上画出航线,标出几个转向点,然后用雷达观测距离,使船舶保持在计划航线上航行;也可采用平行方位转向法,就能保证转向后船舶航行在新航线上。此外,还应该根据本船吃水,设定适当的避险位置线,以防转向中接近海岸或危险物。

三、沿岸航行注意事项

船舶在沿岸航行时,一般应注意以下一些问题。

(一)正确选用与使用海图

沿岸航行时为了进一步提高推算和定位的精度,应尽可能采用新版大比例尺海图。因为在大比例尺海图上,资料比较详尽、准确,海图作业应按规定进行,并要保持整齐清洁。在换图后,只要条件允许,应立即定位进行核对。此外,航行中应注意收听航海警告,并及时进行资料及海图的改正工作。

(二)准确、连续进行航迹推算

沿岸航行一般均离岸较近,除了有定位精度较高的 GPS 定位除外,获得准确的陆标船位也较为容易。但是,认为沿岸航行定位方便,因而忽视航迹推算甚至中断推算,一旦出现异常情况,就可能丢失船位,其后果是十分严重的。因此,平时应注意分析推算的精度,积累资料,以作为能见度不良或者情况异常时航行的参考。

推算起始点应是准确的观测船位。在到达推算起始点前,应启用计程仪,并使其正常工作。航迹推算应保持连续性,在水流影响显著地区航行,每小时推算一次船位;在其他地区航行,一般情况下,每 2 h 或 4 h 定位一次。到达引航水域或者接近港界有物标可供定位航行时才可终止推算。

(三)做好定位工作

如果条件许可,在一般情况下,航速 15 kn 以下的船舶应每隔 30 min 测定船位一次。接近危险地区或航速在 15 kn 以上,应适当缩短定位时间间隔。能见度不良时,应充分利用雷达定位。通过一系列的观测船位,检查船舶是否偏离计划航线;系统地分析船舶偏离计划航线的原因;同时根据实测船位的间距,计算出实际航速及看到或到达下一个重要物标的时间。

正常情况下,物标在视界内时,应尽量使用目测定位。雷达、回声测深仪以及无线电定位仪器等,均应保持良好的工作状态。在重要航区,应采用多种定位方法定位,以消除单一定位方法可能存在的误差和局限性。必要时可采用方位距离、方位测深、天文船位线和助航仪器等综合定位方法测定船位,使用转移船位线时,应特别注意推算的准确度。

准确识别物标是准确定位的前提:只有物标确认无疑后,方可用以定位和导航。如:浮标在大风之后常有移位或漂失的情况;灯浮有时也会灯光熄灭;灯塔的灯光也可能被云雾遮住,而不能被及时发现等。

(四)加强瞭望

许多海事,特别是碰撞事故,大部分是由于瞭望疏忽引起的,瞭望应由近及远地连续扫视水平线内的一切事物。不要忽视任何微小的异常现象,如海面的漂浮物、平静海面的异常浪花、大海中海水颜色的突然改变等,它们往往是危险的预兆。在航行条件比较复杂的情况下,更应尽量做到保持连续不间断的瞭望,以提前发现危险。夜航时,应注意尽可能减少在海图室内逗留的时间,保持夜眼,必要时应及时开启雷达,使用雷达协助瞭望。

(五)把握最佳转向时机

转向前应尽可能地测得准确船位,以此推算出到达转向点的时间。要事先选择好显著易认的、转向侧正横附近的转向物标。在重要的转向点,必要时可多选择一个转向物标,以便在一个转向物标因故被遮蔽时利用另一个。转向时最好选用小舵角逐渐转过。如果船至转向物标的横距比设计的距离过大或过小,可适当提前或延后转向,以使船转向后驶上计划航线。转向时应特别注意避让,因为重要的转向点往往也是船舶的交汇点,此处是对遇,或者是横交,局面随时在变化,不易判断。因此,应特别加强瞭望,谨慎驾驶。在转向后,应在海图上和航海日志中记下转向时间、计程仪读数和船位,然后在条件许可时,应立即利用一切机会测定船位,校验转向后船舶是否偏离计划航线。

(六)应充分利用单一位置线

如能正确利用单一位置线,有时对保证航行安全会起到一定的作用。如果测得一条与计划航线垂直的船位线,可用以判断船位超前或落后于推算船位的程度;如果测得一条与计划航线平行的船位线,则可用以判断船位偏离计划航线的程度。若船位线是南北方向的,可用它来确定船舶的经度;若船位线是东西方向的,可用它来求纬度。总之,单一位置线可以缩小推算船位的或然船位区,也可以用来避险、导航和测定仪器误差等,还可用于转向,故应充分利用。

(七)正确识别岸形和物标

沿岸航行或大洋航行接近目的港时,正确识别岸形和物标,是搞好定位、保证航行安全的前提。实践证明,许多海事是由于对岸形和物标识别的错误引起的。即使充分使用了对景图等有关航海资料,亦不能完全避免识别错误,特别是浮标,在大风之后,常有移位或漂失的情况;有时灯浮也会灯光熄灭,应当注意识别,不可主观臆断。只有对物标确认无疑时,方可用以定位和导航。因此仔细分析、反复辨认和判断物标识别情况是完全必要的。

第三节　狭水道、岛礁区航行

一、狭水道航行的特点

狭水道是港口、海峡、江河、运河以及岛礁区等水道的总称。一般而言,狭水道内不仅航道狭窄弯曲,而且水深、水流变化明显;航道距危险物近;通航密集度大;一般不能用通常的定位方法保证航行安全,航行较为困难。因此,驾驶员了解狭水道的航行特点,掌握狭水道内各种导航、转向和避险等航行方法以及通过浅滩、岛礁区等特殊方法十分必要;同时,在狭水道航行时更应谨慎驾驶,并不断积累和总结狭水道航行的经验,以提高驾驶水平。

(一)航道狭窄、弯曲、水深浅,变化大

狭水道往往狭窄而弯曲,船舶航行没有足够的回旋余地。例如,我国许多港口的主航道多为人工疏浚,有的航道宽度不足 100 m,大多数港口的进出口航道水深都有限。特别是江河入海口处的航道,往往由于上游挟带大量泥沙的沉积而形成浅滩,这种浅滩位置,随季节和江河水势的差异而多有变迁,因此航道水深变化较大,船舶进出该水道一般都要候潮。这些都给船舶航行和操纵带来了较大的困难。因此,许多狭水道内除有天然和人工陆标定位、避险导航外,还专门设有浮标指示航道或航海危险。大部分狭水道,近年来都实施了分道通航。

(二)离危险物近,水流情况复杂

由于狭水道受岸形的限制,可航水道一般离浅滩、暗礁等航行危险物较近。同时由于航道狭窄,无论是两段均为较宽阔的水面,还是江河入海口狭窄航道,流向复杂,流速分布不均匀。对于直而短的狭水道,潮流流向系沿航道轴线方向。但在弯曲度大的水道,主流线往往与水道横交;流速也有较大变化,航行中应充分注意。船舶一旦偏离航线或者被水流压向航道外都是很危险的。因此一切航行措施要求准确、迅速,决不能犹豫和盲动。

(三)来往船只密集,避让余地小

狭水道一般是航行重要水道,是来往船只密集区域,且船舶种类繁多、大小不一,有些航道时有小船堵道,给船舶的操纵与避让增加了困难。在有超大型船通过的狭水道,要注意大船预告,注意避让。否则,由于大船行动迟缓,又不能偏离深水航道,容易造成紧迫局面。

(四)可供定位的物标多、距离近

狭水道航行,可用以定位的物标多、距离近,但物标的方位变化快,因此,用一般的航海定位方法,在速度和精度上都不能确保航行的安全,必须预先研究掌握各物标特点,采用目视引航方法来确定狭水道航行的安全。

二、过浅滩的航行方法和注意事项

(一)最小安全水深的确定

许多内河水系,特别是下游港口,经常有海船进出。江河入海口航道上,往往有拦江沙滩,由于浅水的作用,会使船舶阻力增大、船速降低、舵效变差、吃水增加,造成航行和操纵上的困难。大船通过浅滩往往需要候潮,所需最小安全水深可由下式求得:

最小安全水深 = 出发港最大吃水 − 油水消耗减少吃水 + 咸淡水差 +

$$横倾增加吃水 + 船体下沉 + 半波高 + 保留水深 \qquad (4-5)$$

1. 出发港最大吃水

通常在受载时就应根据航行时间、油水消耗量、潮汐预报情况等按照式(4−5)先进行预算,合理受载,以期在通过浅滩时,既可使艏、艉吃水适当,又有足够的保留水深,争取尽早安全通过。

2. 油水消耗减少吃水

根据本船每天油水消耗量、每厘米吃水量(单位:t/cm)和航行天数,可按照式(4−6)计算油水消耗减少吃水:

$$油水消耗减少吃水(cm) = \frac{每天油水消耗量 \times 航行天数}{每厘米吃水量} \qquad (4-6)$$

3. 咸淡水差

船舶由一种密度的水域驶入另一种密度的水域,由于水密度的变化,其吃水将随之发生改变,相应的变化 δd 为

$$\delta d = \frac{\Delta\rho}{100 t_{TPC}}\left(\frac{1}{\rho_2} - \frac{1}{\rho_1}\right) \qquad (4-7)$$

式中　δd——不同水密度的水域中吃水变量,m;

　　　Δ——进入新水域前的排水量,t;

　　　t_{TPC}——该排水量下的标准海水密度时的每厘米吃水量,t/cm;

　　　ρ——标准海水密度,$\rho = 1.025$ g/cm^3;

　　　ρ_1——原水域的水密度,g/cm^3;

　　　ρ_2——新水域的水密度,g/cm^3。

4. 横倾增加吃水

在水深有限的狭水道中航行,要考虑横倾增加吃水的因素。如图4−3所示,吃水增加量可按下式近似计算:

$$\Delta T = \frac{B \cdot \theta}{2 \times 57.3°} \approx \frac{B \cdot \theta°}{120} \qquad (4-8)$$

式中　ΔT——横倾增加吃水,m;

　　　B——船宽,m。

5. 船体下沉及吃水差变化

船舶在浅水中航行,船底至海底之间过水断面

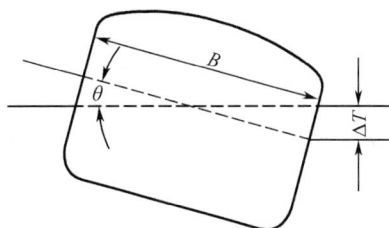

图4−3　横倾增加吃水

变小,水流速度加快,水压降低,原来的平衡被破坏,通过船体下沉达到新的平衡,从而使吃水增加。由于船体艏、艉下沉量不同,故同时也引起吃水差的变化。

浅水中船体下沉及纵倾变化,较之深水更为激烈。船首上浮的时机较早,而且水深越浅,达到最大艏倾和开始变为艉倾所需船速越低。在商船速度范围内,浅水中低速时就出现船体下沉,船速越快或是船型越肥胖的船舶,船体下沉及吃水差的变化程度就越大。

6.半波高

波浪有波峰和波谷,当船舶处于波谷时,相当于水深变浅,通常减小半个波高。过浅滩遇有波浪时,有必要考虑半波高,以免坐底。

7.保留水深

保留水深应视该浅滩处潮高预报误差、海图水深测量误差和底质性质确定。确定保留水深时要注意留有充分余地,通常可取 0.1~0.5 m 的保留水深。

(二)过浅滩注意事项

1.调整吃水

船舶到达浅滩以前,应及时调整船舶吃水,使其到达浅滩时刚好为平吃水且无横倾。如当地水深允许,可将船舶调整至适当艉倾,以改善船舶操纵性能。值得注意的是,船舶由咸水水域进入淡水或半淡水水域,平均吃水增加,船舶浮心后移,导致吃水差增加。因此,要保证船舶在淡水或半淡水水域时为平吃水,则在咸水水域时应有适当的艉倾。

2.候潮

过浅滩往往需要候潮,最佳时机通常选择在当地高潮前 1 h,此时水面已上涨到了一定的高度,有利于船舶安全通过浅滩。另一方面,船舶一旦搁浅,因尚未达到高潮,潮水还在不断上涨,船舶还有可能自行脱浅。

3.控制航速

浅水中的船体下沉和纵倾变化,较之深水更为剧烈,对船舶操纵影响较大,甚至可能产生擦碰海底的事故。船舶通过仅有少量富余水深的浅滩时,必须控制好航速,必要时可使用拖船协助,停车淌航。

4.掌握最新资料

拦江沙浅滩往往随季节和时间有所变化,应查阅最新资料。受风向的影响,有时潮水也会提前或推迟到达浅滩。大船通过浅滩前,可向有关部门查询当时的实际潮高和水深,以资核对。

5.尽量避免在浅水区会遇和追越

船舶在浅水区舵效较差,相距较近还会出现船吸现象,可提前通过 VHF 相互协调,使其中一船先行通过,另一船在浅滩外航道上慢车等候。万一两船在浅水区会遇,应各自靠航道右侧航行,采用减速和变速对驶通过。应尽最大可能避免在浅水区追越。

三、狭水道导航方法

为了满足狭水道导航的需要,狭水道中除了有众多的天然物标外,还设有许多用于提供连续目测导航使用的浮标、叠标和导标等。

（一）浮标导航

在江河入海口处，往往岸线低平，必须设置一系列的灯船、灯浮等来标示航道、指示危险，引导船舶安全出入港。某些海上雷区航道，由于离岸较远，导航准确度要求较高，也设置浮标导航。我国长江口南水道就是一个比较典型的使用浮标导航的水道。

1. 导航方法

（1）查看前后浮标法

查看前后浮标，将前后浮标设想连成直线，能直观地判断本船是否行驶在航道上。如图 4－4 所示，A、B 是前后两个浮标，设置在航道南侧，北侧为可航水道。a、b、c 表示船的三个位置。a 位在前后标连线的右侧，说明本船已偏离航道进入浅水区，应立即左转离开此地；b 位在前后浮标连线上，说明已进入航道边线，也应左转离开连线位置；c 位在前后连线的左侧，说明本船在航道内。

（2）前标舷角变化法

如图 4－5 所示，船位于 A 浮标正横附近时测得前标 B 方位为 Q，航行中不断观测前标 B 的舷角，即可判断船舶偏航情况：如果航行中舷角不断增加，表明船舶在通过前标前将行驶在航道内；如果舷角不变，船舶将与前标碰撞；一旦舷角越来越小，船舶将偏离航道进入航道另一侧的浅水区。

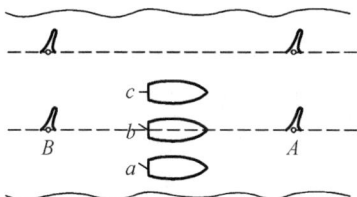

图 4－4　查看前后浮标法导航

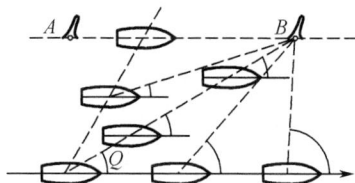

图 4－5　前标舷角变化法导航

（3）舷角航程法

浮标导航目测正横距离，可判断船舶是否偏离自己的航线。无风流情况下，除四点方位法外，还可以使用舷角航程法。

如图 4－6 所示，A、B 为两浮标，其间距设为 6 n mile。船与 A 浮标正横时，测得 B 浮标的舷角，则船通过 B 浮标的正横距离可按如下公式计算得：

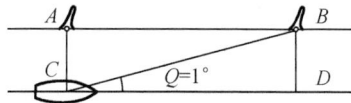

图 4－6　舷角航程法导航

$$BD = AB \times \frac{Q}{57.3°} = 6 \times \frac{1}{57.3°} = 0.1 (\text{n mile})$$

（4－9）

2. 注意事项

浮标导航方法，实际上就是逐个通过浮标的航行方法。航行前，应查阅海图和航路指南等资料，了解浮标制度和浮标的配置情况，预画好航线，并熟记相邻浮标之间的航向和航程。航行中要认真地逐一核对灯浮的形状、颜色、灯质、灯标和编号等，确保船舶行驶在计划航线上。

浮标导航时,应在航道内靠本船右舷一侧航行。通过浮标的距离不宜过近,防止因风、流影响将船压上浮标。

浮标导航时,转向时机应根据船舶性能、装载量、水流的大小和方向以及船位偏离航线的远近来确定。正常情况下,选择在浮标正横时转向。顺流航行,应适当提前转向;顶流航行,则应适当推迟转向,如果转向前船位偏在航线某侧,则当新航线向同一侧改向时,应适当推迟转向;否则,应适当提前转向。具体转向位置和提前量应根据船位偏移情况和转向角度,通过海图标绘来确定。

江河口外的浮标或灯船,在大风浪之后有时会发生位移、灯光熄灭,严重时也有漂失的。应不断根据前后两浮标间的航行时间计算出航速,用它推算到达下一个浮标的时间。如果估计应该看见的浮标而看不见或位置不对,应立即采取措施,谨慎驾驶,必要时应立即减速或停车,同时尽可能利用各种手段反复校验船位,确定船位正确后才可以继续航行。发现浮标移位、漂失等情况,应向有关部门报告。此外,某些港口因冬季结冰,可能撤除浮标,或用其他标志代替,航行时应予注意。

在浮标导航中,要特别加强瞭望,注意避让,严格遵守有关的国际和地方规则,能见度不良时,要充分考虑昼夜、吃水和航道等条件,只有在避让和导航均有把握的前提下,才能继续航行。

(二)叠标导航

1. 方位叠标导航

在许多港口和狭水道地区,为了准确地引导船舶按照推荐航线安全航行,通常设置专用的方位叠标。方位叠标由前后两个标志组成,离船近的称为前标,离船远的称为后标。两标志连线向航道一侧的延长线,即为相应的方位叠标线。只要船舶准确地沿方位叠标所指示的推荐航线航行,就能保证行驶在安全的航道上。船舶一旦偏离叠标线,前后标志就会互相错开,从而及时发现船舶偏离推荐航线,以便采取必要的措施。

(1)导航方法

方位叠标导航时,叠标线就是船舶的计划航线,航行中只要始终保持前后两叠标标志重叠,就能保证船舶航行在计划航线上。利用船首叠标导航,如发现前标偏左,表明船舶偏右,应及时用小舵角操船左转;如发现前标偏右,表明船舶偏左,应及时用小舵角操船右转。利用船尾叠标导航时,正好与上述情况相反,即如发现前标偏左,表明船舶偏右,此时应及时用小舵角操船右转;如发现前标偏右,表明船舶偏左,应及时用小舵角操船左转。

(2)方位叠标灵敏度

前后叠标标志错开时船舶偏离叠标线的最小距离,称为叠标灵敏度。如果船舶偏离叠标线很远时,叠标才呈现错开现象,这种叠标的灵敏度是比较低的;反之,只要船舶稍微偏离叠标线,即能发现两叠标错开,这种叠标的灵敏度是较高的。使用灵敏度高的叠标导航,可增加导航的准确性和安全性。

2. 雷达距离叠标导航

如图 4 - 7 所示单向通航航道,计划航线在航道轴线上,A、B 为两个测距标志,AB 的垂直平分线为航道轴线。实际导航时,用雷达的活动距标连续测定两标志的距离,只要保持 $D_A = D_B$,即两标志的回波同时保持在活动距离圈上,就可以准确而简便地使船舶保持在推荐航线上。保持活动距离圈始终与较近的一个标志的回波相切,此时若发现右侧的 B 标志的回波呈现在距离圈之外,则表明船舶已偏左,应向右调整航向;反之,若左侧的 A 标志回波在距离圈之外,则表明船舶已经偏右,应向左调整航向。

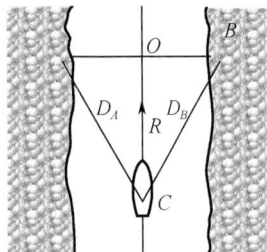

图 4-7 雷达距离叠标导航

四、狭水道转向方法

通常,狭水道内航道狭窄弯曲,水流复杂,危险物众多,船舶转向时机的把握对船舶航行安全起到很重要的作用,为了使船舶在转向后仍能航行在计划航线上,要求航海人员能借助适当的标志,简便、直观而且迅速地把握转向时机,及时使船舶准确地转至新航线上。

(一)物标正横转向

利用转向点附近物标正横确定转向时机简便、直观,这种方法在航海上被普遍采用。应尽可能选择转向同一侧的孤立、显著、准确的人工或自然标志作为转向物标。转向时,应根据当时船舶偏航情况和水流的顺逆,结合船舶操纵性能,适当提前或推退转向。

(二)逐渐转向

在狭窄且弯度较大的航道中转向,通常不能一次旋回就能转入下一航线。为了保持船舶能在弯曲的航道中央航行,必须逐渐改变航向,称为逐渐转向法。

当弯道不太长时,可根据岸形采用小舵角,保持离岸或离某物标一定距离连续转向。转向过程中,要根据船舶回转速率和航道情况不断变换舵角和车速,甚至于停车和正舵,以操纵船舶逐渐转向,安全驶过弯道。

(三)导标方位转向

当新航线正前方或后方有适当的导标时,可直接观测该导标方位确定转向时机。这样,不论转向前船舶是否偏离计划航线,均能确保船舶顺利地转到新航线上。利用新航向正前方或正后方的导标,可判断转向时机,转向后还可以用它来导航。

五、岛礁区航行的特点

岛礁区航行是指沿岸岛屿之间的内水道和热带珊瑚岛附近水域内的航行。我国舟山群岛和东南沿海、斯堪的纳维亚沿岸的岛区属岛礁区。我国南海的南沙群岛、西沙群岛、中沙群岛和东沙群岛,以及澳大利亚东北海岸的珊瑚海,均属著名的珊瑚礁海区。珊瑚礁海区海流和潮流复杂。这些海区测量很不充分,水深100 m内未经扫海的地区,多有不明暗礁存在。此外,珊瑚礁区的水深变化很大,一般离礁1 500~2 000 m处,水深有800 m;离礁3 000 m处,水深可达1 000 m。有的上部露出水面的桌形珊瑚礁,距其800 m处,水深就有800 m。但是,即使在1 500 m深的珊瑚礁区航行,也有可能因水深突然变浅而导致触礁,同时,珊瑚礁大部分都是干出礁,在高潮时可能被淹没,低潮时可能露出,目测和雷达观测有时不易发现。因此,珊瑚礁区可供定位和导航的物标很少。白天,能见度良好时,浅水的礁盘有如下的特征：

第一，礁盘所在的水天线附近，天空常有反光。晴天该处的水天线及其上空比别处明亮。若其上空有白云，云底呈淡青色。这种反光在面向太阳时不易看出，在背对太阳时比较明显。如注意观察，距离 10 n mile 左右即可发现。

第二，稍有风浪，礁盘边缘即起白浪。由上风向望去特别明显。能见度良好时，距离 4～5 n mile 即可看到沿礁缘呈现一长条滚滚白浪。

第三，礁盘上水呈青绿色，礁盘边缘浅水区呈浅蓝色，与周围海水颜色有显著不同。船舶只要不接近变色海水就无危险。这种大片变色海水，在白天距离 3～4 n mile 即可看到。

六、岛礁区导航

(一)正确选择航线，使用最新的大比例尺海图

海图上测深点稀疏时，应尽量把航线画在测深点上，航线离礁距离至少为 6 n mile，不宜过分接近岛屿或珊瑚礁。选定航线以后，还应根据航行时的气象条件和船位观测的难易程度进行必要的修正，如有风时，应在礁盘的上风侧通过礁区，因为上风侧浪花大，容易发现礁盘。必须通过两礁间的水道时，应在两礁间最窄处的岛礁连线的垂直平分线上通过，这样比较安全。

(二)正确选择航行时间

岛礁区航行应选择白天，最好中午前后。在低潮时，太阳在背后高照，海面又有微波，是发现珊瑚礁的最好时机。应避免太阳在岛礁方向且高度甚低，海面阳光反射强烈时去接近岛礁。如需夜间经过礁盘，则必须与礁盘保持足够的距离，估计最大船位差也不至于触礁，因在夜间很难辨认礁盘。

(三)根据水色波纹来判断浅区礁盘

在预计接近岛礁之前，应安排有经验者在桅顶或其他高处协助瞭望，因为在高处更容易发现岛礁上的特殊波纹和浪花。在高处瞭望，很远就能发现水中 5～7 m 的暗礁。太平洋的一些礁区岛屿海域，可参考水的颜色估计水深。水深 1 m 呈淡褐色，2 m 呈绿中带棕色，5 m 呈绿中带黄色，10 m 呈绿中带青色，15 m 呈青带白色，20 m 呈青色，30 m 以外呈紫青色，等等。即使是孤立的暗礁，只要注意瞭望，有些亦可根据浪花、水色发现暗礁的存在。夜航时，满月晴夜与白天的观察几乎相同。发现岛礁后应减速认真辨认，绝不能在没有准确船位的情况下去接近岛礁。

(四)采用多种目视定位、导航、避险等手段

在沿岸岛屿之间的航道，多为狭窄、弯曲，水流急，危险物多，但可供定位和导航的物标一般也比较多。岛礁区航行与狭水道航行具有许多共同之处，也是以目视导航为主。

在岛屿间航行，可充分利用方位、距离避险线避离危险。其中使用叠标避险线，即两物标(如山头、小岛等)的开门和关门的机会更多。如图 4－8 所示，船舶 CA_1 航行过程中，只要保持 A 岛和 B 岛西端闭视以及 E 角和 B 岛东端开视，即可避开航线两侧的危险物。A 岛

东端和 B 岛上的灯塔串视,可用于导航。E 角和 G 岛"开门",可用于确定由 CA_1 到 CA_2 这一转向时机。由 CA_2 到 CA_3 的转向时机,可利用 D 岛和 F 角"关门"来确定。船舶沿 CA_3 航行时,保持 D 岛北端和 B 岛南端开视,即可避开航线右侧的航海危险区。

（五）采用"二次转向法"

岛礁区航行时,可采用"二次转向法":先将转向点附近某物标置于航线正前方用来导航,待物标接近到一定距离时,适当向该物标安全一侧转向,到该物标正横时再转至下一航向,而不采用该物标一次性正横转向法。采用二次转向法直观、方便,有利于导航和避险,能大大减轻航海者的工作紧张程度,对航程的影响也较小,可忽略不计。

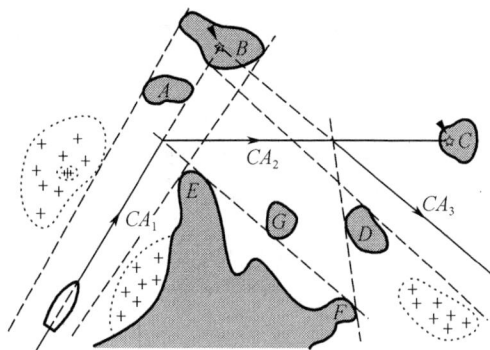

图 4 - 8　岛礁区航行

七、岛礁区航行注意事项

（一）研究航海资料

航行前仔细研究海图及有关的航海资料,拟定好航行计划,选择好各种导标、叠标及转向物标,设计好合适的避险线。最好在比较困难的航道上,多设想几种航行方法,以防发生意外。

（二）掌握准确船位

岛礁区航行,掌握准确船位是非常重要的,但陆标定位条件较差,因而即使有 GPS 这样的高精度定位系统,也不应忽略测天与其他方法定位,甚至单一位置线的利用,以确保航行安全。注意推算的准确度是掌握船位的重要依据,同时应根据准确的观测船位随时修正推算船位。要吸取在礁区失去推算船位,或单凭经验而忽视航向、航程的正确推算,致使发生触礁、沉船事故的沉痛教训。

（三）注意测深,观察水深的变化

岛礁区海底崎岖,水深往往从几百米迅速减至几十米,应注意经常测深,观察水深的变化。在水深急剧变浅时,应慢车、停车或倒车,仔细观察水色,以防触礁。

(四)加强瞭望

在岛屿间航行,必须加强瞭望,特别是在夜间或能见度不良时,要警惕小船和渔船的突然出现。对每一有用物标,应反复核对,防止认错。

第四节　特殊条件下的航行

一、雾中航行

雾中航行,是能见度不良情况下航行的一种习惯叫法。根据国际雾级规定,凡能见距离在4 km以下者,称能见度不良,包括因雾、降雨、下雪、霾等使能见度受到限制的情况在内,其中雾又是造成能见度不良的最主要和最常见因素。

雾根据其成因可分为平流雾、锋面雾、辐射雾和地形雾,其中平流雾浓度大,厚度大,水平范围广,持续时间长,是由暖湿空气流经冷水面或沿岸形成的,有很强的季节性和区域性,对航行安全威胁最大。

(一)海洋雾区

世界海洋的雾主要产生在冷暖海流汇合处的冷水面以及信风海洋东岸附近的翻腾冷流上,此种海雾多出现在春末夏初季节。

1.我国沿海主要雾区

我国沿海的雾大致可分为两大类:一类主要是受下垫面影响而形成的雾,如辐射雾、平流雾等。另一类与某些天气系统的活动和变化直接有关,如锋面雾等。我国沿海各地的海雾日数,总的趋势是南方少北方多,黄海、东海沿岸较多,渤海和南海沿岸较少。多雾区主要分布在黄海沿岸的山东成山角到石岛一带、长江口到福建北茭一带、辽东半岛东部沿岸大鹿岛到大连一带以及琼州海峡附近。

2.世界主要雾区

(1)日本北海道东部至阿留申群岛。这里是黑潮暖流与亲潮冷流的汇合处,雾多出现于6~8月的夏季,7月最盛。冬季多为锋面气旋产生的锋面雾。

(2)纽芬兰附近海面。这里是墨西哥暖流与拉布拉多冷流的交汇处。4~8月的春夏季雾最盛。此海面冬季多为锋面气旋产生的锋面雾。

(3)挪威、西欧沿岸与冰岛之间的海面。由于北大西洋暖流和冰岛冷流在西北欧水域交汇,加之英吉利海峡因潮汐涨落、冷暖交换频繁等原因,西北欧近大西洋沿岸、英吉利海峡、北海沿岸等水域常年多雾,是世界著名雾区之一,闻名遐迩的伦敦"雾都"就在此区域。整个欧洲水域常年多雾。冬季整个西欧沿岸和北欧多受锋面气旋的影响而多锋面雾。而5~8月为欧洲雾季最盛的时期,尤其是英吉利海峡和北海沿岸,在这段时间几乎天天被浓雾所笼罩。

(4)阿根廷东部海面、塔斯马尼亚岛与新西兰之间的海面、马达加斯加南部海面等海面的雾多发生在夏季。在南纬40°以南整个中高纬度的西风漂流上,终年有雾。

（5）加利福尼亚沿海、秘鲁和智利沿海、北非加那利海面和南非西岸海面等信风带海洋的东岸,每年的春夏季雾较多,但范围和浓度都不大。

（二）雾中航行的特点

雾中航行,首要的特点就是能见度不良,值班船员视线受限,视觉瞭望时对周围海域的风、流、物标、航标、船舶动向等的判断效果大大降低,从而对船舶定位、导航和避让等操作造成很大的困难。

此外,雾中航行采用安全航速后,风流对船舶的影响加大,使推算航速和航程的准确性受到较大影响,降低了推算船位的精度,同时,也直接影响到船舶在浅滩等危险物附近的航行安全。这些困难在船舶开行前制订航行计划时就应该给予充分考虑并制定出有效可行的应急预案,在航行中遇到能见度不良的情况时按照预案并根据当时情况采取措施可以最大限度地保证船舶航行安全。

（三）船舶雾航前的准备工作

船舶进入雾航之前,应尽快完成下述各项准备工作:
（1）通知机舱备车,及时报告船长。
（2）采用一切可行方法测定船位,尽可能确定出准确船位,为后续工作打好基础。
（3）尽可能了解周围水域情况以及附近船舶动态。
（4）根据实际情况由船长确定安全航速,施放雾号。
（5）充分利用好各种航海仪器,如开启雷达 ARPA,如有备用雷达设备也要一并开启。
（6）船首和其他必要场所增派瞭望人员。
（7）操舵模式由自动舵转为随动舵。
（8）保持肃静,打开驾驶台门窗,保证一切必要的听觉和视觉瞭望。

（四）雾中航行

雾航时,由于能见度不良,无法用陆标和天文定位,但可根据海区条件进行无线电定位导航或测深辨位导航。
1. 使用无线电助航仪器
（1）大洋航行,可利用卫导、罗兰 C 等远程定位系统定位,雷达用于协助瞭望和避碰。
（2）充分利用 DGPS 进行定位与导航。
（3）当海岸在雷达作用距离范围之内时,雷达也可用于定位与导航。狭水道航行时,雷达的定位、导航以及避让作用更加明显。
（4）充分利用 AIS、VHF 等进行导航和协助避让。
2. 测深辨位与导航
（1）测深辨位方法
测深辨位方法的具体做法是:在海图上推算船位附近沿航线选定数个水深点,量出各相邻两点之间的大致距离;根据本船当时的航速,计算出各相邻两点之间所需的航行时间,作为测深时间的依据;如此连续测深,记下测深时间、计程仪读数和水深数据,并将测得的水深改正到相应的海图水深;

海图水深 = 测深值 + 吃水 - 潮高

按与海图相同的比例尺将计划航线和各次测深时的推算船位画在透明纸上,并将改正潮高后的水深标注在相应的推算船位附近;将透明纸转移至海图上计划航线附近,平行移动透明纸,并保持其上计划航线与海图上的计划航线相平行,直至透明纸上的各水深点与海图上的相应水深点大体一致时为止;此时,最后一个水深点位置即为最后一次测深时的大概船位。

(2)测深辨位精度

该测深辨位法的精度,主要取决于计划航线上水深的变化情况:如果计划航线上水深变化明显且均匀,则结果精度较高;反之,水深变化不明显或存在急剧的不规则变化,则辨位精度较差;而计划航线上的水深变化又与计划航线和等深线的交角有关:当交角较大,两者相互垂直或接近垂直时,水深变化较明显,所以测深辨位的精度主要取决于计划航线与等深线的交角,当两者相互垂直时,辨位精度最高。此外,测深辨位法的精度还取决于测深和潮高改正的准确性、海图水深点的位置、所标水深的准确性等。

(3)特殊水深测深辨位

当船舶接近特殊水深区时,可去寻找该特殊水深,一旦测得这样的水深,便可得知船舶的所在。

(4)等深线的其他作用

①避险

若所选航线与等深线平行,航行中可利用等深线来避离航线靠岸一侧的危险物。

②判断离岸距离

当航线与等深线垂直时,各条等深线与岸的距离可在海图上量出。因此,可根据所测得的水深来判断离岸距离。

③缩小概率船位区

雾航时,一般推算船位的误差较大,即概率船位区较大,船舶在通过等深线前后利用测深仪测深,可缩小概率船位区。

3. 逐点航法

(1)定义

所谓逐点航法,就是将原来较长的直航线改成若干段短航线组成的曲折航线,各段航线的转向点选择在物标附近,从而由一个物标正对下一个物标航行的方法。

(2)适用范围

逐点航法适用于航线附近有适当的物标(如灯塔、浮标、雾号站等),而其周围危险物又较少时。

(3)优缺点

逐点航法的优点是在不易测得船位的情况下,可以不断地控制和缩小推算误差;缺点是必须故意接近物标,在能见度极差时具有较大的危险性。

(4)注意事项

①转向点不可离物标太近,只要在雷达作用距离内即可;

②航行时,应根据航速和两物标之间的距离,预算到达下一物标的时间,注意瞭望;

③如若不能发现物标,则应及时抛锚待航,绝不可盲目航行。

二、冰区航行

由于冰区海域的特殊性质,船舶在冰区航行作业会面临很多限制及航行危险,这就要求船员充分掌握冰区特点、应对措施以及注意事项,采取一切必要措施保证航行安全。

世界冰区分布于南北两极附近水域,冰区范围随着季节变化,冬季向低纬度扩大。南半球商船通常挂靠的港口和基本航线一般不受冰区影响,北半球可航水域冬季冰区分布的区域广,北美大西洋沿岸包括圣劳伦斯湾;格陵兰水域;波罗的海的波的尼亚湾、里加湾和芬兰湾;北太平洋东部太子港以北沿岸及其河流;北太平洋西部日本海北部、鄂霍次克海和白令海沿岸;北极地区和南极地区;渤海和黄海北部部分港口和沿岸水域;其他高纬度的港口、河流和海岸附近也可能结冰;西欧和太平洋东岸太子港以南水域由于受到暖流的影响海上一般不结冰,但河道内和部分沿岸可能轻微结冰。

(一)有关冰况的概念

1. 冰山

冰山是南北两极附近冰川崩塌滑落而漂浮于水面或在浅水区域搁浅的巨大冰块。通常高数十米,长百余米,有的表面平坦,也有的表面呈尖塔形。尖塔形冰山的吃水深度约为水面高度的 1~2 倍,而其水上和水下部分的体积比例视其对海水的比重而定,大致为其总体积的 1/8 和 7/8。

流冰主要是随风漂流,也受潮流和海流的影响。流冰的移动速度约为风速的 2%,移动方向一般在下风侧偏右 30°~40°。冰山随风、洋流向低纬度海域漂移,北太平洋冰山平均南移到 58°N,个别可南下到 40°N;北大西洋冰山南移到纽芬兰东南部;南极冰山也可能进入太平洋和印度洋航线。

2. 海冰

海冰是海水在 −1.9 ℃以下结冻生成,按其生成过程可分为:冰晶,薄片状的结晶,对船舶正常航行无影响;冰泥,浮于海面的初期极薄冰层,对船舶正常航行安全不会产生影响;软冰,由冰泥固结的软冰层,直径为 3~30 m,成圆盘状,对低速航行船舶无碍;荷叶冰,厚度达 30 cm,直径为 30 cm~3 m,冰块与冰块之间相互接缘,对船舶航行产生较大的影响,操作不当将造成船体或螺旋桨损坏。冰群,在风浪和潮流的作用下,由海岸或冰原破碎冰和海上形成的冰聚集而成。大部分冰群较为平坦,但冰与冰相互挤压重叠可结冻为冰丘,船舶应避免进入冰群海域。

3. 冰量

冰量是指冰在海面上的覆盖率。在冰情警告和预报中通常采用百分之几或十分之几描述冰量,但一些场合也有将十分之几称为几度来描述冰量。同时,根据船舶在冰区航行的困难程度有时用如下名称代表冰量:无屏蔽水域,海面冰的覆盖率为 1/10 以下,船舶可自由航行;稀疏冰,冰量为 1/10~5/10,船舶应根据冰况改向航行;疏散冰,冰量为 5/10~8/10,船舶无破冰船协助难以单独航行;固结冰,海面 100% 被冰覆盖并形成冰原。

(二)冰区航行的特点

非不得已,一般不要随便进入冰区航行,只要有可能,应尽量绕过冰区走曲折航路。倘若一定要通过冰区,一定要做好充分准备,谨慎航行。

(1)冰区海域冰情复杂,碰撞危险增加,对船舶航行安全构成严重威胁。

(2)冰区航行,出于避让海冰的需要,船舶经常改向、变速,计程仪一般无法正常使用;在冰区,测定风流压也困难;因此,冰区航行时也无法正常进行航迹推算。

(3)冰区航行,地处高纬,且频繁改向、变速,故罗经工作的可靠性大大降低。

(4)操纵和控制船舶困难增加。

(5)低温可能会影响船舶机械设备的正常运转,存水舱室和管路结冰。

(6)冰区海域情况复杂,雷达回波不易识别;无线电波传播和大气折射异常,因此陆标定位、无线电助航仪器定位及天文定位都将产生困难。

(7)冰区通常能见度降低,目视瞭望效果不佳。

(8)浮冰可能对船体及操纵设备造成损害。

(9)船员工作环境恶化。

(三)进入冰区前的各项准备工作

(1)开航前应检查自身船舶有无冰区加强和冰区加强的级别。

(2)收集冰情资料,掌握航行区域的冰区组织、通信联系、冰区引航点、破冰船队航行操作等情况。认真分析有关冰情资料和冰情报告,做好紧急情况应对方案。通常冰量在6/10以下,冰厚在30 cm时还能航行。

(3)确保主机和操舵系统、助航设备和通信设备等处于良好工作状态,特别是雷达要能够正常工作。

(4)调整好船舶的吃水和吃水差,一般应尽可能增大吃水,并保持1~1.5 m的艉倾,使螺旋桨尽可能没入水中。这样,既能使船舶具有较好的破冰能力,提高稳性并保护螺旋桨和舵不受损伤,又不会因为过大的艉倾而影响船舶的操纵性能。

(5)在船头、船尾和驾驶台设置性能良好的探照灯,以便夜间航行时能及时探明冰情。

(6)准备好各种堵漏器材,包括千斤顶、电钻、各种大小堵漏用的螺栓和铁板、长短方木、快干水泥等。船壳轻微渗漏时应积极想办法堵漏。

(7)准备好各种御寒器材,甲板管线做好防冻处理,管道内积水应尽量排干,压载水舱不可注满,关闭水密门窗。

(四)接近冰区的预兆

1. 接近流冰的征兆

(1)晴天,蓝色的天空下,在远处水天线附近出现冰光,犹如一条明亮的黄色光带。

(2)船舶远离陆地,周围波浪突然减弱,通常的大洋涌浪也逐渐减小,也能确认上风方向有浮冰存在。

(3)发现零星碎冰通常意味着将接近大片的浮冰。

(4)浮冰边缘上方经常有浓雾出现,雾中发现局部出现的小片白色浓雾,表明近处有浮冰存在。

(5)在北冰洋远离陆地,若突然出现海象、海豹和鸟类,表明船舶正逐渐接近浮冰区。

(6)通常表层水温下降到1 ℃时,从安全角度考虑,应认为船舶距离浮冰边缘不超

100 n mile 或 150 n mile；当表层水温降至 -0.5 ℃时，表明船舶距离最近的浮冰不超过 50 n mile。

2.接近冰山的征兆

(1)远离陆地,海面有清风,但海浪突然消失,表明上风方向有较大的冰山存在。

(2)宁静的夜晚,船舶以慢速航行,如能听到冰山崩解或冰块破裂坠海所发出的巨响,可判定附近有冰山存在。

(3)水温、气温下降,听到本船汽笛回音,也说明附近可能有冰山存在。

(4)发现冰片或碎冰,表明附近有冰山,并位于上风方向。

(五)冰区航行的要领

(1)航行时开启雷达及早发现冰中比较清爽的水域,尽量选择在量少、冰质弱或在冰裂缝中航行。遇到冰山应及早在下风保持适当的距离避航。避开任何形式的冰川、冰群、冰山。

(2)尽量从冰区的下风方向接近冰区,应保持船首与冰缘垂直,并将冲力降到最小。当船首顶住冰块时,再逐渐增加车速,推开冰块,驶向冰块松散的方向。

(3)采用适宜航速。航速过高,会导致船体损伤;航速过低,又有被冰围困的危险;一般应采取 3~5 kn,即维持舵效的最低航速。

当有破冰船引航时,航速将由破冰船指定:一般冰量为 4/10 时,可取 8 kn 航速,冰量每增加 1/10,航速减少 1 kn;当冰量大于 7/10 时,航速不应超过 5 kn。

(4)天黑后,如果探照不良,不要进入冰群航行。夜晚,可开启驾驶台射灯航行,以协助瞭望。如果能见度不好,船舶滞航时,应保持螺旋桨低速旋转。

(5)加强瞭望和雷达观测,以便及早发现浮冰、冰山,随时准备采用全速倒车。倒车时,要格外小心,应确认螺旋桨附近没有浮冰及障碍物,并保持正舵。

(6)抓住一切时机测定船位。应利用各种无线电导航仪器等尽可能地测定准确船位。

(7)破冰船引航时,应注意与破冰船或前船保持适当距离。一般取 2~3 倍船长,必须熟悉破冰船的引航信号,加强联系,注意动态,确保安全。

(8)尽量避免在冰区内抛锚,若必须抛锚,应选择在冰层最薄处下锚,且出链长度不得超过当地水深的 2 倍。

第五章
船舶职务与法规

第一节　船员职责与安全规章制度

内河船舶船员职务与法规对于提高船员的专业素质,增强法治观念,掌握航运规章制度,竖立"安全第一"思想,提高遵纪守法的自觉性具有重要的作用。"内河船舶"是指符合内河船舶建造规范、仅在内河航行的各类自航和非自航船舶,但不包括军事船舶、渔船和体育运动船;所称"特定类型船舶"是指客船、滚装船、高速船、危险品船(包括油船、化学品船、液化气船等)。

一、船员职责

《中华人民共和国船员条例》对船长、驾驶员的职责做了明确规定,内河船员职务职责与船舶类型、船舶等级、船舶航行区域、船舶最低安全配员等密切相关。目前我国航运企业、船舶船员管理公司、船东在建立船舶安全管理体系时,将船员职务职责、操作规程以文件形式加以明确规范,以确保船舶航行、停泊和作业安全。

(一)船长的主要职责

船长是船舶安全的第一责任人,应对船舶的安全生产、技术业务和行政管理统一领导、全面负责。根据《中华人民共和国船员条例》的有关规定,结合内河三类船舶实际情况,船长在管理和指挥船舶时的主要职责体现在以下九个方面:

(1)保证船舶和船员携带符合法定要求的证书、文书以及有关航行资料,并负责接受海事管理机构的有关安全检查。

(2)负责编制船舶应变部署,制订船舶应急计划并保证其有效实施。

(3)保证船舶和船员在开航时处于适航、适任状态,按照规定保障船舶的最低安全配员,保证船舶的正常值班。

(4)执行海事管理机构有关水上交通安全和防治船舶污染的指令,船舶发生水上交通事故或者污染事故的,向海事管理机构提交事故报告。

(5)对本船船员进行日常训练和考核,在本船船员的船员服务簿内如实记载船员的服务资历和任职表现。

(6)船舶进港、出港、靠泊、离泊,通过交通密集区、危险航区等区域,或者遇有恶劣天气和海况,或者发生水上交通事故、船舶污染事故、船舶保安事件以及其他紧急情况时,应当在驾驶台值班,必要时应当直接指挥船舶。

(7)保障船舶上人员和临时上船人员的安全。

(8)船舶发生事故,危及船舶上人员和财产安全时,应当组织船员和船舶上其他人员尽力施救。

(9)弃船时,应当采取一切措施,首先组织旅客安全离船,然后安排船员离船,船长应当最后离船,在离船前,船长应当指挥船员尽力抢救航海日志、机舱日志、油类记录簿、无线电台日志、本航次使用过的航行图和文件,以及贵重物品、邮件和现金。

(二)驾驶员的主要职责

船舶驾驶员应在船长的领导下,按规定持有有效的船员适任证书和证件,主要承担航行、停泊值班职责和船舶管理职责,在履行职责时,根据《中华人民共和国船员条例》的有关规定,结合内河三类船舶实际情况,应当:

(1)掌握船舶的适航状况和航线的通航保障情况,以及有关航区气象、海况等必要的信息,负责航行值班,对本班的航行安全负全部责任。

(2)负责停泊值班,应经常巡视船舶及周围环境,注意船位、信号(灯号)、系泊设备是否正常;检查值班、护船人员是否在岗、在船;掌握水情气候变化,采取安全措施,对船舶停泊安全负责。

(3)负责货物装卸、旅客上下的安全管理工作及船舶签证等工作。

(4)遵守船舶的管理制度和值班规定,按照水上交通安全和防治船舶污染的操作规则操纵、控制和管理船舶,如实填写有关船舶法定文书,不得隐匿、篡改或者销毁有关船舶法定证书、文书。

(5)参加船舶应急训练、演习,按照船舶应急部署的要求,落实各项应急预防措施。

(6)遵守船舶报告制度,发现或者发生险情、事故、安保事件或者影响航行安全的情况,应当及时报告。

(7)船舶发生事故,危及船舶上人员和财产安全时,负责现场指挥,在不严重危及自身安全的情况下,尽力救助遇险人员。

(8)不得利用船舶私载旅客、货物,不得携带违禁物品。

(9)按规定记载航行日志。

二、安全规章制度

内河船舶安全规章制度是随着我国内河航运的发展,为健全和统一内河船舶管理的规章制度而逐步形成的。下面主要介绍值班规则。

(一)航行中值班驾驶员的主要职责

(1)值班驾驶员应当坚守岗位,认真操作。依据驾驶员的职务、职责的不同,驾驶员需要明确工作岗位、工作时间、具体工作任务等内容,本规则要求值班驾驶员应当坚守岗位,这里规则使用"应当"一词,就是要求值班驾驶员尽最大能力坚守岗位,不能擅自离开工作岗位。

(2)保持正规瞭望,及时掌握航道、航标、航行信号、水文、气象、来往船舶动态和周围环境,结合本船操纵性能,采取一切有效措施,保证航行安全。

（3）正确使用操纵设备和助航仪器，并掌握在使用中发生故障时的应急措施。

值班驾驶员能否正确使用船舶操纵设备（车、舵、锚、缆等）和助航仪器（雷达、罗经、甚高频无线电话、测深仪等），将直接关系到船舶航行的安全，同时也是衡量驾驶员驾驶技术水平高低的一个重要尺度。

（4）亲自或督促轮、驳水手（或舵工）检查号灯、号型、旗号、操纵设备和助航仪器，确保其处于正常状态。

号灯、号型、旗号、操纵设备和助航仪器是否处于正常使用状态，值班驾驶员必须时刻关注，它们是保证船舶安全航行的必要条件，船舶航行中应加强对号灯、号型和旗号等信号设备正常显示的检查。

（5）船长在驾驶台，但未声言自己指挥航行或操纵前，值班驾驶员不得认为已被船长接替而放弃履行自己的职责。

驾驶台是船舶航行的指挥中心，船长到驾驶台，并不表明船长要亲临指挥，值班驾驶员应能领会船长的意图，如果说前方航道的航行条件一切都正常，船长也许是随便看一看；如果说前方航道是船长亲自指挥的航段或船舶航行处在危险之中，值班驾驶员应主动请船长操作，船长会根据实际情况做出明确的答复。

（6）船长在驾驶台接替指挥航行时，值班驾驶员仍负有协助瞭望及其他有关职责。

船长在驾驶台接替指挥航行时，值班驾驶员应协助船长做好以下工作：

①协助船长瞭望；

②利用甚高频无线电话进行联系；

③协助船长掌握车速变化；

④亲自执舵或监督舵工操舵；

⑤其他工作。

（7）遇下列情况应当果断采取措施，并立即报告船长：

①能见度不良而无把握继续航行时；

②对通航条件有疑虑时；

③遇雷雨大风威胁航行安全时；

④发现遇险信号和各种危及航行安全的可疑物时；

⑤主机、舵机或其他主要的操纵设备和助航仪器发生故障时；

⑥发生碰撞、触礁、搁浅、火警、人员落水或船舱进水紧急情况时；

⑦出现危及航行安全的其他情况时。

船舶在航行中一旦出现上述任何一种情况时，由于值班驾驶员的技术水平有限或经验的欠缺，不能确保船舶航行的安全，无法进行正确的指挥和操作，因此，应立即报告船长，由船长亲自指挥。作为值班驾驶员，不能错过时机，应当果断采取措施；不能过于自信，对事态估计过低，冒险操作。

（8）指导实习人员的实习工作，并对其操作安全负责。

指导实习人员的实习工作是值班驾驶员的职责和义务，值班驾驶员可根据实习人员的具体情况进行安排，对于上船时间不长，技术还不熟练的实习人员，可在航行条件较好的河段为其提供实习机会，值班驾驶员应对实习人员的操作安全负责。

（9）按规定记载航行日志。

《航行日志记载规则》要求船长对船舶航行日志的记载全面负责。应经常督促、检查、指导值班驾驶员或水手按规定要求记载"航行日志"。每航次结束后或停泊时的每旬末,对"航行日志"的记载进行审阅并签字。

（二）航行中值班驾驶员交接事项

（1）接班驾驶员应当提前 15 min 到达驾驶台熟悉情况,做好接班前的准备工作。

为保证交接班时船舶航行的安全,规则要求接班驾驶员提前 15 min 到达驾驶台熟悉情况,做好接班前的准备工作。应该说,这是由驾驶员的交通特性所决定的,船舶夜间行驶时,驾驶台是没有灯光的,驾驶员由明亮的地方进入驾驶台,有一个适应过程,这种由明到暗的适应叫作"暗适应",另外,驾驶员全面了解有关情况也需要一定时间。

（2）交接班时应当交清接明下列事项:

①船位、航向、航速、水位、水流、潮汐、气象等情况;

②号灯、号型、旗号、声响设备及助航仪器状况;

③本船(或船队)吃水及操纵性能;

④航行通电、通告及船长指示;

⑤来往船舶动态;

⑥雷达发现的情况和无线电话联系情况及双方已明确会让意图;

⑦客、货船在中途上下旅客及货物装卸情况;

⑧船队在中途加拖、解拖及变更队形的情况;

⑨有关航行安全的情况;

⑩本班内发生的重要事项及下一班需要继续完成的事项。

"交清接明"是驾驶员交接班时应遵循的基本原则。交接班驾驶员应按规则规定的交接内容进行交接,上述 10 项交接内容,第 1 项内容是交接班驾驶员每次都必须交清接明的,第②～⑩内容并不是每一次都要交接的,譬如说本船的号灯、号型、旗号、声响设备及助航仪器状况显示或使用正常,本船(或船队)吃水及操纵性能无变化,就不需要交接,当有这种情况发生时才交接。

（3）遇下列情况暂不交接:

①正在避让或处理紧急事情时;

②正在通过大桥、危险航道、进出船闸或正在改变航向时;

③接班驾驶员对交接事项不明或有疑虑时;

④交接班时间已到但无人接班时(应当派人报告船长)。

虽然到了交接班时间,但若有上述四种情况中的任一情况出现,规则要求暂缓交接,接班驾驶员刚到驾驶台,就进行复杂情况(避让、过大桥等)的操作,是难以胜任的,为确保安全,交班驾驶员必须待完成操作后,才能交接。接班驾驶员对交接事项不明或有疑虑时,暂不交接,是因为接班驾驶员在未完全弄清有关情况下,一旦接替操作,将无法保证船舶航行的安全。

第二节　船舶管理规则

一、船舶最低安全配员规则

（一）最低安全配员管理

（1）中国籍船舶应当按照本规则的规定，持有海事管理机构颁发的船舶最低安全配员证书。

（2）在中华人民共和国内水、领海及管辖海域的外国籍船舶，应当按照中华人民共和国缔结或者参加的有关国际条约的规定，持有其船旗国政府主管机关签发的船舶最低安全配员证书或者等效文件。

（3）船舶所有人应当在申请船舶国籍登记时，按照本规则的规定，对其船舶的最低安全配员如何适用本规则附录相应标准予以陈述，并可以包括对减免配员的特殊说明。

海事管理机构应当在依法对船舶国籍登记进行审核时，核定船舶的最低安全配员，并在核发船舶国籍证书时，向当事船舶配发船舶最低安全配员证书。

（4）在境外建造或者购买并交接的船舶，船舶所有人应持船舶买卖合同或者建造合同及交接文件、船舶技术和其他相关资料的副本（复印件）到所辖的海事管理机构办理船舶最低安全配员证书。

（5）船舶在航行、停泊、作业时，必须将船舶最低安全配员证书妥善存放在船备查。

船舶不得使用涂改、伪造以及采用非法途径或者舞弊手段取得的船舶最低安全配员证书。

（6）船舶所有人应当按照本规则的规定和船舶最低安全配员证书载明的船员配备要求，为船舶配备合格的船员。

（7）证书污损不能辨认的，视为无效，船舶所有人应当向所辖的海事管理机构申请换发。证书遗失的，船舶所有人应当书面说明理由，附具有关证明文件，到船籍港的海事管理机构办理补发证书手续。

换发或者补发的船舶最低安全配员证书的有效期，不超过原发的船舶最低安全配员证书的有效期。

（8）船舶状况发生变化需改变证书所载内容时，船舶所有人应当到船籍港的海事管理机构重新办理船舶最低安全配员证书。

（9）在特殊情况下，船舶需要在船籍港以外换发或者补发船舶最低安全配员证书，经船籍港海事管理机构同意，船舶当时所在港口的海事管理机构可以按照本规定予以办理并通报船籍港海事管理机构。

（二）监督检查

（1）中国籍、外国籍船舶在办理进、出港口或者口岸手续时，应当交验船舶最低安全配员证书。

（2）中国籍、外国籍船舶在停泊期间，均应配备足够的掌握相应安全知识并具有熟练操作能力能够保持对船舶及设备进行安全操纵的船员。

（3）船舶未持有船舶最低安全配员证书或者实际配员低于船舶最低安全配员证书要求的，对中国籍船舶，海事管理机构应当禁止其离港直至船舶满足本规则要求，对外国籍船舶，海事管理机构应当禁止其离港，直至船舶按照船舶最低安全配员证书的要求配齐人员，或者向海事管理机构提交由其船旗国主管当局对其实际配员做出的书面认可。

（4）对违反本规则的船舶和人员，依法应当给予行政处罚的，由海事管理机构依据有关法律、行政法规和规章的规定给予相应的处罚。

二、船舶升挂国旗的规定

（一）船舶悬挂国旗的资格规定

依照中华人民共和国有关船舶登记法规办理船舶登记，取得了中华人民共和国国籍的船舶，方可将中国国旗作为船旗国国旗悬挂。

（二）船舶悬挂国旗的规格尺寸

船舶应按其长度悬挂下列尺度的中国国旗：
（1）150 m 以上的船舶，应悬挂甲种或乙种或丙种中国国旗。
（2）50 m 以上不足 150 m 的船舶，应悬挂丙种或丁种中国国旗。
（3）20 m 以上不足 50 m 的船舶，应悬挂丁种或戊种中国国旗。
（4）不足 20 m 的船舶应悬挂戊种中国国旗。

（三）船舶悬挂国旗的时间规定

船舶悬挂的中国国旗应当早晨升起，傍晚降下。但遇有恶劣天气时，可以不升挂中国国旗。

（四）船舶国旗悬挂的位置规定

中国籍船舶应将中国国旗悬挂于船尾旗杆上。船尾没有旗杆的，应悬挂于驾驶台信号杆顶部或右横桁。中国国旗与其他旗帜同时悬挂于驾驶台信号杆右桁时，中国国旗应悬挂于最外侧。

（五）其他规定

（1）船舶悬挂的中国国旗应当整洁，不得破损、污损、褪色或者不合规格，不得倒挂。
（2）中国籍船舶在航行中与军舰相遇，需要时可以使用中国国旗表示礼仪。
（3）船舶取得中华人民共和国国籍后，第一次升挂中国国旗时，可以举行升旗仪式。
（4）中国籍船舶改变国籍，在最后一次降中国国旗时，可以举行降旗仪式。降旗仪式可参照升旗仪式进行。降旗仪式后，船长或船舶其他负责人应将中国国旗妥善保管，送交船舶所有人。
船舶遇难必须弃船时，船长或船舶其他负责人应指定专人降下中国国旗，并携带离船，送交船舶所有人。

(5)外国国家领导人乘坐、参观中国籍船舶或我国国家领导人利用中国籍船舶举行欢迎外国国家领导人的仪式,需要悬挂两国以上国旗的,按照有关涉外悬挂和使用国旗的规定办理。

(6)对违反《中华人民共和国国旗法》和本规定的船舶和船员,海事管理机构应令其立即纠正,并可根据情节,按照《中华人民共和国国旗法》和我国其他有关规定予以处罚。

第三节 船员与通航管理

一、船员管理

(一)船员注册和任职资格

1. 申请船员注册应具备的条件

申请船员注册,应当具备下列条件:

(1)年满 18 周岁(在船实习、见习人员年满 16 周岁)但不超过 60 周岁。

(2)符合船员健康要求。

(3)经过船员基本安全培训,并经海事管理机构考试合格。

(4)申请注册国际航行船舶船员的,还应当通过船员专业外语考试。

申请船员注册,可以由申请人或者其代理人向任何海事管理机构提出书面申请,并附送申请人符合规定条件的证明材料。

2. 船员服务簿

船员服务簿是船员的职业身份证件,应当载明船员的姓名、住所、联系人、联系方式以及其他有关事项。船员服务簿记载的事项发生变更的,船员应当向海事管理机构办理变更手续。

3. 任职规定

(1)参加航行和轮机值班的船员,应当依照规定取得相应的船员适任证书。

(2)申请船员适任证书,应当具备下列条件:

①已经取得船员服务簿;

②符合船员任职岗位健康要求;

③经过相应的船员适任培训、特殊培训;

④具备相应的船员任职资历,并且任职表现和安全记录良好。

(3)申请船员适任证书,应当向海事管理机构提出书面申请,并附送申请人符合规定的证明材料。对符合规定条件并通过国家海事管理机构组织的船员任职考试的,海事管理机构应当发给相应的船员适任证书。

(4)船员适任证书应当注明船员适任的航区(线)、船舶类别和等级、职务以及有效期限等事项。

(5)船员适任证书的有效期不超过 5 年。

（6）中国籍船舶的船长和高级船员应当由中国籍船员担任；确需外国籍船员担任高级船员的，应当报国家海事管理机构批准。

（7）曾经在军用船舶、渔业船舶上工作的人员，或者持有其他国家、地区船员适任证书的船员，依照规定申请船员适任证书的，海事管理机构可以免除船员培训和考试的相应内容。具体办法由国务院交通主管部门另行规定。

（二）船员职业保障

（1）船员用人单位和船员应当按照国家有关规定参加工伤保险、医疗保险、养老保险、失业保险以及其他社会保险，并依法按时足额缴纳各项保险费用。

船员用人单位应当为在驶往或者驶经战区、疫区或者运输有毒、有害物质的船舶上工作的船员，办理专门的人身、健康保险，并提供相应的防护措施。

（2）船舶上船员生活和工作的场所，应当符合国家船舶检验规范中有关船员生活环境、作业安全和防护的要求。

船员用人单位应当为船员提供必要的生活用品、防护用品、医疗用品，建立船员健康档案，并为船员定期进行健康检查，防治职业疾病。

船员在船工作期间患病或者受伤的，船员用人单位应当及时给予救治；船员失踪或者死亡的，船员用人单位应当及时做好相应的善后工作。

（3）船员用人单位应当依照有关劳动合同的法律、法规和中华人民共和国缔结或者加入的有关船员劳动与社会保障国际条约的规定，与船员订立劳动合同。

（4）船员工会组织应当加强对船员合法权益的保护，指导、帮助船员与船员用人单位订立劳动合同。

（5）船员用人单位应当根据船员职业的风险性、艰苦性、流动性等因素，向船员支付合理的工资，并按时足额发放给船员。任何单位和个人不得克扣船员的工资。

船员用人单位应当向在劳动合同有效期内的待派船员，支付不低于船员用人单位所在地人民政府公布的最低工资。

（6）船员在船工作时间应当符合国务院交通主管部门规定的标准，不得疲劳值班。

船员除享有国家法定节假日的假期外，还享有在船舶上每工作 2 个月不少于 5 日的年休假。

船员用人单位应当在船员年休假期间，向其支付不低于该船员在船工作期间平均工资的报酬。

（三）船员培训和船员服务

申请在船舶上工作的船员，应当按照国务院交通主管部门的规定，完成相应的船员基本安全培训、船员适任培训。

在危险品船、客船等特殊船舶上工作的船员，还应当完成相应的特殊培训。

（四）附则

（1）申请参加取得船员服务簿、船员适任证书考试，应当按照国家有关规定交纳考试费用。

（2）引航员的注册、培训和任职资格依照有关船员注册、培训和任职资格的规定执行。具体办法由国务院交通主管部门制定。

（3）船员专业技术职称的取得和专业技术职务的聘任工作，按照国家有关规定实施。

二、通航管理

（一）报告

船舶、浮动设施发生内河交通事故，必须立即采取一切有效手段向事故发生地的海事管理机构报告。报告的主要内容包括：船舶、浮动设施的名称，事故发生的时间和地点，事故发生时水域的水文、气象、通航环境情况，船舶、浮动设施的损害情况，船员、旅客的伤亡情况，水域环境的污染情况以及事故简要经过等内容。

海事管理机构接到事故报告后，应当做好记录。接到事故报告的海事管理机构不是事故发生地的，应当及时通知事故发生地的海事管理机构，并告知当事人。

船舶、浮动设施发生内河交通事故，除应当按本规定进行报告外，还必须在事故发生后 24 h 内向事故发生地的海事管理机构提交内河交通事故报告书和必要的证书、文书资料。

特殊情况下，不能按上述规定的时间提交材料的，经海事管理机构同意，可以适当延迟。

内河交通事故报告书应当包括下列内容：

①船舶、浮动设施概况（包括其名称、主要技术数据、证书、船员及所载旅客、货物等）；

②船舶、浮动设施所属公司情况（包括其所有人、经营人或者管理人的名称、地址、联系电话等）；

③事故发生的时间和地点；

④事故发生时水域的水文、气象、通航环境情况；

⑤船舶、浮动设施的损害情况；

⑥船员、旅客的伤亡情况；

⑦水域环境的污染情况；

⑧事故发生的详细经过（碰撞事故应当附相对运动示意图）；

⑨船舶、浮动设施沉没的，其沉没概位；

⑩与事故有关的其他情况。

（二）调查

船舶、浮动设施发生内河交通事故，有关船舶、浮动设施、单位和人员必须严格保护事故现场。除因抢险等紧急原因外，未经海事管理机构调查人员的现场勘验，任何人不得移动现场物件。

海事管理机构接到内河交通事故报告后，应当立即派员前往现场调查、取证，并对事故进行审查，认为确属内河交通事故的，应当立案。

调查人员执行调查任务时，应当出示证明其身份的行政执法证件。执行调查任务的人员不得少于两人。当事人有权依法申请与本次交通事故有利害关系或者有其他关系、可能影响事故调查处理客观、公正的调查人员回避。

发生内河交通事故的船舶、浮动设施及相关单位和人员应当接受和配合海事管理机构的调查、取证。有关人员应当如实陈述事故的有关情况和提供有关证据,不得谎报情况或者隐匿、毁灭证据。

根据事故调查的需要,海事管理机构可以责令事故所涉及的船舶到指定地点接受调查。当事船舶在不危及自身安全的情况下,未经海事管理机构批准,不得驶离指定地点。

(三) 处理

对内河交通事故发生负有责任的单位和人员,有关主管机关应当依据有关法律、法规和规章给予行政处罚。涉嫌构成犯罪的,移送司法机关处理。

根据内河交通事故发生的原因,海事管理机构可责令有关船舶、浮动设施的所有人、经营人或者管理人对其所属船舶、浮动设施加强安全管理。有关船舶、浮动设施的所有人、经营人或者管理人应当积极配合,认真落实。对拒不加强管理或者在期限内达不到安全要求的,海事管理机构有权采取责令其停航、停止作业等强制措施。

第六章
船舶安全与航次计划管理

第一节　船舶安全制度与程序

一、制度的制定与执行

《国际船舶安全运营和防止污染管理规则》(简称《国际安全管理规则》,ISM 规则),该规则生效后,从根本上改变了船舶适航的观念,从单纯的技术角度,转向了适航的设备、合格的技术以及适任的船员等全面要求。规则的目的就是通过对船舶的管理系统化、规范化、文件化、程序化,来规范人的行为,使之符合国际规则、行业标准,达到安全和保护环境的目的。这在一定程度上解决了对人的素质过分依赖的问题。ISM 规则是国际海事组织经过多年研究制定的,是一套既有理论基础,又有实践背景,适合于所有从事船舶安全管理的航运企业的国际通用标准,具有独特的特点和最低要求的基本功能。ISM 规则的生效,不仅改变了船舶的管理,同时也增加和延伸了船东的责任,如公司的制定责任、执行责任、培训责任等。因为船舶发生的任何问题几乎都可归于管理上的问题。

(一)制度的定义与组成

所谓制度,最一般的含义是要求成员共同遵守的办事规程或行动准则,也有认为是一定历史条件下的政治、经济、文化等方面的体系。实际上,"制度"是一个宽泛的概念,是指在特定社会范围内统一的、调节人与人之间社会关系的一系列习惯、道德、戒律、规章等的总和。显而易见,制度是国家机关、社会团体、企事业单位,为了维护正常的工作、生活的秩序,保证各项政策的顺利执行和各项工作的正常开展,依照法律、法令、政策而制定的具有法规性或指导性与约束力的应用文,是各种行政法规、章程、制度、公约的总称。

制度分为三种类型:正式规则、非正式规则和规则的执行机制。正式规则又称正式制度,是指政府、国家、正式组织按照一定的目的和程序有意识创造的一系列的规则及契约等法律法规,以及由这些规则构成的法理等级结构,包括从宪法、法律、法规,再到明细的规章、标准、规范、章程等,它们共同构成人们行为的激励和约束。非正式规则是人们在长期实践中无意识形成的,具有持久的生命力,并构成文化的一部分,包括价值信念、伦理规范、道德观念、风俗习惯及意识形态等因素。执行机制是为了确保上述规则得以执行的相关制度安排,是制度安排中的关键一环。这三部分构成完整的制度内涵,是一个不可分割的整体。制度具有三个特点:一是指导性和约束性,制度对相关人员做些什么工作、如何开展工作都有一定的提示和指导,同时也明确相关人员不得做些什么,以及违背了会受到什么样的惩罚;二是鞭策性和激励性,制度有时就张贴或悬挂在工作现场,随时鞭策和激励着人员遵守纪律、努力学习、勤奋工作;三是规范性和程序性,制度对实现工作程序的规范化,岗位责任的法规化,管理方法的科学化,起着重大作用。

在船舶安全管理中,制度可分为岗位性制度和法规性制度两种类型。岗位性制度适用于某一岗位上的长期性工作,所以有时制度也称"岗位责任制"。法规性制度是对某方面工作制定的带有法令性质的规定,如《值班制度》。制度一经制定颁布,就对某一岗位上的或从事某一项工作的人员有约束作用,是他们行动的准则和依据。制度的发布方式比较多样,除作为文件存在之外,还可以张贴和悬挂在某一岗位和某项工作的现场,以便随时提醒人们遵守,同时便于大家互相监督。

(二)制度的形成与制定

规章制度是国际公约和国家法律、法令的具体化,是人们行动的准则和依据,因此,规章制度对船舶营运有着十分重要的作用。制度的存在使得船舶营运更多依赖于预先制定好的一系列规范,减少了对少数个人的依赖,避免了决策的主观性。从这种意义上来说,通过正式规则这一具体制度来对船员进行管理是重要的。

在ISM规则中明确指出建立的制度需要符合有关的国际和船旗国立法的指令以确保船舶的安全营运和环境保护。因而,船舶管理工作中的正式规则制度包括国际公约和国内制度两个体系。非正式规则则表现为公司安全管理体系文件中制定的管理文件。

国内制度主要表现为法律体系和公司制度。国内法同样是分层次的,包括法律、法规、规章和规范等。制定机关的等级越高,其法律的效力就越高,适用的范围就越大。法律仅指全国人大制定的基本法律和全国人大常委会制定的普通法。行政法规是指国家最高行政机关国务院在法定职权范围内为实施宪法和法律制定的有关国家行政管理的规范性文件。地方规章是指国务院各部委、省(自治区、直辖市)人民政府以及省(自治区)人民政府所在地的市和经国务院批准的较大的市的人民政府根据法律和国务院的行政法规、决定、命令而制定、发布的规范性文件。国务院部门规章和地方政府规章在自己的范围内生效,而在一个行政区域内,省政府规章比市政府规章的效力要高。地方性法规与规章之间的效力问题没有规定。其他规范性文件指各级国家行政机关,根据法律、法规和规章的授权或自身的法定职权,为实施法律、执行政策,结合本地区、本部门的实际制定、发布的除行政法规、规章以外的具有普遍约束力的决定、命令及行政措施。海事管理机关制定、发布的文件属于这一层次。公司制度属于企业管理的内部文件。

我国民法通则规定,中华人民共和国缔结或者参加的国际条约同中华人民共和国的民事法律有不同规定的,适用国际条约的规定,但中华人民共和国声明保留的条款除外。中华人民共和国法律和中华人民共和国缔结或者参加的国际条约没有规定的,可以适用国际惯例。国际公约在国内的法律地位,与批准生效的方式和部门有关。经国务院核准的相当于行政法规,或行政规章。因此,我国的海事法律具有明显的国际性,海事适用的程序法和实体法一般都反映了国际公约精神和行业惯例原则的国内法。我国海商法和海事诉讼特别程序法的主要内容,大多取自国际公约、国际惯例、国际上的示范法、标准贸易条件、标准合同条款等。

国际条约不仅包括以条约为名称的协议,也包括国际法主体间形成的公约、规约、协定、议定书、最后议定书等。国际条约本属国际法范畴,但我国政府签订或我国加入的国际条约,对我国的国家机关、公职人员、社会组织和公民也有法的约束力,在这个意义上,国际条约也是我国的一种法理的形式,与国内法具有同等的约束力,都是必须遵守的。

(三)理解并执行制度

1. 制度是一种管理方法

利用制度进行管理,可以简化并规范管理,降低管理成本。管理方法通常可以分为两种,即"人治"与"法治"。"人治"的航运公司是一个人或几个人掌管的公司,或者说是由一个人或几个人的能力专制的企业。这种企业也会有制度,但制度体现了专制者的意志,是制约别人而不制约他的。"法治"的航运公司是按一套规定的制度运行的企业。员工的作用与权力是制度赋予的,而且要受制度的制约。在制度面前,人人平等。

制度意识是社会意识的一种特殊形式,是人们关于法律制度现象的感知、认识、情感、态度、评价、思想、观点、知识和心理等主观方面的总和。制度意识的内容十分广泛,包括对制度的本质、作用的看法,对现行制度的要求和态度,对制度的理解,以及对人们的行为是否符合的评价等。船员需要培养成熟的制度意识。

2. 制度必须得到遵守

制度管理,意味着管理必须具备一定的刚性。制度管理具有一定的严肃性。每一个组织成员必须明确表示对制度的尊重。作为制度的遵守者,在制度没有修订前,必须按照制度来执行,哪怕是不恰当的,也是等到执行结束后再进行补偿。此后再协商决定是否对制度进行补充或修改。必须强化管理,"强化"从某种程度上讲就是理解的要执行,不理解的也要执行,强化是带有强制性的。船上的工作具有分工细、等级严等特点,这是行业性质所决定的,否则无法保证船上工作正常有序地进行。全体船员必须下级服从上级、机舱服从轮机长、甲板服从大副、全船服从船长,并确保船长在船舶工作中的中心领导地位。比如,在船上安全制度的执行方面,要获得并维持高效率的船舶操作,安全和健康对所有船员来说是至关重要的,因此高标准的安全意识、个人纪律和个人素质被置于首位。

3. 制度是保障公平的一种手段

制度,其实就是游戏规则。在某一时间段中,必须存在一种明确的,最好是书面的规范,组织内部的每一个成员都必须遵守。这样更容易实现公平。常说"法律面前人人平等",在制度面前也是人人平等。

(四)制度的执行力

在实际工作中,许多已制定和颁布的制度之所以执行不力或难以实施,大多是由于执行力不足。这些问题存在于以下方面:

1. 制度的推行

在制度执行过程中缺乏必要的宣传;缺少合适的评价机制,使得公司中层干部或船上管理人员对推行规范化管理缺乏积极性和动力;缺乏必要的激励措施,使得员工产生推行规范化管理就是扣钱和束缚工作行为的错误思想。

制度的执行缺乏强有力的监督落实机制,虽有具体领导和负责部门来承担监督落实责任,但对制度落实效果的考核力度不够,执行与否与员工利益的关联度较低,制度落实缺乏足够的群众基础。

2. 制度的更新和完善

制度也不是一成不变的,要根据实际情况的变化而不断修订。对制度不满的时候,也不能否认制度的严肃性,而是通过制度反馈和修改的正当渠道提出建议。因为不满的仅仅是制度的某些条款、某些内容,而不是制度的本身和制度的全部。作为船舶规章制度的制定者,必须不时针对外界环境情况的变化和单位人员的意见或建议对制度进行不断的修正,使之更加合理规范并易于执行。制度的制定和更新必须遵循相应程序。船上有一系列的规章制度,这些规章制度都是为了保证船舶的安全航行而制定的,经过多年的运行,有的规章制度可能已经不符合现代船舶管理的要求,这时候制度就要进行相应的修改和完善。

制度更新不及时,不能根据公司的发展及时修改并下发执行,过时的制度也影响了制度的权威性;部分制度不够完善,不能适应公司发展的要求。

3. 规范管理和安全文化

管理执行力不足还缺少制度管理及规范管理的文化氛围。强调企业内部"依法办事",并以身作则,是各级管理者的责任,但是企业内部从上至下存在认识上的偏差。目前企业多考虑如何利用政策,但随着企业做强做大,要获得长远发展,只有从内到外都要走向规范化,主动遵守内外规则。也只有这样才能保证企业内部的公平,提高企业内部员工的凝聚力。

4. 管理层的表率作用

组织管理层应熟悉和带头执行自己的规章制度和管理程序,做到程序大于权力。否则就会成为"人治"化的组织,从而使组织内部的制度得不到良好的执行,另外,如果中、高级管理层内部沟通或协调不够,整体作战能力表现不足;高层的管理风格和中层管理者工作意识不匹配,中层管理者执行力度差,使得高层管理者疲于应付公司日常事务,降低了管理效率等都会导致执行力不足的结果。

为了加大和保持全面执行公司的管理程序和规章制度,包括公司与船舶的各级管理人员都必须认识到以上几个方面的问题,并根据所存在的问题采取有效的对策与措施,最终达到相应的目的。

(五)船员的规则意识

规则意识,是指发自内心的、以规则为自己行动准绳的意识。如遵守校规、遵守法律、遵守社会公德、遵守游戏规则的意识。规则意识是现代航海每个船员必备的一种意识。规则意识有三个层次,它首先是指关于规则的知识。比如说,爱国守法、明礼诚信、团结友善、勤俭自强、敬业奉献、爱护环境、遵循规章制度,等等。但仅有规则知识是不够的,更重要的是要有遵守规则的愿望和习惯。这是规则意识的第二个层次。重要的不是知道规则,而是愿意和习惯于遵守规则。这尤其表现在没有强制性力量阻止违反规则的时候,也自觉予以遵守。古人说得好:君子慎独。君子在独自一人的时候是很慎重的,因为没有人监督,人性中不好的一面就会跳出来,千方百计地诱惑你。如果没有遵守规则的愿望和习惯,在船舶值班过程中,在一念之间,你可能就铸成大错,后悔莫及。规则意识的最后一个层次是遵守规则成为内在需要。在这种境界中,遵循规则已成为人的第二天性,外在规则成为人的内在素质。从规范向素质的转变,对于个人来说,意味着规则不再仅仅是一种外在强制,从而在某种意义上使人获得了真正的自由。很明显,船员的规则意识对于船舶安全尤其重要。

二、标准程序的实施与监督

(一)程序的定义与内容

1.程序的定义

所谓程序是指一个组织中对某项活动处理流程的一种描述、计划和规定。《辞海》中的解释为按时间先后或依次安排的工作步骤。如工作程序等。具有复杂性、由多个环节组成的管理活动都可以制定程序。程序按照性质可以分为管理程序、操作程序等。

程序是为进行某项活动或过程所规定的途径。程序可以形成文件也可以不形成文件。当程序形成文件时,通常称为"书面程序"或"形成文件的程序"。含有程序的文件可称为"程序文件"。程序文件是管理体系文件中最重要的组成部分,是管理体系结构中组织结构、质量职责和权限、资源、工程程序等方面高效、经济、协调运行的方法和保证。

2.程序的内容

文件化程序中通常包括活动的目的和范围,做什么和谁来做,何时、何地和如何做,应用什么原材料、设备和文件做,如何对活动进行控制和记录等。虽然并不是所有的程序中都全部包括5个W和1个H(what,why,where,who,when,how),但它仍然是一种系统性解决问题的过程。程序主要内容与格式为:标题、目的、适用范围、定义、责任和权限、程序、相关文件、运行记录等。其内容具体为:

(1)标题(what):做什么? 说明该程序是有关什么的程序,管理活动内容、工作要求及要点。

(2)目的(why):为什么? 说明该程序设计的理由、意义和重要性,以及要达到的目标。

(3)适用范围(where,when,who):该程序适用的部门、人员和时间等。

(4)定义、责任和权限(who,what):程序文件中有关术语和缩写的解释说明,相关部门和人员的职责和权限。

(5)程序(how):怎么做? 该程序提供的手段、途径、主要战术。

(6)相关文件:与本程序文件相关的其他文件,包括本程序文件的展开文件以及有关参考文件和外来文件等。

(7)运行记录:隶属于本程序的指定表格、报告单等。

(二)程序的作用

程序学说认为,管理性活动或操作性活动是一个完整的工作过程,是一个综合的、动态的过程。程序是一种系统解决问题的过程,也是有关思维和行动的特殊方式,一种管理或操作模式。程序化管理或操作是一种科学的管理意识,只有程序化实施,才能有标准化、科学化的管理,才能最大限度地减小在操作过程中人的不稳定性,以实现操作的安全。

程序为操作人员或按程序操作的人员提供了指导。成功的管理人员、操作人员必定有其成功的经验,如果将这些经验转化为程序,更多的人通过学习这些程序就可以掌握成功经验。实践证明,明显程序化的管理操作模式比经验性具有更大的优越性。制定程序,有助于管理活动的规范化;能够节约管理活动的成本和时间,提高管理活动的效率;有利于提高下属的积极性。在船舶营运中遵循这种管理模式,可以实现以下目标:按正确顺序做出正确的决定,正确通知相关方,正确地向有关方报告,找出可最先获得的资源。

(三)制定标准操作程序

管理程序是在管理过程中处理例行事务的规范或者计划。制定管理程序,应遵守尽量精简的原则和相对稳定性原则。制定程序,首先要认真分析管理工作的性质、环节以及各个环节的重要性,然后确定具体程序。一般按照下面四个步骤来进行:

(1)分析工作流程,特别注意重点和关键环节;

(2)确定每一个关键环节的管理范围,涉及的人、物以及奖惩责任;

(3)讨论修改完善具体内容;

(4)颁布程序。

(四)实施标准操作程序

体系内的人员需自觉执行体系文件,养成"按照程序办事"的良好习惯才能使体系所建立的安全质量方针和目标最终得到实现。使全体人员按照程序从事工作,是一项长期细致的工作。不可否认,这些众多的程序会使体系内人员受到一定的约束,也会使工作人员感觉烦琐和厌倦,但应该认识到,从更高原则来讲,正是有了这些程序,船上各项工作才能处于有序和受控状态,从而大大降低了因无序和混乱而导致人失误最终造成事故的可能性;正是有了严格的操作程序,大大限制了工作人员随意性和冒进行为,同时在一定程度上弥补了年轻船员在经验上的欠缺。遵守规章和程序是完全必要和必需的,作为体系内船长和高级船员,应具有大局观,做遵章的模范,做好执行程序的模范。

诚然,并不是所有的管理人员和操作人员都能熟知程序的内容和步骤,尤其是对于新进人员。因而,要实现程序化的管理和操作,就必须让相关人员熟知相关的程序。使船员接受并习惯程序的途径主要有以下两种。

1.岗前熟悉和培训

所有船员在上船任职前都应接受岗位相关技能方面的熟知培训并获得充分的相关资料和信息。上船后,船员应及时熟悉工作环境、操作程序和设备分布,如果他们以前对这些内容不熟悉,这项工作就显得尤为重要。

船长应按照计划实施符合有关规定的培训。船员也应该利用一切可能的机会训练实际操作技能以便能对本职工作范围内的工作环境、操作程序和设备分布情况达到精通的程度。

2.船上操练和演习

船员职业是一项高风险的职业,船舶营运的环境情况复杂多变,气象条件、水文条件以及港口码头条件时常变得非常恶劣;船上机器设备密集,货物的物理和化学性质不一,因此海事相关组织和部门制定了一系列的公约、规则,航运公司也根据 ISM 规则的要求和自身的实际情况制定了一系列的规章制度、程序文件、操作规程和须知。

船上的操练与演习对于船员熟悉并掌握船上的程序是非常重要的,尤其在应急程序方面。船长应该按照船舶年度演习计划完成符合相关规定的演习。在编制年度演习计划时,应该合理安排不同种类的演习,以便在一年时间内能够覆盖船上所有可能出现的紧急情况。船长应该在船舶安全会议上对船员在演习中的表现进行充分讲评,并将演习记入航海日志。

(五)监督标准操作程序

程序是控制手段之一,也是控制的依据。在目前情况下,程序或者制度的实施有很大的偏差,是控制功能示弱的地方。为强化控制,必要的绩效评价和纠正偏差是防止程序失效的有效手段。虽然,ISM规则强调了公司内部安全检查和外部审查的活动,但是符合性评价使得目前程序与控制的不断完善受到影响。在此,不断呼吁,利用绩效评价来完善程序的设计,利用纠正偏差来推进程序的执行。在体系程序运行过程中,进行连续的监视和测量,当发现偏离规定的要求时,及时反馈,以便采取纠正措施,从而使得船舶营运工作和体系运行的各个过程符合规定的要求。

任何程序的设计都是一个循序渐进的过程。所以说程序的制定是不可能一步到位的,它有一个逐步修订并不断完善的过程。首先,在制定程序时要保证程序的严肃性、合理性、科学性、完善性,以严格的制度规范员工的行为,保证船舶营运向预定的方向发展。其次,要了解程序设计与实践之间的分歧与未来发展趋势,并借鉴成功事件的经验完善程序。再次,程序的完善包括一个持续的循环系统:计划—执行—核查—处理,简称为"PDCA"循环圈。它能保证公司的管理制度成为一个持续的流程,在这个流程中程序能得到不断的完善与提升。

第二节　人机系统与自动化意识

从宏观来看,要真正实现船员在船舶运输生产活动中的安全性,就必须确保船舶人机系统的可靠性,而人机系统的可靠性除了船舶设备的可靠性和人的可靠性问题以外,还有人与机器设备的合理匹配的问题,这就要求船员具有一定的自动化意识。

一、船舶安全运输中的人机系统

人机系统是指在生产过程中,能够完成某项预定任务的人和机器、设备、工具、环境相结合的整体。人机系统的安全,一般以下列要素作为研究的基础:人的要素主要考虑人的心理和生理特点,防止人不安全意识下产生的危险;机器的要素主要是考虑安全预防措施,防止人在能力不足时引起的事故;作业方面主要是考虑人的胜任能力,从作业方法、作业负荷、作业姿势、作业范围等方面减轻劳动强度、疲劳等对人的危害。

人机系统有五种基本类型,即人与工具的结合、人与工作机的结合、人与动力机的结合、人与控制机的结合、人与微机的结合五种基本类型。现代船舶运输中人与船舶组成的系统由上述组合的集成。

人机系统的类型多种多样,有些很简单,有些极其复杂。人机系统主要有以下两种分类方法。从系统的作用上,可分为闭环人机系统和开环人机系统。闭环人机系统也叫作反馈控制人机系统,这种系统的输出直接作用于系统的控制。开环人机系统的输出不对系统的控制发生作用,它所提供的反馈信息不能对下一步的操作发生作用。而从系统的自动化程度上,可分为人工操作人机系统、半自动化人机系统、自动化人机系统。

在人工操作人机系统中,人为系统提供系统所需的动力,并控制整个操作过程。在半自动化人机系统中,人作为生产过程的控制者,在操作过程中感知信息、处理信息,操纵具有动力的机械设备。在自动化人机系统中,人通过显示器对生产过程进行监督,生产过程中的信息接收和处理全部由机器完成。

二、船舶安全运输中的人机系统面临的发展变化

船舶与设备作为机器的具体应用,要求值班驾驶员单方面熟练使用船舶与设备这一认识也需要做一些变化。在船舶技术电子化、信息化、自动化的趋势下,值班驾驶员与船舶机器应该互相适应、人机之间应该合理分工。按照人机工程学的观点,人机系统可以分成手工系统、机械系统和自动系统三种类型。手工系统由手工工具和人构成,人是直接劳动者;机械系统由半自动化机器和人组成,人是机器的控制者;自动系统由全自动机器和人组成,机器常带有计算机或智能装置,可自动进行工作,人是系统的监视者。以船舶驾驶台上的操舵仪为例,手动舵或应急舵,应该属于第一代人机系统,操舵者是操舵装置的直接劳动者;自动舵的出现,使得舵系统进入第二代人机系统,操舵者是操舵装置的控制者,往往输入航向指令就可以控制船舶航向,由舵系统自行进行 PID 工作,实现航向自动控制;航迹舵的出现,使得舵系统进入第三代人机系统,操舵者是操舵装置的监视者,输入详细的航线计划指令就可以控制船舶位置控制,由舵系统自行进行船位跟踪,实现航线自动控制。显然,根据系统工作要求,人机系统可靠、有效地发挥作用需要人与机器的最佳配合。

从安全的角度出发,值班驾驶员的人机匹配主要解决的问题如下:

①信息由机器的显示器传递到人,如何选择适宜的信息通道,避免信息通道过载而失误,以及显示器的设计如何符合安全人机工程学的原则;

②信息从人的运动器官传递给机器,如何考虑人的能力极限和操作范围,控制器如何设计得高效、安全、可靠、灵敏;

③如何充分运用人和机器各自的优势;

④怎样使人机界面的通道数和传递频率不超过人的能力,以及机器如何适合大多数值班驾驶员的应用。

值班驾驶员作为劳动者的人机结合形式,值班驾驶员作为控制者的人机结合形式,值班驾驶员作为监视者的人机结合形式,它们都以安全、舒适、高效为目标。处在人机系统中,人也须具有并保持正确的自动化意识。人与机器之间的功能,有一部分是受系统功能性质制约的。如不能够要求人一次扛起几百千克重的东西,也不能够要求机器去做程序规定以外的事情,应该根据生产类型、成本、安全、可靠性等进行衡量和分配。在船舶人机系统中,对人与机器进行功能分配应各尽所长,互补所短,使整个系统的总体功能达到最佳效率。值班过程中系统功能分配错误就是给值班驾驶员或机器分配了不适当的任务,以致执行过程中发生了错误,导致事故的发生。如将值班驾驶员能够顺利执行的功能,分配给了船舶设备,或者将应该由机器执行的功能却分配给了人,从而造成整个系统功能分配的不适当,增加了系统发生事故的可能性。比如:在使用自动舵时,值班驾驶员应考虑到及时使舵工就位并改为手动操舵的必要性,以应付随时可能出现的潜在危险。转换手动操舵或自动操舵必须由值班驾驶员亲自或在其监督之下进行。还有,所有值班驾驶员需熟练地使用

雷达,并做到:

①遇到或预料能见度不良,以及在船舶密度大的水域航行时,应使用雷达,但应注意其局限性。在任何时候使用雷达都必须遵守《国际海上避碰规则》中有关使用雷达的规定。

②应确保所使用的雷达量程以足够频繁的时间间隔进行转换,以便能及早地发现回波。应注意微弱的和反射力差的回波可能会被漏掉。

③每当使用雷达时,应选择合适的量程,仔细观察显示器,有效地作雷达运动图,并应确保在充裕的时间里完成雷达标绘和系统分析。

④天气良好时,只要有可能,值班驾驶员应进行雷达方面的操练。这些行为输出就是适应新一代的人机系统下的人与机器匹配的要求。

从智能化船舶的总体构成以及根据对超自动化船上各种作业进行分析得出的结论,必须改革传统的船员分工体制,甲板部、轮机部应看作一体,船员必须是多面手,具有驾驶和轮机两个专业领域的知识。近年来,世界上一些大航运公司在购置了一定数量采用高度自动化技术的船舶后,为进一步缩减船员、降低营运成本和方便公司对船员的人事安排,做出了优先雇佣具有双职证书船员,并将逐步不雇佣单职证书船员的决定。

三、现时期值班驾驶员人机自动化意识

科学技术的进步使船舶机器设备取代值班驾驶员的体力劳动,这虽然节省了人的体力,使得体力消耗降低了,但是值班驾驶员的精神负担加重了。船舶驾驶台机器设备由单机作业逐渐向多功能联动机组发展,机器结构也越来越复杂,使得作业者了解其运行状况和掌握操作技术的难度增加了,而且人对机器运行状态的了解常常使用编码方式。因此,需要掌握编码的译码能力,而且要便于值班驾驶员可靠地监控驾驶台助航系统。

船舶机械化和自动化的发展,使得管理对象、监控对象及其参数的数量增加了,致使值班驾驶员对系统状态的分析复杂化。而人有功能限度问题,人机匹配需要注意到信息的过载和冗余问题。

船舶现代运输作业过程使得值班驾驶员直接参与和观察作业对象、控制作业过程的机会减少了,取而代之的是值班驾驶员与被控制设备独享之间键入的信息传递装置。信息通常是以编码方式提供,比如旋回角速度 ROT,要求值班驾驶员译码,同时也以编码方式对船舶状态进行控制,改变了值班驾驶员的活动方式。这就需要值班驾驶员研究译码和作业程序的训练问题。

驾驶台信息传递在时间与空间上逐渐密集化,不仅值班驾驶员的信息接收能力、存储能力和处理能力产生很大差别,还使值班驾驶员对自动化技术装备的依赖性增加。

船舶现代技术装备的使用,对值班驾驶员的工作速度和准确性的要求越来越高,不仅受到机器的制约,而且往往超出值班驾驶员的感官能力。所以,需要注意值班驾驶员的感知特征和限度,采取必要的措施。

高度自动化使得值班驾驶员的作业负荷降低,人在低负荷条件下,缺少足够的信息刺激,会使人产生烦躁感,警觉性降低,注意力分散,一旦出现异常情况,又感到惊慌失措。值班驾驶员需要采取一定措施以保持警觉性。

船舶技术的现代化主要呈现两个方面的变化:

（一）技术条件的变化

船舶与设备目前在船舶运输的实践过程中，第一代、第二代和第三代人机系统并存于船舶上，驾驶员在值班过程中需要保持与相应人机系统的人机功能匹配，并意识到：

①驾驶员需要具有很强的信息处理能力，应理解装置、设备的功能和操作，并熟练使用；

②驾驶员需要转变传统操作船舶的经验式为数据式，尽可能提高船舶控制的精度；

③强调过于依赖船舶工作站/装置、设备的信息的弊端；

④正确认识船舶工作站/装置、设备使用中的局限性与误差；

⑤在任何情况下应保持适当的相互交流。

（二）信息条件下的变化

目前船舶数据化前提下，信息化、集成化甚至自动化成为可能，值班驾驶员作为监视者的地位越来越凸显，对信息的使用能力比以前提升了，在此基础上，驾驶员在值班过程中需要保持与相应人机系统的信息功能匹配，并意识到：

①驾驶员需要具有很强的信息处理能力，应理解信息及如何回应来自每一工作站/装置、设备的信息，以及适当地共享来自工作站/装置/设备的信息；

②信息作为驾驶台资源的一种，充分利用的话，信息本身可以发展成为预警信号；

③由于驾驶台设备的多元性，值班驾驶员对于同一问题的处置结论会出现信息冗余，甚至信息过载，导致信息持有者会选择性屏蔽或者衰减一些信息。

第三节　工作任务分析与风险评估

从安全管理的角度，工作任务分析表现为工作危害性分析（JHA），任务安全分析，尤其是"偶发事件计划"的制定。这些方法是针对工作或任务风险的两个侧面，工作危害性分析注重危险源的防范与应对，任务安全分析注重安全保障的实现与控制。

这里以工作危害性分析为例，说明任务安全分析的实施，着重说明危险源的识别与预控。

一、工作危害性分析的基本内容

首先应确定所需分析的项目和范围，并充分考虑与这些项目相关的限定条件，然后按照采用危险识别、潜在风险讨论、风险预防措施等内容与过程进行。

（一）任务实施的危险源识别

危险源识别是工作危害性分析的初始步骤，也是主要步骤。它的目的是对所界定的工作项目或任务实施的全过程中可能出现或存在的所有危险源加以识别。

为了全面系统性地做好危险源识别工作，应根据需要和任务特征确定识别工作团队的成员，组织有关人员共同参与危险源的识别工作。该团队的成员应有从事过该工作的人员,以便能全面分析和找出危险,进而确定其原因、产生的后果与影响。识别的重点内容是五个"不安全",即不安全的作业内容,不安全的设备、器具,不安全的作业方法,不安全的作业人员,不安全的作业环境。例如:作业内容本身的风险性,设备技术状况不佳存在隐患,不安全的操作方法,作业人员的不安全行为表现,作业中指挥、操作、监护不当或者失误,超出设备安全负荷或适用范围,恶劣气象、海况下船舶状态或条件等。这些是事故形成的直接原因,属于危险源。当然对于具有能量意外释放的物体也属于危险源,值得注意。

危险源识别可在某一事故致因理论的指导下,通过头脑风暴法、德尔菲法或者名义小组法等适用的危险源分析方法,将工作涉及的系统过程或步骤进行模块化、项目化的划分,然后对每一模块或项目进行分析研究。通过观察、调查、座谈、记录等方面分析确定某一个人-机-环境系统中各自特性,特别注意人可靠性方面的问题,也不能仅着眼于对出现过的危险源识别,还应充分考虑到将工作过程中可能发生或存在的预期性危险。

危险源识别可结合标准分析技术或者工具进行,所采用的标准分析工具包括安全检查表(CHECK LIST)、故障假设/检查表(WHAT IF)、预先危险性分析(PHA)、故障模式和后果影响分析(FMEA)、危险与可操作性研究(HAZOP)、人因分析法(HEAP)等。这些方法简单直观,容易掌握,主观性强。

（二）工作的风险分析

风险分析是对工作过程中危险源的发生可能性与后果程度或影响范围进行分析,从而确定风险程度。通过相应的标准分析技术对已发生过的危险和可能发生或潜在危险结果的预期性讨论,分析与确定每种危险源的可能形成因素原因的可能性（按照频繁、一般、偶尔和极少来确定发生伤害事件的概率）和后果（按照严重、一般、轻微和可忽略来确估计产生伤害的程度或范围）,有时也要考虑暴露在危险环境中的时间长短,然后进行综合,将这些危险根据危害性的大小加以排序,以便找出高风险区和关键性的风险因素,对工作的标准或规定加以完善或者提示,达到减少风险的存在和发生的目的。

标准分析技术可以采用半定量或者定量的分析方法。常常采用的方法是作业条件危险性评价法(LEC、MLS)、故障模式和后果影响分析(FMEA),危险度评价指数法、道化学火灾爆炸危险指数法、ICI 蒙德法等。还有一些专业分析方法,比如因果推理法（事件树、事故树等）、DNV 风险评价法(SAFETI 软件)、概率安全评价法(PSA)等。这些方法对使用者有一定的要求,但是可以数值定量,结论比较客观。

在风险分析的过程中,应先明确所评估风险的类型及其相应的风险程度,对各种类型风险的分布和影响风险的各种因素加以确定;在识别和评估高风险区和影响风险主要因素的同时,应认真分析高风险区和影响风险的主要因素的持续时间和管理措施的有效性。

（三）工作的风险处置措施

风险处置措施是在危险识别和风险评估的基础上,针对性地提出相应控制风险的措施。在制定风险预防措施时,先要明确需要控制风险的区域,并根据这些风险区域的实际情况制定出可行的风险处置措施;然后将这些风险措施加以细化并形成可操作的风险控制措施;同时,应认真识别所采用风险控制措施可能产生的新的风险及其对策,以消除风险或将其减至最小。主要方法有控制风险、回避风险、转移风险和自留风险四种。如台风风险处置措施中,避台是回避风险,防台是控制风险,抗台是自留风险,离船是转移风险。

1. 控制风险

控制风险是船舶风险处置的主要方式,有时也称为降低风险,是指船舶采取措施,以减小损失发生的可能性及损失程度。一般将常用的控制策略分成两大类,即风险预防策略(降频率)和损失控制策略(减后果)。风险预防一般利用工程技术方法、教育法和程序管理法来预防事故和损失的发生,从而降低风险损失发生的可能性。损失控制一般是减轻风险损失的可能性或减少后果的不利影响。具体的措施包括:排除隐患,例如排除不安全作业的设备、人员、环境,以及改进安全的方法和器具等;改进操作,例如制定操作方案或须知,明确参与人员事前应接受的培训、工作许可制度等;隔离危险,例如划定限制区域、切断电、水、油、气来源,安排监护,制定应急预案等;提高能力,例如选择合格作业人员,事先模拟训练熟悉操作程序或方案,事先提供信息和资料,提供保护装备等。例如,船舶在接收到肯定将影响其航行水域安全的安全通告时,如当时环境与条件许可,可采用择地抛锚、改变航向或降低航速,并积极采取保护措施来预防和减少航路对其产生的风险与影响。需指出的是,以上这些预防风险的方法虽能预防相应的风险,但是它们不能从根本上回避风险和完全消除风险可能带来的损失。

2. 回避风险

回避风险也称为规避风险,是指船舶主动放弃或拒绝采取某项易引起高风险损失的方案与措施来避免与该方案相联系的风险,以免除事故与损失的发生。该方法是一种彻底的风险控制方法,在风险发生之前,以风险较低的解决方案削减并替代高风险的活动,达到完全消除某一特定风险所造成的可能较大损失。例如,船舶在接收到将影响其即将航行水域安全的台风警报时,当时环境与条件确有必要,可直接采用改变航线的方法来绕开台风影响的区域,即回避台风(避台)。应指出的是,以上这些回避风险的方法虽能消除相应的风险,但它们明显具有很大的局限性,因为并不是所有的风险都可以回避或应该进行回避的。

3. 转移风险

转移风险也称为转嫁风险,是指通过某种安排,把自己面临的风险全部或部分转移给另一方。当投入的资源有限,不能实行减轻和预防策略,或风险发生频率不高但潜在的损失或损害很大时才采用该方法。转移风险实际上是风险分担的一种形式,不是单方面的风险消除,而是改变风险的影响系统从而再次分配风险程度。船舶在航行中如因不可抗力或遭受意外情况而不得不抛弃部分货物或需对货物采取极端措施而保全船舶的安全就是这类情况。例如,船舶航行途中某货舱内货物发生爆炸或火灾,船长明知用水灌舱会导致舱内货物受损,但是为保全船舶的安全不得不采取此法来加以应对风险。同样需要指出的是,转移风险的方法必须在必要、可行和有效的前提下进行,而采用这种方法时,船舶客观上是很难做到将全部风险转移到另一方的。

4. 自留风险

自留风险也称为接受风险,是承认风险存在的事实并接受与其相关的风险,指船舶在特定的情况下自己主动地承担一定的风险。在实际工作中,意味着船舶将以特定的方式或采取相应的措施来接受和应对一定的风险。船舶可能会面临无法加以回避的风险或没有足够时间对特定风险采取全面的预防措施的情况,往往用自留风险处置策略。例如,船舶狭水道航行时突然遭遇渔船或小型船舶在航道横穿本船船首而导致双方船舶即将发生碰撞的情况,此时若单凭减速措施根本无法避免碰撞,而采用转向避让又可能产生本船驶离航道而搁浅的风险。考虑到一旦碰撞将发生他船船毁人亡的严重后果,而因航道地质又为软泥,即使较大幅度转向发生搁浅也不会造成很大损失的情况,此时船舶及时采用减速并大幅度转向,被视为是自留风险策略。需指出的是,自留风险就会有一定风险的存在,而这些风险的程度一般应在人们所能接受风险的范围之内。

(四)工作的风险处置措施评估

实施任何控制措施前,应先核实控制措施是否足够和有效。一般可以借助事故险情案例库,通过统计分析这些事故、险情来衡量风险控制措施的有效性。也可以借助回答以下问题来核实控制措施的有效性和充分程度:

①控制措施是否有效? 采取措施后风险是否低于"可容忍"程度?

②控制措施是否可行? 受控制措施影响者是否接受风险控制措施?

③控制措施是否会产生新的危险? 多数情况下这些危险是否能被认定和标识出来? 核实结束后,需要再次评估风险等级。

如此循环,直至确认所有控制措施后的风险等级均处于规定的风险等级水平以下为止,或者否决该项操作。

二、工作危害性分析的实施形式

(一)书面工作危害性分析

在船舶管理工作中,通常应为一些敏感工作做出书面工作危害性分析,具体包括:具有能导致严重后果的潜在危险的工作;以前发生过事故和差点发生事故的工作;可能存在风险的单项工作;连续发生事故的工作;新的工作。

在实施书面工作危害性分析时,必要的准备工作是必需的,包括:查阅生产商的使用说明书和作业指导图书资料,获取信息资源;参考先前的工作中的风险分析;与其他有经验的成员讨论工作步骤;指定执行任务的人和安全检查员。操作性的安全检查表可以作为任务分析或工作危险分析的一部分,以促进安全。制定工作中发生问题项目的检查表,对风险加以鉴别并给出消除每个可能风险的建议,这一做法被认为是有效的。检查表是建立操作、应急和应变程序的有用工具。检查表仅是包含在所建立的程序中的需做的事情清单,用于查证(交叉检查)。它帮助使用者记住正常或应急情况下该做的事情。

(二)口头工作风险分析

口头工作风险分析的益处在于能使工人注重其工作。讨论应以这种方式进行,即船员承诺安全地工作。

工作前安全会是口头工作风险分析的最好形式,也是团队内部交流的一个重要方式。经验证明,为了安全目的针对每天所从事的具体作业去复习必要的安全知识,促使作业人员自觉地按照已制定的安全规则进行作业,召开现场班前安全会议是十分有效的。国际上也称这种会议为工具箱会议。

会议在形式上要求做每项工作前安排时间做简要的安排说明。在工前会上,应使得所

有人员参与讨论,使得会议生动活泼,以营造有效的工作氛围。具体内容可以是:

①周围曾发生过的事故及其预防对策;

②作业的危险性及排除方法;

③改变作业流程及方法,可能造成的危险及对策;

④现场检查和清理的记录;

⑤上级的安全指示的传达与讨论;

⑥公司安全方针与安全管理的规定及说明;

⑦以往对改进作业的建议与方案的讨论;

⑧有关安全的文件体系与讨论;

⑨具体的图表数据,模型与实物等。

三、船舶操作中工作安全分析

安全检查表是一种初步定性手段,是任务安全分析的常见形式,也是危险性预先分析、事件树分析、事故树分析等系统安全分析的基础。安全检查表的制定是为实现安全操作而必须实施的检查程序,在表中列出安全控制的关键环节。

安全检查表内容的编制应做到目的和范围明确,系统完整,内容全面,简单明了,重点突出。由熟悉检查对象的工程人员、操作人员、安全及管理人员以系统工程的观点,编写制定检查项目,并以问答方式列出核对表,最终作为对系统安全检查和评估风险、预测事故的依据。

一般,可先按树形方式写出全部内容,再按层次列入检查表。公司和船舶的各检查表,应构成树状或网状的体系,系统化的检查表体系和内容体系,可避免遗漏、重复或矛盾,从而有效地保障船舶安全。用于船舶的安全检查表种类包括:

①公司对船舶的全面性安全检查表,侧重检查宏观安全管理和关键点技术状况,周期以 6 个月为宜。

②船上部门安全检查表,是驾驶部门或轮机部门针对本部门的设备或人员制定的安全检查表。

③开航安全检查表,由船长总负责,在每个航次开航前对船舶适航性进行检查。

④关键性操作安全检查表,主要针对一旦发生误操作就会立即产生事故或可能引发事故的操作进行控制,检查作业前的设备和人员准备、作业中的操作和作业后的善后。

⑤管理性检查表,用于船舶日常安全管理。船舶安全检查表的分类和检查周期由公司根据具体情况确定。对公司岸上涉及船舶安全的工作,应当设置和使用安全检查表。

对于检查程序,如果船员依赖于自己的记忆,那么应尽可能使用核查表以免遗漏。一般应考虑:

第一,岸基管理部门以依次编号的通函的形式,向船长和部门长发布相关部门适用的船舶操作各方面的指南和信息,包括:规则的变化;港口信息;货物信息,尤其是散货贸易;其他船舶的事件的报告,包括为避免重蹈覆辙可能采取的步骤;船员健康事务的信息;雇佣或船员薪金支付程序变化的信息;按公司规定处理违反任何海关规定的船员。

当船长和部门负责人在准备或修改其核查表和运行船上的程序时,岸基管理部门提供的通函对于他们来说是有用的基础材料。

第二,船长与轮机长达成的检查(这些检查应在离港前进行),包括:试验驾驶台和机舱的车钟;试验舵机;试验汽笛、驾驶台设备和雷达;试验航行灯;试验驾驶台与机舱的通信。

第三,直接或通过代理必须送到岸基管理部门的日常信息,包括:离港时间和船上的燃油数量;下一港的预计抵达时间;任何航行故障的细节,给定滞留的时间和预计抵达时间的任何变更。

第四,在港口之间开展的活动任务有各自的核对表,这些包括:航向计划;维修保养;培训;参加安全演习;参加安全会议;准备货物存放空间;参加操作会议;准备上报高层办公室的报告;汇编修理清单,尤其是即将进行坞修;通信的记录;核对备件和物料清单,如需要,在适当的时间重新订购;如要求,准备预算。

第五,在抵港前和在港开航前,各个部门应具备相关必要任务的表格,包括:将预计抵达时间的信息传给代理和岸基部门;参加进船坞和靠泊;监督货物的装卸;开展必要的维修保养和检验;参加船员事务;准备下次运输;参加协调;参加加油及将物料和备件搬上船;参加安全工作;核对所有开销;向船长报告任何异常情况:由于机械故障对开航延误的可能性,重要备件未送来,船员生病;准备船舶检验。

第四节　航次计划的规范要求与实践

一、计划与船舶计划

(一)计划的定义

计划是事先制定的为进行某事或制作某物的一些详细的方法。合理的计划可以确保组织按照行为的需要分配资源,组织成员按照规定的程序开展自己的工作,监测工作进程是否达到组织目标,以便在未能达到上述要求时及时采取改进措施。

从时间角度而言,计划可分为短期计划和长期计划。对未来事件预测的时间越长,预测出错误的可能性也就越大。因此,长期计划很少像战术计划那样被用于确定如何分配组织资源来帮助组织实现战略目标,而是通常被作为战略计划来确定整个组织的主要远景目标以及促进这些远景目标实现所需要的方针。另外一种常见的方式是将计划分为单项计划和标准计划两种。前者被用于规范通常不会以相同方式重复出现的行为,例如工程、项目和财务预算;而后者则被用于组织行为反复出现的情况,因为它能用一个或一系列单项决策指导所有重复的行为。标准计划的常见形式是方针、程序和规章制度。

(二)计划的制定

计划工作的基本过程可分为四个阶段:确立远景目标、分析当前形势、分析影响远景目标实现的有利和不利因素以及制订实现远景目标的方案。

1.确立远景目标

远景目标为组织的行为规定了基本方向。它们由组织的目的、任务、目标和战略四部分组成。

2.可用资源分析

这部分内容包括确定个体与远景目标间的差距、为实现远景目标应准备的资源以及妨碍目标实现的自身局限性。管理者需要搜集各种数据来分析当前形势。这需要保持所有沟通渠道畅通。如果必要,他们还应该建立正式的信息系统来搜集相关数据。

3.确定远景目标实现的因素

管理者一旦确定了自己的远景目标,就必须确定环境中哪些因素有助于组织实现其远景目标,哪些因素起妨碍作用。它还包括对未来可能出现的因素及当前因素在未来可能发生的变化的预测。通常,组织的人力资源、财政和设备是管理人员主要辅助手段。妨碍实现远景目标的障碍存在于组织内部。但多数情况下这种障碍存在于组织之外。

4.制订实现目标的计划

计划工作的最后一步是制订若干种实现既定远景目标的方案供选择,通过对这些方案的评估和筛选,最后从中确定一个能实现目标的最佳方案。如果原有计划已经引领组织去实现其既定远景目标,则管理者通常应仔细观察该计划的进展情况,随时准备在出现特殊情况时采取应变措施。但绝大部分情况下,他们将重新进行,因为当前的环境和条件已经不能适应远景目标的变化情况。

(三)计划的编制程序

虽然计划的种类很多,但计划的编制具有一定的普遍性和程序性。计划的编制过程一般需经过以下几个步骤。

1.分析环境

驾驶台团队在正式编制计划之前,需要对船舶的内外环境进行认真的调查分析。对船舶的外部环境进行分析,即对自然、交通、水文、气象、社会、港口与通航管理、引航员等外部因素的分析,识别哪些因素对船舶的影响是有利的,哪些因素对船舶的影响是不利的,识别机会和威胁各有哪些。对船舶的内部环境的分析,即对船舶结构、设备、信息、船员、岸基支持、安全文化等内部因素的分析,清楚船舶的优势是什么,薄弱的环节在哪儿,即识别船舶的优势和劣势分别是什么。通过以上的分析,可以做到"知己知彼",从而更好地利用的优势来把握住可能存在的机会。分析环境是计划工作的真正起点。

2.确定目标

在分析的基础上,就可以选择并确定自己的可行目标。计划工作的目标指明了所要做的工作有哪些,重点在哪里。目标的选择是计划工作中极为重要的环节,因为所选择的目标必须与航次目标相一致,有多个目标可供选择时,应分清主次,以保证将有限的资源用于关键目标的实践上;另外,目标应尽可能量化,以保证目标有效、高效地实现。

3.确定计划的前提

确定计划的前提,也就是要确定整个计划活动所处的未来环境,这种未来环境必然充满了许多的不确定性。不可能百分之百地预见未来,只能通过对现有资料的分析预测计划将要涉及的未来环境。未来环境包含的内容很多,不能也不可能对它的每个方、每个环节都做出预测,只需对其中有重大影响的主要因素做出预测就可以了。例如,做航次计划时,应对交通、水文、气象、社会、港口与通航管理、船舶结构、设备、信息、船员等尽可能做出预测。就船舶而言,保证船舶安全和高效营运的任务是按照计划航线操纵船舶。航线上的每一航段都有各自应达到的目标,包括既定的航速、最大许可偏航距离和预计到达转向点的时间等,为保证团队实现上述目标,还应该制订下列相应的战略:开航前应该搜集哪些信息;应使用哪种定位方式;怎样改善船舶的操纵性能等。

4.确定备选方案

一个计划可能有几个可供选择的方案。在这个环节中,具体要完成两件任务:第一,通过集思广益来发掘多种有质量的备选方案;第二,通过筛选,对最有希望的方案进行仔细的分析。

5.比较备选方案

确定了备选方案后,就要根据计划的目标和前提条件,对各种备选进行比较分析。比较的关键在于比较标准的选择以及各标准权重的确定。在实际的工作中,一般是各种标准共同使用,这样才能进行有目的的比较。

6.选择方案

选择方案是计划的关键。为了保持计划的灵活性,选择的结果可能是两个或两个以上的方案。应明确首先采取哪个方案,另将其余的方案也进行细化和完善,作为后备方案。

7.制订子计划

完成选择之后,就必须帮助涉及计划内容的各个下属部门制订支持总计划的子计划,完成子计划是实施总计划的基础。

8.编制预算

预算实际上是对资源的分配,它既是汇总各种计划的工具,又是衡量、控制计划进度的重要标准。

(四)船舶计划

船舶计划包括航次计划、船舶应急计划、维护保养计划和船上船员培训计划等。船舶航次计划,也称航行计划,是指船舶在航行前,根据起始港到目的港的路程、所经海域、航道、沿途天气状况、航路指南和航行警告等信息制订最适航路。

船舶应急计划是为了保证航行安全,船舶进入或临近进入某种事故或紧急状态时所采取的应对措施和行动。

船舶维护保养计划是指为了船舶正常航行和装卸货,对船舶设备进行定期的维护保养行为。

船员培训计划是对在船实习生和新到船的交接班船员进行船舶设备使用的说明和航海经验的讲解。

二、航次计划

(一)航次计划的概念

航次计划通常是指船舶接受新的航次任务后,拟定从一个港口泊位航行到另外一个港口泊位的过程中有关航行安全保证的具体措施与对策。

航次计划内容覆盖面广,要求结合航行实际,充分考虑航行中的各种因素,综合利用船舶驾驶学科及航海的专业知识。船舶航次计划制订得好坏直接关系到船舶和海上人命安全以及海洋环境的保护。

(二)航次计划内容

对于不同的船舶,不同的海上环境,航次计划的内容也会各有不同,但就总体而言,船舶航次计划的主要内容应是一致的。其内容主要包括:航行前航海图书资料的准备和改正;各种助航仪器的检修与启动;人员配备和载货(卸货)计划的完成;淡水、燃油及日用品的储备;航线的确定;开航时间、航行时间及过重要水域船时的计算;航行中重要水域或狭水道的航法研究;跨洋航行时大圆航线的起始点和到达点的选定;航线在某海区可能遭遇到的海况和恶劣天气及其应变措施;到达港的概况、通信、引航以及航道特征等;防污染方面的信息和相关规定,如换压载水、垃圾处理以及污水、废气的排放等限制和要求。

(三)航次计划的目的

做航次计划的目的主要是为船舶航行做准备,以便能用保障船舶安全和保护环境的方式,执行从泊位到泊位的计划航线,同时确保一直对船舶的积极控制。

所有这些都说明了航次计划的目的,即为了海上人命安全、航行的安全性和实用性以及海上环境的保护;为了航行和航路计划的拟定,以及在实施该计划过程中对船舶航行及其船位的严格和连续的监控;为了充分考虑到拟定计划和实施计划的所有因素,因为所有船舶都可能存在有影响安全航行的诸多因素,大型船舶或者装运危险货物的船舶可能有更多的不利于航行的因素。

(四)航次计划的制订

在尽最大可能进行前述评估的基础上,应尽可能详尽地做出航次计划。计划应包括所有的偶发事件和应急事件的策略。

航次计划通常是指从引航站到引航站,尽管引航员在船且有责任和义务,但不能解除值班驾驶员对船舶安全的责任和义务。显然,即使在某一航段由引航员引航,也需要将航次计划落实到泊位至泊位。

三、执行航次计划

制订、讨论和批准计划后,应确定计划的执行,也就是确定计划执行的方法,包括充分利用可以利用的资源。

(一)策略

用于完成计划的策略包括:

①预计潮水时间。确定预计抵达重要航行点的时间,以期利用有利的潮流。

②预计白天抵达的时间。确定预计抵达重要航行点的时间最好是白天,以期能更好地利用白天航行的优点。

③重要区域的交通状况。

④预计抵达目的地的时间。特别是在过早抵达时并不见得就有利。

⑤潮流。当航经相关海域的时间已知时,可将从海图或潮流图集中获取的潮流信息在

航线设计中加以考虑。理想情况下,在航经之前应计算操舵航向,事实上,严格按照计划航行能消除潮流的影响。

⑥计划修正。在航行设备不可靠或不精确、时间变动(如推迟离港)的情况下,只有在执行的过程中不断修正,才能使计划得以安全执行。

（二）辅助人员

为使航次计划安全执行,有必要利用额外的甲板或轮机人员控制危险。这包括必要的职位意识:

①在通常情况下,如近岸航行、航经受限水域、驶近引航站等,呼叫船长上驾驶台;
②将机舱从无人值班转换为有人值守;
③呼叫额外的适任人员上驾驶台;
④除值班人员外,应保证人员随时可从事驾驶台工作,如操舵、瞭望等;
⑤除值班人员外,应保证人员随时可适应甲板工作,如准备引航梯、收锚和备锚、准备靠泊设备、系解拖轮等。

（三）开航前会议

召集有关人员开航前会是大有裨益的,虽然航前会可能占用相当一段时间。即将开航时,必须向相关人员做简单通报,以便编制工作时间表和提出进一步的要求。特别是在不同于常规航行的变化,如双值守、锚泊班等应由船长或驾驶员指定相关的人员。

这种航前会需要经常更新,在不同的航段,需要重新通报航行进程。这种通报应使每个人清楚自己在整个航行中的作用,并做出满意的贡献。

（四）航行准备

管理的基本要点之一就是确保工作场所经过清理,并可用于完成工作任务。使驾驶台适合于航行,这通常是初级驾驶员的职责。如果有检查表的话,应该在航行前认真去做并实地检查,以便有效地完成这些日常工作,为安全航行做好各项准备。

（五）组织

航次计划的整个执行组织包括:
①开航前:航次计划制订与上报批准;驾驶台/机舱团队获得良好的休息;按照公司检查表及时测试驾驶台设备;做好驾驶台开航准备工作;召开航前会议。
②航行中:严格执行航次计划的各项具体要求,并在实施过程中保持连续的监控,然后做好相应的记录。
③航行结束:应进行总结。船长应利用任何可能的机会同团队成员讨论计划及其执行情况,应坦然地接受可能有的缺点,以便在将来的航次计划中予以纠正和考虑。

四、监控计划

监控航次计划的实施是为了保证船舶按照预定的航次计划航行,而且,这也是处在驾驶台团队中的值班驾驶员的首要职责。

（一）主要功能

监控的功能包括以下方面：按照要求随时确定船位；瞭望与避碰；遵守航行规则；进行时间管理；气象观测；航行及非航行中的应急处理。

（二）监控方式

监控方式主要是视觉、听觉以及适合当时情况和条件的一切可用的手段。在视觉层面，需要考虑利用方位、距离、视觉观察、导标线、清晰的标志及方位、灯光弧度等；在电子仪器上，主要是雷达和 ARPA、全球定位仪和差分全球定位仪、回声测深仪、速度和距离计程仪、自动识别系统、综合导航系统和电子海图等。

（三）监控记录

在执行航次计划的整个过程中，应保持严格和连续的监控，对该计划的任何改变应予以清晰的标记和记录。另外，对于航行中其他应记录内容也应有相关的记录并保存好。

第五节　引航员在船

船长相对于引航员的优势在于对本船操纵性能了如指掌；熟悉全船人员、设备及其薄弱环节和局限性；对本船在各种紧急情况下的应急有全面的、适合本船的应急预案，时刻保持充分的安全度；有丰富的航海实践经验，能够在任何复杂的险情面前从容应对，转危为安。

引航员相对于船长的优势之在于具有熟练地驾驶和操纵船舶的能力；熟悉和了解航道和港口情况；能为船舶进出港和靠离泊提供引航技术协助和咨询。这是因为他们能及时了解港口建设、航道和相关工程进度等细节情况；熟悉本港气象、水文，尤其对航道的变迁、水深的变化规律；掌握本港船舶动态、船舶流向的规律以及地方习惯的航法；具有语言交流的优势；熟悉与港口相关职能部门的联系方法；熟练掌握本港拖轮的分布、拥有量、性能以及指挥拖轮的艺术；对所靠离码头的走向、系缆设施、码头边的水流、水深、码头工人的带缆技术与风格等都非常熟悉。

船舶引航作业是船舶团队工作的重要组成部分，所以对驾引人员关系以及引航安全进行分析，对于船舶营运作业安全有着极其重要的意义。

一、船长与引航员的法律关系及其权利和义务

（一）船长与引航员之间关系的复杂性

1. 强制引航是国家主权的体现

强制引航的实质是阻止挂靠的外国船舶获取航海信息、情报的战略要求，强制引航区域的指定是专定的。在强制引航情况下，引航员具有双重身份：一是港口当局授权或认可的执行引航任务的人员，具有维护国家利益，保证港口安全的责任；二是船东雇来协助船长

操纵船舶的雇员,具有协助船长安全操纵船舶的负责。据此,引航员在引航中的权利和义务是维护国家利益,安全、迅速地引领船舶。船长不应对引航员提出超越船舶安全需要的其他要求。而这正是船长与引航员之间法律关系的复杂性的重要表现形式。

2. 不论是否强制引航,引航员和船长都必须严格遵守港口国的引航规定

船长是船东的代表,任何时候船舶的最高指挥权都在船长手中,包括管理船舶、驾驶船舶、操纵船舶和保证船舶安全等。船长与引航员是雇用与被雇用的关系,尽管多数港口是强制性引航,但这只是一种强制性的服务而已。

3. "引领船舶"不能被混淆为"指挥船舶"

引航员操纵船舶是事实行为问题而非法律问题。引航员操纵船舶并不意味着接替船长,船长始终具有操纵船舶、指挥船舶的权利,他是船上的最终权力者。引航员的引航是船长对权力的委托,权力的委托并不等于权力的放弃,而只是一种可运行的权力。若是一位不称职、不负责任的引航员被指派上船,船长有中止、解除其引领工作并要求更换引航员的权力。在实际工作中,情况就复杂在船长如何根据自己的专业判断,把握或纠正引航员口令,中止或解除引航员的引领工作并要求更换引航员的尺度和时空的界限。

4. 引航员、船长与值班驾驶员都有责任确保船舶的安全航行和安全靠离泊

当引航员的采用的措施不当时,船长、值班驾驶员都有责任加以纠正。如相互间有不同意见时,必须服从船长命令。

(二)引航工作中的注意事项与具体建议

引航员登船之始,船长与引航员应互相给对方建立一个良好的第一印象——使对方看到你饱满的精神面貌,让对方从心底里自然产生信任感,从而能互相信任,互相振作,互相激励。引航员登船之时,船长首先应为他(们)创造一个良好的工作环境:

①全船秩序井然,管理有序;

②驾驶台无闲杂人员,氛围良好、宽松,环境适宜(清洁,整齐,导航设施工作在最佳状态等);

③提供正确的船位、航向、船速等信息,告知值班人员的配备情况和导航设施、车、舵、锚、侧推器等的工作状态情况;

④船长工作情绪稳定,镇定自若,有个人人格魅力,善于互相调适心理状态,给对方以良好、宽松的心理暗示;

⑤与引航员一道形成船舶港内航行和靠离泊安全的合作团队。

引航员的指令的理解与执行。引航员的口令(或指令)是不是命令? 明确的回答为"不是引航员在船引航",英文航海日志可以记载为 P. A. M. O,即 Pilot Advice,Master's Order. 值得注意的是,这里有一个默认程序。通常引航员开始引航后,船长和引航员在驾驶台所处的站位一般在驾驶台两翼,船长的位置处于里档,更靠近驾驶员和舵工;在驾驶室内,选择较为适合瞭望、交流、指挥的位置。引航员下达口令后,船长如没有表示任何疑问,即表示对引航员的建议的认可,引航员的建议就通过这样一个默认程序自动转换成了船长的命令。通常,引航员下达口令,驾驶员(或舵工)立即复诵口令(车钟令或舵令),接着执行,继而报告执行结果。正是由于以上一系列动作是一气呵成的。通常情况下,船长是不会改变引航员的口令的,长此以往,造成了人们都认为是在执行引航员的命令的误解。

为了确保船舶的安全,船长通常在现场会采取以下的方法进行处置:

1. 默契控制

由于引航员对本船的操纵性能缺乏透彻的了解,往往在具体操作过程中表现为动作到位率、连贯性的不协调,以及口令的急促或迟疑。在一般水域(危险系数不高)对船舶安全的影响不大,而在某些特殊航段或特殊时间段内对船舶安全的影响就可能上升。

2. 慧眼识错

船长光有高度的责任心而缺乏技术水平和临场经验是不够的。他们应善于及时识别引航员指令中存在的问题;在通过事先的思考与研究、他们因把握好那些航段、那些时段、什么情况下(潮水、潮流、风浪、涌浪、VIS、暗礁、浅水区等)船舶将面临较高的风险及其对策,知晓何种原因会导致或诱发引航员引领与指挥出错。船长应始终把握住本船的安全底线,对意料之中的事需早有应急预案,以便可以从容应对;对于意料之外的事,则也应根据实际情况的需要,果断采取相应的措施;如事故已无法避免,则应尽量减小损失,保护人员和环境。

二、船舶到港前的引航准备与团队工作

(一)搜集资料

抵达港口前,船长应利用各种方法,通过各种渠道收集有关港口的资料,及时收听港口及附近的航行警告、气象预报,通过向引水员或港口控制中心了解和联系当地代理及租家,提前获得关于航道、泊位等变化情况及其对本船操纵和安全的影响程度。

(二)海图改正和图上作业

船长应督促二副及时做好航用图书的改正工作,进港时船长和驾驶员应核对航道灯浮变化的情况,并做相应的标注,供船舶航行时的参考。对本船的适航深度做出醒目的等深线标示,在重要的转向点、危险区域,应标出可利用的目标及其方位与距离。

海图作业方面的工作决不可掉以轻心,只有认真地预画航线,预先了解各航段的航道宽度、深度、碍航物、等深线的走向、灯标、浮标的设置、转向点、危险区的位置及其确定、船流规律,做好充分的准备工作,才能使自己在引航过程中心中有数,才能确切把握引航员的引领口令是否正确,从而牢牢把握航行安全的裕度和底线。有个别船长不重视海图作业,认为反正交给引航员了,就不必费心劳神,到了危急时刻,才冒冒失失收回指挥权,最终也挽救不了危局。

(三)熟悉资料和情况

船长应认真阅读港口指南、航路指南、灯标表、潮汐表、海图资料、航行警告和港口的有关航行法规等资料,特别是对该港口所经航道和拟靠泊位当时的风向、风速、流向、流速、潮时、潮高、航道水深、限制高度、航标、障碍物、急转弯地带和拖轮等情况要做到心中有数;并制订周密详尽的进出港计划、靠离泊计划和多种应急预案。在引航过程中,船长更应与引航员充分沟通和交流,往往可以从引航员那儿学到很多书本上学不到的东西。

（四）应急预案

对已经识别的风险和无法预测的风险应多想几个"假如"，多想几个应付对策。应充分考虑到引水员可能临时改变登船时间或地点、天气与能见度等的突然变化、航道大转弯附近需要紧急让船或航道前方船可能突然发生事故等情况，并做好相应的应急处理方案。

另外，应急处理方案还应考虑紧急情况下车不来，舵失灵，倒车翻不出来等情况。应充分注意应急准备和方案的可行性，不要产生做了等于没做的现象。例如锚备妥了，大副和木匠又返回生活区了。还应注意抛锚点的底质和障碍物等。为此，应急预案应考虑到双锚制动、主机失控时机房操纵的应急转换、紧急停船、应急舵的转换等；进出港口时提早慢车，消除惯性。因为有时虽然在到港前和开航前已试过车，但是不能确保需要时一定来车。

（五）保证值班人员有足够的休息

船长应按体系文件的要求，合理安排值班时间，让值班人员有足够的休息，保证充足的体力，同时对船员进行严格的酒精监控。

（六）确保设备正常

船长应按体系文件的要求，布置好对船舶各种机械设备的检查与试验，发现问题及时排除，确保各种航海仪器、四机一炉和通信设备等的正常使用。

（七）保持团队内部信息流的畅通

船长必须将港口的特点和注意事项告知驾驶员和轮机长，保证及时用车，确保进出港口安全。

（八）抛锚准备

船长应详细了解引航锚地和等候锚地的特点，如接近锚地的导航目标、通航密度、定位物标、水文、风力、水深和底质等情况。大副应按船长指示备妥双锚，深水抛锚时应严格按操作规程执行，防止丢锚失链。

（九）排除干扰

在进出港和靠离码头期间，船长和驾驶员应严格遵守驾驶台值班规则，禁止无关人员上驾驶台，以免干扰驾驶操作。

三、引航员登离船安全的组织与安排

（一）引航员登离船安全保障

航行中接引航员登船时应备车航行并使用手操舵，降低航速并尽可能给引航船做下风；船舶登船口离水面高度超过 9 m 时，必须为引航员配置软梯加舷梯的联合登船装置；登离船器材符合标准并齐全，引航员登离船装置的安装应由驾驶员监督；派一名驾驶员持对讲机接送引航员登离船，夜间接送引航员应有足够的照明；使用直升机接送引航员时，应严格按相应的操作规程进行。

除应遵守关于引航员软梯、舷墙梯、2 根扶手支柱、舷梯、引航员机械升降器的配置和安装规定外,接送引航员登离船时,还应备妥 2 根直径不小于 28 mm 且牢固地系固在船上的安全绳、带有自亮灯的救生圈、抛缆绳。晚间上下引航员则应保证具有适当的照明条件。

(二)引航员登离船事故的预防

预防引航员登离船事故的途径和方法包括但不限于:

1. 大风浪天气条件下

大风浪天气引航员上船,除必须在大船的下风舷安放软梯以外,还要使用符合 SOLAS 公约要求的安全索。安全索要在甲板上生根固定。

2. 软梯的固定

引航员软梯不仅在安放时要按要求固定好,实践证明,软梯在不使用时,只要放在舷外就应该固定好。引航员在双手抓住软梯之前和当时,必须首先测试并确认该软梯安放得正确、牢固、没有松动、适于使用以及照明适度后,方可开始登船行动。若引航员发现软梯的技术条件或安放、固定、照明等不符合要求,应即停止登离轮,并立即向引航站或 VTS 中心报告。

3. 不携带物件登梯

引航员上船时,一般都随身携带一个文件包。值班人员应先用一根绳索将该文件包提到船上,再协助引航员上船。严禁引航员在使用软梯时,采取一手携包,一手扶梯的危险方法。如果引航员将包背在身后,必须确保丝毫不影响其由软梯往上攀爬的动作,并确保文件包不会被软梯或任何其他物品所阻碍而引发任何其他意外事件。

4. 软梯长度的调整

引航员软梯的使用长度,在船舶满载时可能会显得过长,下放得过长又容易被停靠的船舶挤坏,因而,需要随时调整软梯。但是,在调整软梯时,必须从软梯的上端收起或放下。不得采取从软梯下端系一根绳索,在船上或送、或收的错误做法。

5. 夜间照明

在不影响船舶操纵的情况下,大船要保证在引航员登、离船时,软梯通道以及甲板、过道、楼梯口等处的良好照明,包括手电筒的使用。

6. 引航员的接送

引航员登、离船期间,自始至终要由驾驶员或有能力的水手协助和护送,以确保引航员登、离船的安全。

7. 接送引航员过程中的通信

驾驶员或水手接送引航员时,必须携带对讲机以保持与大船驾驶台的密切联系,以便配合控制好船位、角度、姿态、速度等。

8. 引航艇的接送保护措施

引航员登、离船期间,尽管自始至终有大船驾驶员或有能力的水手协助和护送,为确保引航员登、离船的安全,引航艇仍应指派水手与大船配合,专门协助和护送。风力达到或超过 6 级,风浪、涌浪达到或超过 1 m 时,引航艇在海面上上下颠簸,引航员爬上引航员软梯,或由引航员软梯跳上引航艇的瞬间,最容易发生引航员安全事故。此时风浪越大,其危险性越高。为此,引航艇靠上大船后,应指派水手协助引航员扶稳引航员软梯,待引航艇上下颠簸到最高点附近时,协助引航员迅速爬上引水梯,或协助引航员迅速跳上引航艇;在协助引航员登离船前,应指定水手将引航艇舷侧甲板贴靠引航员软梯部位及其附近的缆绳、杂物清理移走,以防意外。

9. 驾驶台资源管理

根据驾驶台资源管理的原理,船长应灵活把握注意力的集中和转移,合理组织值班船员包括各自的位置、角度、常规职责、应急职责、信息沟通交流方式、记录、应急处置、驾驶台工作规程等,形成一个注意力范围足够广泛,反应灵敏、信息畅通、互补、完整无瞭望技术死角的操船整体(模块、团队),避免由于个体(视觉、听觉、距离、预期、速度)的错觉,以及主观臆断造成的失误。

四、船舶进出港口的团队工作

(一)船舶进出港口时

船舶进出港口时船长应在驾驶台,轮机长应在机舱亲自指挥,值班人员均应认真执行体系文件的各项规定,切实履行各自的职责,当需要船长在驾驶台连续工作 8 h 或以上时,值班驾驶员击协助船长做好安全航行工作,换班时接班驾驶员应提前 15 min 上驾驶台,交班驾驶员应推迟 15 min 离开驾驶台,并记入航海日志(各公司规定可能会有所不同)。

(二)引水员上船后

引水员上船后,船长应做好对引水员的接待和沟通工作,要让引水员心情轻松愉快,精力集中地引航。让引水员和船长各自的优势达到合理的互补,默契地配合,同时要求船长或驾驶员使用《领港卡检查清单》,适时、主动地向引水员介绍本轮的船舶规范、货载情况、操作性能、船舶水尺、前后吃水差和车舵锚的使用等情况。

为了防止由于一次性向引水员介绍本轮有关情况(主要是操纵性能)过多,或由于通常引航员一上驾驶台就立即开始引航,因操作原因而断断续续介绍这些情况,致使引航员不一定能完全记住,建议在抵港前专门打印一张《引航卡》,以书面形式交给引航员,以示重视。应将最重要的信息打在最前面,如船舶规范,前后吃水,车舵锚,侧推器,主要操纵性能,驾驶台到船首的距离,本船的特殊操纵要求等,其中只有少量数据需要每次更新。

船长应主动向引航员了解整个航程的航行安排、操作意图、航道和泊位水深情况、进出船舶动态、靠离泊方案、拖轮配置和操作方案、安全靠离要求、港口有关规定和注意事项等。各港口的引水员素质良莠不齐,船长应注意其有没有酗酒现象、及时观察和判断其操作能力、领航时间长因疲劳其精神能不能集中等,真正做到心中有数。同时应核查引水员的每一车钟令和每一舵令的正确性和有效性。

另外,在引航船靠上本船之前,引航员就可用高频电话与大船进行联系,必要时让大船给引航船做下风。这时,船长应立刻查明船舶周围情况,在确保安全的前提下,再谨慎执行引航员的口令。在抛锚等引水的情况下,引航员上船前,往往在高频里要求船长起锚,引航员认为最理想的当他到达驾驶台,船舶的锚已离底或已经进车进港了。船长应特别注意,根据当时船舶所处水域的环境条件,尤其是水流流速、流向、风速、风向、航道的宽度、交通拥挤程度等,确定起锚时间,并确定让本船在什么状态下上引水。严防因引航船迟迟不露面,本船处于停车漂航状态而受到风流压产生不为船长或驾驶员察觉的漂移,等到发现危险为时已晚的现象产生。

(三)引航员引航时

在引航员引航时,若发现引水员精力不能集中,要用适当的方法与引水员沟通,既要尊重他,又要监督他;发现引航员有错误时,应及时加以提醒;若船舶安全不能得到保证时,船长则应当机立断,不顾情面,果断明确地收回指挥权,自行指挥船舶,必要时可视情要求更换引水员。

船长在非危险航段暂离驾驶台时应告知引航员,并指定驾驶员负责。此时如值班驾驶员对引航员的行动或意图有所怀疑,应要求引航员予以澄清,如仍有怀疑,应立即报告船长,并可在船长到达之前采取必要的行动。为此,有必要教育驾驶员,使他们明白自己完全明白,当船舶不在驾驶台时,自己有权利纠正引航员的错误口令,或在船长到达之前采取必要的(保护性)行动,但要极其谨慎地使用这种权利,并尽可能在情况允许的条件下事先与引航员取得沟通。

引航员登船时也应向船长展现自己衣着整洁、精神饱满、热情自信,风度与修养俱佳的形象,让对方能产生信任感、和谐感和合作的欲望,从而产生互相信任,互相振作,互相激励的局面。这就意味着引航员必须真正能做到:

第一,首先把良好的心态、礼貌的问候带上驾驶台。

第二,适当关注驾驶台的秩序,有无闲杂人员,氛围如何,环境是否适宜(尤其是导航设施是否工作在最佳状态)。

第三,与船长认真交换引航信息:介绍引航方案,航道情况、泊位情况,操作要求、要领,要求的特殊配合等;了解船位、航向、船速、角度、态势,值班人员的配备与站位,导航设施的状态,车、舵、锚、侧推器的工作状态等。

第四,情绪稳定,镇定自若,有个人人格魅力,善于互相调适心态,给对方以良好、宽松的心理暗示。

第五,以积极主动的心态加入船舶航行和靠离泊安全作业的合作团队之中,并使自己成为工作核心层的主要成员。

另外,引航员还应具有高度自我保护意识,并在引航的过程中能有理有节地处理好与船长的关系,有效地控制船舶当时的引航作业情况,认真做到:

第一,积极说明自己的引航意图,并通过相互交换意见达到有效沟通的目的。

第二,在引航工作无法正常进行和确有必要时,可提出警告性声明,以强调引航员自己的安全意见。

第三,在引航工作实在无法进行和确有必要时,在告知船长后,中止引航。

第四,在紧急情况下,应在船长的统一指挥下,与船长一同挽救危局。

第七章
船舶引航资源管理

第一节　船舶引航资源管理基础

在绝大多数引航事故是由于人的因素而造成之观点已形成共识的今天,很多人认为只要船舶引航员具有良好的知识与技能,并制定了齐全的操作程序与规定,就能保证船舶引航中航行与操作的安全。实际上,除了上述这些重要的因素外,引航员的工作态度和日常的引航资源管理技能在确保引航安全的工作中有着极其重要的作用。因此,为了提高和确保船舶的引航安全,除了应定期为引航员提供业务知识与技能培训外,还必须积极采取措施,强化他们在安全意识、端正工作态度和提高引航资源管理技能水平方面的教育与培训。

一、船舶引航资源管理定义与职能

(一)船舶引航资源管理定义

实践证明,任何一个组织若要维持自己的生存发展,首先需要拥有一定的资源,其次是要能够对有限的可用资源进行合理配置以达到最佳的使用效果,以便支持组织目标的实现。这些都说明了资源是各种经营活动不能缺少的根本保证。

船舶在航行或靠、离泊位等引航作业的过程中,引航员和船长及驾驶员必须通过本身的智慧,在充分利用船舶自身的各种不同设备,综合考虑外界自然环境和各种信息对船舶的影响的基础上,驾驭和控制船舶按照预定的计划和其他相关的要求,安全地完成货物的运输或人员的转运工作。实际上,船舶引航是在海上货物安全运输中,对多种可用资源加以合理应用和配置的重要工作环节之一。

资源在广义上可指一切可被人类开发和利用的客观存在,从管理的角度而言是指可被管理者利用的人、财、物、时间、信息等。长期以来,学者们从不同的研究角度对管理的定义做出过多种不同的解释。但是,这些定义都离不开对资源进行协调利用的基调。它们中比较系统的理解可为:管理是管理者或管理机构通过计划、组织、控制、指挥及协调等功能组成的活动,对所拥有资源进行合理配置和有效使用,以实现组织预定目标的过程。

由上可知,对资源进行合理配置和有效使用就是对资源的管理。资源管理也可以认为是对可利用资产或用以维持财产的控制和组织,也可认作为对可利用的资产或用以维持的财产的管理技艺、行为或处理。因此,船舶引航资源管理是指对船舶引航工作环境中的各种可利用资产的控制和组织,或是对船舶引航工作环境中的各种可利用的资产的管理技艺、行为或处理。它也可以更明确地定义为:为达到船舶航行与操纵安全的目的而协调运用好船舶内、外部所有可供引航工作使用的各种相关资源的活动。

(二)船舶引航资源管理职能

任何管理工作的内涵是与其相关的管理职能密切相关的。在从事引航资源管理的具体工作中,引航员必须做好以下具体相应职能的工作。

1.引航计划

引航员首先应根据引航任务的实际情况与需求做好相应的引航计划工作。他们必须全面考虑被引船舶的尺度及其操纵性能,充分参考船舶航行或作业当时水文、气象、航道、码头、拖船等外界的资料与条件,认真制订周到的引航计划及具体的操作方案。

2.引航组织

在制订好适当而有效的引航计划及具体的操作方案后,引航员应在明确自己任务的基础上,根据引航站统一安排上下被引船舶的时间与途中的交通工具,落实好与各方通信联系的方法与内容,做好引航所需便携式导航设备与资料等准备工作。

3.引航控制

引航员在完成引航计划与相应的组织工作上船后,应根据船长的授权与要求,在航行与作业的具体引航过程中,通过正确的定位和对他船的避让,对被引船舶的航行或作业局面加以严格的控制,以确保船舶能按照预定的计划或要求航行在安全的水域和处于正常的作业状态之中。

4.引航指挥

为了达到控制船舶在航行、靠离泊或其他引航作业中始终能处于安全与正常的状态之中的目的,引航员就必须正确做好相应的指挥工作。特别是他们应在船舶所处的工作环境与条件下,根据当时的实际情况与需要,对内外各种可利用资源的组合配置与使用及时果断地做出决策,并通过行使自己的责权对船舶进行引航指挥。

5.引航协调

在实际的引航过程中,船舶往往受到本船的设备、外界的风流与能见度和航道与港口码头等多种因素的制约与影响。引航员在执行引航任务时,必须首先根据以上这些情况的变化与发展,协调好被引船舶人员与设备等资源的使用。同时,除了必须协调处理好自己船舶与外界自然气象多种因素的关系外,他们还应通过加强与海事主管机构及港方等联系,根据需要与变化协调好引航计划与组织工作,并协调好相关的控制方法与指挥职能,确保船舶引航工作任务的顺利完成。

二、船舶引航资源构成与特点

(一)船舶引航资源构成

船舶引航是一项基于多种资源的支撑才能顺利开展和完成的工作,从整体上来看,船舶引航资源可由五种不同的资源构成。

1.人力资源

涉及船舶引航工作的所有人员,他们包括引航员、船长、驾驶员、舵工和船上保证船舶动力、导航和其他相关设备正常工作的其他人,还包括协助船舶航行与靠离泊位的拖船及码头作业人员和与引航密切相关的岸基管理人员。人力资源是指以上人员的知识、技能、经验以及他们的潜力和协作力。人力资源是船舶引航工作最为重要的资源。

2. 物质资源

涉及船舶引航时确保自身正常航行和操作所需要的船舶动力装置、导航与操控设备、器具与物品等。除了船上的此类设备外,还包括港口的拖船与导航系统等。物质资源是指船舶引航工作中所需要的物质性条件,它是确保船舶安全引航与操作的基本资源。

3. 环境资源

涉及船舶引航作业所处环境的风、流、气象等自然条件及其在狭水道、航道或海上航行水域中的宽度、水深等通航条件等。环境资源也是确保船舶安全引航与操作的基本资源。

4. 信息资源

涉及确保船舶在正常航行和操作所需要的信息与资料,除了包括航行计划、操作手册、使用指导书、海图、航行计划、航海出版物等外,还包括引航、通航和港口管理部门提供的船舶通航与码头管理信息等。信息资源是确保船舶正常航行与操作的必要资源。

5. 其他资源

涉及确保船舶本身正常航行和操作所需要时间、空间和有关主管当局与机关、公司、团体、人员等方面的管理与协助的深度与广度。这类资源有助于安全引航目标的实现。

通过船舶引航资源管理这一手段,充分发挥船舶团队成员对驾驶台、机舱等船舶工作场所及工作环境内各种内外部可供利用的资源的控制、协调和组织相应的管理艺术和技能,以实现船舶团队工作的预期目标——保障在引航过程中的船舶、人命、货物、财产和海洋环境的安全。

为了合理应用和配置以上不同类型的资源,引航员在从事船舶引航的工作中,应能掌握现代管理的基本知识与技能,通过对管理本身五大不同职能(计划、组织、控制、指挥和协调)的运用,做到事先周密计划、现场组织和实施有效的控制和加以正确的操纵与指挥,并合理协调相关各方之间的关系及工作,从而顺利完成船舶安全引航的任务。

(二)船舶引航资源特点

引航员在从事船舶引航作业的过程中,除了本身的工作以外,涉及被引船与其他相遇船相关船员和船舶本身及其各种设备的影响因素;外界通航条件和风、流、气象等外界因素的影响。同时它还受到港口生产部门、航运公司、船舶交通管制等管理单位与机构的制约。所以严格地讲,船舶引航一项受外界多种因素和条件影响的工作,所以在其资源管理方面有系统性、多重性、科学性等特点。

引航工作是一项系统性很强的工作。引航员在得到船长授权后,虽然表面上是自己通过下达操控船舶的指令来从事船舶航行与操纵的引航作业,实际上这种作业是严重地受到船方人员、港口相关管理人员、船舶本身和当时所处环境下多种条件与因素的约束和影响的。这就意味着引航作业绝不是一种单独的行为,它是一个完整的人、机、环境与管理的工作体系。在这个工作体系中,其组成的单个因素中,不管是人或机还是环境的因素中都具有多重的不同成分。

为了达到安全引航的目的,引航员必须通过科学的方法来协调和利用好各种相关的资源。这也意味着引航员为了合理应用和配置以上不同类型的资源,在从事船舶安全引航的工作中,应能掌握现代管理的基本知识与技能,通过对管理本身五大不同功能的运用,做到事先周密计划、现场组织和实施有效的控制,加以正确的操纵与指挥,并合理协调相关各方之间的关系及工作,从而顺利完成安全引航的任务。

三、船舶引航资源管理作用与内容

(一)船舶引航资源管理作用

船舶引航资源管理的作用在于通过进一步提升和加强从事船舶引航工作人员的正确理念,使引航员在新形势下提高与转变思想认识,端正自己的工作态度,规范自身的操作行为,进而在熟悉与掌握船舶资源管理的相关知识与技能的基础上,提高他们在船舶引航安全管理方面的水平,确保船舶航行与作业的安全。

由上可知,引航员在从事船舶引航资源管理的过程中,除了需要掌握该项资源管理的知识与技能外,更重要的是必须注重对其理念的理解和提升。

(二)船舶引航资源管理内容

根据国际海事组织和我国交通运输部海事局有关海员培训、发证和值班标准、海上防污染、海上人命安全和安全管理等公约与规定的内容与要求,结合船舶引航安全工作的实际情况与需要,引航员在船舶引航资源管理的实际工作中,应正确做好以下所列具体内容的工作。

1. 人的失误

绝大多数船舶引航事故是与引航员或船员的人的失误有关的。为了减少和预防船舶引航事故的发生,必须明确人的因素在船舶引航失误链与最终事故发生相互之间的关系,并根据这些特定的关系采取相应的措施,减少或破断失误链的产生与发展,从而达到减少和预防引航事故发生的目的。

2. 多元文化意识

船舶引航员的实际工作涉及不同国家的船舶与人员。来自不同国家的船员在他们各自的工作中经常体现出多元文化意识的特点,并对船舶引航实际操作产生一定的影响。为此,船舶引航员与船员之间应通过对彼此文化意识的理解与尊重,从而保证船舶引航工作的安全和正常进行。

3. 情境意识

船舶引航工作经常面临紧张而复杂的通航或作业局面。引航员必须随时保持高度的情境意识,全面了解和掌握引航当时的通航或作业局面与相关的信息,积极地采取合理的措施与行动避免引航事故的发生。为了能保持高度的情境意识,引航员首先必须具有正确的工作态度。

4. 船舶通信和人员女流沟通

船舶之间的通信和人员之间的交流沟通是船舶安全引航工作的基本保证之一。由于通信设备与外界条件的局限性和人员之间在不同语言等方面的限制,船舶在引航的过程中常会受这些限制而引发紧迫局面的产生或导致事故的发生。为此,引航员应充分注意到船舶通信与人员交流沟通的重要性,并通过采取必要的措施防止因这些限制而引发的紧迫局面与事故的发生。

5.团队与团队工作

船舶在引航作业时,引航员成为驾驶台团队工作重要成员之一。为了确保引航作业的顺利和安全进行,引航员必须得到在船长和驾驶员在工作中的积极配合和协调。这也意味着整个船舶的引航作业的任务必须在驾驶台全体团队人员的配合与努力下才能完成。因此,船舶引航员应充分认识驾驶台团队工作的重要性,并在明确自己职责义务的基础上,处理好相互的关系,共同协作做好船舶的引航工作。

6.船舶引航决策与领导工作改进

鉴于船舶引航工作的特点,引航员在船舶航行与靠、离泊等作业的过程中必须根据船舶操纵与安全的需要做出一些决策,并在驾驶台团队工作中发挥着除船长以外的另一指挥者的作用。引航员所做的决策和自己所处的指挥地位在船舶实际引航工作中具有非常重要的作用,如何改进和提高自己的决策能力,更好地发挥驾驶台团队工作领导的作用,对船舶安全引航具有非常积极的意义。

7.船舶引航压力和疲劳

由于通航或作业局面的复杂性和一些港口自然航道的实际情况,船舶引航作业往往是一项高难度和高强度的工作,加上有时工作繁忙而人员紧缺的因素,引航员极易产生很大的工作压力和过于疲劳的现象,而许多引航事故都是在这些情况下发生的。为此,引航员在实际工作中有必要掌握好自我正确处理工作压力和消除疲劳的方法。

8.船舶引航规章制度和操作程序

船舶引航作业必须严格执行国际海上避碰、防污等相关安全规则与公约和遵守我国政府主管部门制定的涉及特定水域的安全规章制度。同时,还必须根据航行与作业的需要,认真地按照规定的各类操作程序来控制和操纵船舶。为了提高船舶安全引航的水平,必须进一步规范引航员执行规章制度和操作程序的行为。

9.船舶引航应急处理

船舶引航工作经常面临一些由于自然原因、船舶原因或人的因素而突然发生的异常情况与紧迫局面。因为航行水域的限制与复杂性,如果引航员稍有处理不当,即可引起严重的后果。为此,引航员必须在工作中熟悉和掌握各种不同紧急情况与局面下的应急处理方法,并不断提高自己在处理和应对这些不同紧急情况与局面的技能。

船舶引航资源管理是当今国内一项较为新型的航海类专业技术与管理技术相结合的研究内容。由于我国对该项内容的研究起步较晚,所以在研究的深度与广度方面还有很多工作需要继续进行,随着国内主管机关、航海院校与研究单位、引航管理单位和引航员对船舶引航资源管理研究的逐步深化,我国船舶引航工作的安全水平将一定会得到更大的提高。

(三)船舶引航资源管理优先排序

船舶引航资源管理就是合理利用和协调所有资源,以保证船舶引航的安全。在资源协调过程中,会有资源利用的优先顺序问题,一般地,资源配置中需要考虑的因素有安全性、时效性、可靠性和难易性等。这种资源的优先排序原则为:越安全的资源优先、越实时的资源优先、越可靠的资源优先、越容易获取和使用的资源优先。船舶在航行时经常面临自然、船舶、航道、交通和人的因素的原因而突发异常情况和紧迫局面,提高船舶和驾驶团队的应急处理能力是保证航行安全的重大要求。引航资源管理的优化排序主要包括以下两点:

1. 人力资源是资源配置关键

船舶引航资源管理中最需要优先考虑的是涉及船舶安全航行与作业时的所有人员,他们包括船长、驾驶员、舵工和保证船舶动力、导航和其他相关设备正常工作的其他人,特别要观测和考虑他们的专业知识、技能及其协作能力。而航行安全必须依靠所有相关人员的团队协作精神,引航员在船长的授权下,要发挥驾驶员的所有当值人员的主观能动性,尤其是复杂航区和进出港操纵,协助瞭望,发现情况及时提醒,相互弥补不足,必要时可根据实际情况增加当值人员。

2. 船舶内外环境因素

除了一些必要的因素外,海上环境、航线水文数据的可靠性、助航标志的可用性和可靠性、吃水和货物种类对航线的限制、交通密集水域、天气及海况能见度、沿岸可用水域、航行操作水域、船舶定线和报告制的规定、推进器和舵设备的可靠性等都在考虑之列。对上述的相关的因素和资源进行分析和处理,也就是对引航计划进行相应的评价。在做出合理的评价后,对现有可利用的资源应进行整合和分配,根据实际情况做出合理的安排。

当引航员进入驾驶台后,自然就成为驾驶台团队成员,作为该团队的重要一员,必须了解和掌握船舶的操纵特性,特别是异常特征和相关船上锚的状态、主机类型和控制、人员的可用性等。

另外,由于现在船舶周转比较快,进出港口频繁,在驾驶台工作值班的人员常会在过于疲劳的状态下工作。为此,要密切注意和防止船方人员的疲劳驾驶的情况,必要时应与船方协商并加以处理,以防船员由于过于疲劳而产生反应迟钝或误操作而导致意外的发生。

第二节　人的过失与船舶引航事故

正如人们从日常生活中收听广播或观看电视所知道的那样,事故经常在空中、公路与铁路上发生,也经常会在大海上发生。对在船舶上工作的人员往往能深刻地理解到自己工作中的三条真理:大海是危险的;你改变不了自然规律;我们都会犯错误。

众所周知,船舶引航工作具有较高的风险,引航员和船员的失误也极易产生。为了有效地控制和预防引航事故的发生,船舶引航员和船员都应高度重视这种现象,并积极采取措施减少和避免船舶引航过程中的产生的人的失误,以确保船舶引航工作的安全。

一、人的失误与人的行为

实践证明,世界上所有事故的发生都有它们的共性与特性,其中最为突出的共性就是绝大部分事故的主要原因均与人的失误有密切的关系。这些人的失误的产生又和人们在工作中的行为有着不可分割的关系。

(一)人的失误

人的失误是指在某一特定系统中的操作人员在完成任务的过程中因意识、判断或行为等出现疏忽,从而不能根据当时环境和情况进行适当的操作,最终致使其无法正确处理面临的情况而发生系统运行的失常。从通俗的意义而言,它就是通常人们认为的该做的未做,不该做的却做了。在这种失误中,客观上存在着操作人员工作态度不良、技术水平不高、缺乏业务学习与训练等各种因素。

从事船舶引航作业和管理的所有人员都必须深刻认识人的失误的产生原因、特点及其后果,采取有效的措施来避免人的失误和及时发现已产生的人的失误与已形成的失误链,并能对它们及时采取果断有效的行动加以纠正,以中断失误链的继续发展,从而达到安全引航的目的。

1. 失误链与事故链

实践证明,海上事故或灾难很少是由一种人的失误或单一事件所造成的,它们几乎都是由一系列不严重的失误或事件导致的。也就是说,这些事故或灾难都是由于失误链或事故链发展的最终结果。换言之,一系列失误链或事故链的连续发展,将导致事故或灾难的发生。这些失误链或事故链可能是有序地发展,也可能是会无序地发展;它们之间可能有联系,但也可能没有什么联系;它们之间的联系可能是明显的,但也可能是不明显的。无数事故证明,在事故发生以前,实际上已经存在了正在不断发展的失误链。这种失误链客观也就形成了事故链。在常规情况下,由潜在因素而形成的失误链(包括涉及人、物或环境的易犯错的管理流程)到通过一定时间与条件的发展进入增长期。在特定的条件和时间内,不安全行为加上不安全的条件而发展进入了临界期,直至最后的主动出错而导致事故的最终发生。

从表面上看,很多引航事故都发生在船舶航行中与他船会遇或靠、离泊位等作业时发生紧急情况和/或主机、辅机、舵机等主要船舶设备发生故障时的实际操纵之中。实际上,导致这些紧急情况和故障发生的原因往往是与船舶引航作业中或船上平时维护保养工作中的人的失误紧密联系在一起的。因此,失误链或事故链的发展导致最后事故的发生是一种因果的连锁反应。

2. “多米诺骨牌”效应

多米诺骨牌理论认为,伤亡事故的发生不是一个孤立的事件,尽管伤害可能在某瞬间突然发生,但却是一系列原因事件相继发生的结果。他采用五个竖立的骨牌(骨牌效应)来形象说明这种因果关系,即当第一块倒下后会引起连锁反应,使其余的骨牌逐个倒下。因此,这一效应也被称为多米诺骨牌理论。

海因里希提出的事故因果连锁过程包括五个因素,如上图所示,认为伤害事故的发生、发展过程为五个具有一定因果关系的因素。

(1)遗传以及社会环境(简称 M)

人的性格上缺点是由于遗传因素及社会环境而产生的。遗传因素可能造成鲁莽、固执等不良性格;社会环境可能妨碍教育、助长性格上的缺点发展。

(2)人的缺点(简称 P)

人的缺点是使人产生不安全行为或造成机械、物质不安全状态的原因,它包括鲁莽、固执、过激、神经质、轻率等性格上的、先天的缺点,以及缺乏安全生产知识和技能等后天的缺点。

（3）人的不安全行为或物的不安全状态（简称H）

事故的发生是由于人的不安全行为或物的不安全状态造成的。所谓人的不安全行为或物的不安全状态是指那些曾经引起过事故，或可能引起事故的人的行为，或机械、物质的状态，它们是造成事故的直接原因。

（4）事故（简称D）

事故是由于物体、物质、人或放射线的作用或反作用，使人员受到伤害或可能受到伤害的、出乎意料的、失去控制的事件。

（5）伤害（简称A）

由于事故的发生而导致人身伤害的产生。

在实际工作中，不难看出多米诺骨牌效应是与上述失误链或事故链的结论具有相同的道理。如任其发展，骨牌向前倒，即一倒都倒，最终造成伤害或损失；失误链或事故链也将从增长期进入了临界期直至导致事故的最终发生。但是，如果移去其中的一块骨牌或去除连锁中的一个因素，则这种骨牌和失误链或事故链之间的连锁关系即被破坏，事故发展的过程也就被中止了。在船舶引航工作中，只要真正认识事故的作用机制和人的不安全行为的危害性，并及时发现和中止人的失误即不安全状态，中断事故连锁的进程而避免事故发生。

3. 人的失误类型

人的失误可以发生在正常工作与发生特殊情况的不同的环境之中。在船舶引航事故中，经常涉及两种主要的情况，一是由于船舶的技术性故障引起的事故，二是完全由人的失误造成的事故。前者主要涉及影响船舶运动的3个主要技术系统发生的故障，它们包括动力系统、操舵系统和导航系统。必须注意的是，有些因船舶动力系统、操舵系统和导航系统导致的引航事故中也常掺杂着一些人的失误的因素，例如在发生这些故障后的应急措施不当或不力等。在完全由人的失误造成的引航事故中，往往涉及以下几种不同的类型。

（1）疏忽或差错

由于疏忽或差错而导致的失误是最为常见的。它们的产生往往是与引航员本身对待工作的态度和自己在工作所处环境中的实际情况密切相关的。例如由于自己对工作掉以轻心而注意力分散，或是对船舶的安全重视不够而未能保持高度警惕性，或是在实际工作中因工作压力太大和由于过度的疲劳等而造成对正常可预见环境的变化不能采取适当而有效的行动导致失误的发生。这类失误在船舶引航的实际工作中是经常发生的。

（2）知识的失误

基于知识的失误主要是指因本身的无知而犯错，即由于自己缺乏足够的相关知识或错误地理解了船舶引航工作中的一些关键性原则，而无法或不能正确应对或处理相关的局面或情况而导致的失误。这种失误在当今受过良好教育的引航员中间并不很多见，但客观上因自己对工作的知识理解不深和运用不当的错误理解还是存在的。

（3）法规的失误

基于法规的失误主要是指因本身没有正确或充分考虑相应的法规而草率决定并采取行动，或是没有注意到法规的适用性而错误地执行了法规，或是凭主观意念错误地应用被"简化的"法规而导致的失误。它也包括了由于对相关法规的信息不明确而犯错的现象。从现有的一些引航事故来看，这类失误在客观上是经常发生和存在的，它与引航事故有着非常密切的联系。

(4)技能的失误

基于技能的失误主要是指因引航员自身由于缺乏从事本职工作的操作技能而导致在实际工作中发生的失误。它往往是由于缺乏足够的训练或缺少实际工作的实践经验而发生的,当然这也和自己与同事间相互交流经验过少有关。这类失误在一些担任引航员时间不长或工作经历还不多的引航员中还是屡有发生的,并与引航事故也有着非常密切的联系。

(5)文化制约的失误

基于文化制约的失误主要是指因自身工作环境中的团队人员由于文化意识与背景的不同而产生的局限性所引发的失误。它包括团队人员中由于不同语言使用中的误解、上下级别人员关系之间交流与质询的不充分、毫无疑问地服从错误指令等具体原因而产生的失误。由于引航员所涉及工作环境的特殊性,如每次引航工作中都必须与来自不同国家或地区的船员组成新的驾驶台团队而工作,所以这类涉及不同文化制约所导致的失误也是常有发生的。

(6)违反安全惯例的失误

基于违反安全惯例的失误是指自身因未能严格遵守实际工作中形成的通常的安全习惯做法所引发的失误。导致这类失误的发生常与自己的过于自信或自满、对工作中良好的通常习惯做法与安全之间的关系不够重视、喜欢凭个人经验办事、不注重团队工作的作用、忽视别人的建议和背离原定的计划航线有关。因这些原因而发生的失误,在目前引航员的实际工作中也是客观存在的,并在所有的失误中占有相当大的比重。

(二)人的行为

人的行为是复杂和动态的,它具有计划性、多样性、目的性、可变性等特点,并受到安全意识水平的影响,受思维、情感、意志等心理活动的支配;同时,它还也受道德观、人生观和世界观的影响。这也意味着人的行为是与意识、态度、知识等密不可分的,它决定了人安全行为的差异性。不同的引航员或船员,由于上述人文素质的不同,会表现出不同的安全行为水平。在同一个单位或相同的作业环境中,同样是引航员或船员,他们因思想意识、责任态度等不同因素的影响,会表现出对安全的不同态度与认识,从而产生不同的安全或不安全行为。影响人的安全行为的因素包括个性心理因素、社会心理因素和环境物质因素。

1.个性心理因素影响

情绪为每个人所固有的,它是一种受客观事物影响的外在表现。这种表现是体验又是反应,是冲动又是行为。从安全行为的角度看,情绪处于兴奋状态时,人的思维与动作较快;处于抑制状态时,思维与动作显得迟缓;处于强化阶段时,往往有反常的举动。这种情绪可能产生思维与行动不协调、动作之间不连贯等行为。它们包括了个人的气质、性格和态度对人的安全行为的影响。

2.社会心理因素影响

知觉是眼前客观刺激物的整体属性在人脑中的反映。人在对别人或他物感知时,不只停留在被感知的外部情况,而且要根据这些外部特征来了解别人或他物的内在。价值观是人的行为的重要心理基础,它决定着个人对人和事的接近或回避、喜爱或厌恶、积极或消极。另外,每个人在社会中都在扮演着不同的角色。个人角色实现的过程是指个人适应环境的过程。在角色实现过程中,有些人常会发生角色行为的偏差。因此,引航员在工作与生活中往往会受到社会外界的知觉、价值观和个人角色的作用与影响,而这些影响因素也一定会在自己的安全行为或不安全行为中体现出来。

3. 环境与物质影响

人的安全行为除了内因的作用和影响外,还有外因的影响。环境、物质的状况对劳动生产过程的人也有很大的影响。环境变化会刺激人的心理,影响人的情绪,甚至打乱人的正常行动。物的运行失常及布置不当,可影响人的识别与操作,造成混乱和差错,扰乱人的正常活动。

除以上所述的影响因素外,还必须考虑到人们在生理或心理方面的局限性,如警惕性、注意力和适任性和其他与这些局限性相关的各种因素。船舶引航员,包括船员和其他与海事有关的人员,是根据适任 STCW 公约评估体系而被任命的。由于船舶是在动态的环境中运行的,船舶引航员的工作时间客观上受到船舶到港、装卸货物和船舶离港时间和潮汐等因素的制约。这种由于工作环境所决定的独特的工作与生活方式,将增加人的失误的风险。

必须强调的是,有两个非常重要因素也可能影响引航员的行为:

第一,由于工作性质和连续的工作时间造成的精神疲劳;

第二,由于生理节奏的打乱和不连续的睡眠,尤其是在夜间值班所引起警惕性的降低。精神疲劳可能会随着工作的单调程度和压力大小成比例地增减。

引航员在实际工作中经常由于高强度的工作负荷和压力,休息时间的不足和过于疲劳导致一些生理方面的问题,或因缺乏足够的技能、经验或教育与培训等而带来心理方面的问题,所有这些问题都会对引航员的行为带来一定的影响。

二、船舶引航安全影响因素和作用机制

(一)船舶引航安全影响因素

船舶引航工作是由人(引航员、船员等)、机(船舶、货物、设备等)、环境和管理等四个要素组成的有机整体。该项工作在进行过程中,将受到人的因素、船舶因素、环境因素和管理因素的影响与制约。为了全面了解引航事故的发生原因,掌握产生原因的由来及其相关的因素,以便采取有效的措施和行动来避免事故的发生,有必要对以上各因素做一定的分析和研究。

1. 人的因素

在船舶引航工作中,引航员和船员的人的因素是最活跃、最重要的一个因素。如前所述,引航事故绝大部分是人的因素造成的,因为这类事故的发生总是直接或间接地与引航员或船员的人的失误有着密切的联系。这种人的因素中包括引航员和船员的知识、技能、经验、气质、健康状况,以及心理、生理和行为特点等方面的情况。

2. 船舶因素

船舶因素主要表现在适航性上,即船舶设备装置、操纵性能资料、货载配置等方面的状况。没有适航的船舶,再好的驾驶技术,不论怎样遵守规章,事故都是难免的。由于航行环

境千变万化,船舶在设计、建造和性能方面,应具备在各种海况或工况情况下正常航行与操纵的能力。具体来说,助航设备、船体结构、水密隔舱和各种工具,如锚、舵、拖缆和无线电通信等设备都应符合安全航行的要求,反之这就会形成船舶不安全状态。

3. 环境因素

环境因素主要包括船舶所处水域所涉及的气象、水文、潮汐等自然条件、船舶所处水域的航路的地理情况的航道条件、船舶所处水域中的交通密度、流量方向、交通秩序、交通局面以及保障航行安全的航道设施状况的交通条件等。此外,自然条件、航道条件和交通条件有极大的相关性,若将能见度不良、航道狭窄和通航密度增加等条件加在一起,往往会给综合船舶的引航工作带来更大的难度。

4. 管理因素

事故的直接原因虽然是由于人、船舶、环境等因素引起来的,但发生引航事故的本质往往是与管理不善和管理上的缺陷相关的。对船舶引航安全来讲,生产管理和安全管理是密不可分的一个问题的两个方面,安全寓于生产当中,没有安全就不可能实现顺利生产。可以说,没有管理就无法组织运输生产,船舶安全就无保障。

涉及引航管理的单位与内容是多方面的。外部管理部门主要涉及对船舶通航地加以管理与监控的港口主管机关,安排港口码头泊位、港作拖船与带缆艇等作业的港务局相关部门等;内部管理则主要为船舶引航管理站对引航工作的全局管理,包括引航员业务学习与引航工作的指导与安排,以及港口引航作业的全部保障体系的正常运作等。实践证明,许多引航事故中所存在的引航员或船员的不安全行为的产生,船舶主机、设备、环境不安全状态的存在和相关单位与部门之间的协作问题等都是与这些管理中的缺陷有关的。

(二)引航事故发生作用机制

海事的基本致因条件可归纳为自然条件、航道条件、船舶条件、交通条件和人员(船员或引航员)条件这五方面。这些条件的单独作用、相互间的综合作用及它(们)在发生海事中所处的地位,即是海事发生条件的作用机制。

引航事故是海事之一,它本身的发生也离不开上述作用机制。研究引航事故发生条件的作用机制,不但可以了解这类事故的致因条件,而且还可以了解到相关的条件是怎样起作用和如何相互作用的,从而可从中得到重要启迪,以便抓住关键环节,对事故发生的条件实施最佳控制,尽可能预防事故的发生。

必须重视的是,含引航员或船员的复合条件事故是事故中最常见的,并占事故中的绝大部分。所谓含引航员或船员的复合条件事故的基本组合,是指引航员或船员条件与其他单个事故条件的组合。可分成四种情况(该图中第一所示为引航员或船员单一条件的情况):

①自然条件与引航员或船员条件的组合;

②航道条件与引航员或船员条件的组合;

③船舶条件与引航员或船员条件的组合;

④交通条件与引航员或船员条件的组合。

自然条件为环境因素中不可控制的部分,主要包括船舶所处水域的气象、水文、潮汐情况;航道条件为环境因素中可控部分,主要包括船舶所处水域的航路地理及危险障碍物情况;交通条件也为环境因素中可控部分,主要包括船舶所处水域中的交通密度、流量方向、交通秩序、交通局面以及保障航行安全的航道设施状况;船舶条件则是指船舶的结构、强度、性能,以及船舶的机器、设备等方面;引航员或船员条件为人的因素部分,主要包括引航员或船员的知识、技能、经验及健康状况等。

从这些基本组合构成的事故来看,除了不可抗力情况外,可将事故理解为是因引航员或船员单独造成和由引航员或船员与其他事故条件相互作用而发生的引航事故。由于引航员或船员条件的重要的直接影响和与其他条件的交织关系,将会诱发事故原因,并最终导致事故。

三、船舶引航事故预防

船舶引航是船舶安全工作的组成内容之一。为了确保船舶引航工作的顺利进行和进一步提高引航安全的工作水平,必须正确认识人的因素与引航工作的重要关系,并切实采取一些有效的措施来做好预防引航事故发生的工作。

(一)人的因素与引航事故关系

在引航事故所涉的各种不同因素中,引航员或船员的人的因素往往是导致这类事故发生的最为主要的因素,因为它们总是直接或间接地与人的失误有着密切的联系。因此,为了预防引航事故的发生,引航员和船员本身都必须充分考虑和结合自己行为模型中的错觉和在实际工作中对信息处理、决策和操作过程中可能产生的失误及其对工作的影响,从思想上全面认识人的因素与引航事故之间的密切关系。

1.引航员和船员主观行为

引航员和船员在船舶航行中主要是依靠自己的视觉、听觉或其他适应当时环境和情况的一切手段,如雷达、电子海图、自动识别系统和甚高频无线电话等导航与通信设备的使用来对当时航行条件、船舶动态与船舶相关的时间与空间等情况进行观察的。当他们在长时间地从事或反复进行某一操作时,有时会因人本身的特点与局限性而产生自己的视觉与客观环境之间的不一致和精力分散的现象,这些不一致和精力分散的现象往往是他们不安全行为的起因,有时会导致事故的发生。

2.引航员和船员信息处理

人对信息的处理是受其信号通道限制的。研究表明,人只有一个单一的信号通道,所有的信息要按次序通过这个通道。当两个信息同时传向大脑时,其中一个必须等到另一个放入工作记忆中之后。这就是为什么人在同一时间只能注意一件事情的原因。例如,在正常情况下,引航员和船员在值班瞭望中和他人正在讲话时,当他突然发现前边有来船,或是通航条件发生变化等情形时,他就会停止在两种信息源之间的扫描,而把注意集中到后一信息源上。但是,引航员和船员的注意力往往会受到人的生理和心理因素的影响,有时还可能会被某种事情的预先占有而分散了工作中的注意力,而这些客观存在的影响因素就难以保证他们的正常工作,甚至引发事故的隐患或发生。

3.引航员和船员决策

引航员和船员在避让他船或操纵船舶靠、离码头的过程中,都是根据自己所做的决策而采取具体的行动的,而这些决策是根据自己掌握的信息,运用专业技能与工作经验而制定的。但是,一旦信息来源有误或不全,或是本身的技能与经验的缺乏,有些引航员和船员就会做出不当或不力的决策,而这些不当或不力的决策将导致引航事故的发生。

4.引航员和船员操作决策

引航员和船员的所有操作行动,实质上是为了安全控制船舶。这些包括定位、加速、减速、转向等操作行动的正确与否直接受航行信息的收集情况和对船舶动态的感知与思维的判断制约。也有一些技术能力较强的操作者虽因错误信息和感知而产生了或形成了船舶的危险,但可能因其最后有效的应急决策和行动,最终控制危险而避免引航事故的发生。但也有许多因错误信息和感知而产生的船舶危险情况最终还是以事故的发生为后果的。

(二)引航事故中涉及人的综合因素

船舶引航是一项涉及多种因素与条件的综合性的工作。与船舶在海上航行相比,船舶引航的水域往往为沿海水域或狭水道。在这些水域中,航行船只众多,通航密度较高、水文气象和交通的条件都比较复杂。引航员在船舶航行中除了对船舶周围的通航情况应保持高度的戒备外,还必须熟悉被引航船舶及其设备的性能,及时地与被引航船船长、船员或其他会遇船舶进行沟通与合作,以便保证船舶的安全避让与航行。在船舶靠、离泊位的过程中,引航员必须正确地指挥拖船和码头人员,以期通过有效的合作,确保船舶靠、离泊位作业的安全。因此,引航员在以上工作中往往要承受很大的工作强度和心理压力,因为在以上这些水域的航行与操纵中,任何的疏忽或过失都有可能导致船舶事故的发生。

为了降低引航风险,保证引航安全,除了应全面认识人的因素与引航事故的关系外,还应对引航事故的主体和客体因素加以认真综合分析,以有利于制定有效的措施来消除或减少人的失误。

1.主体原因

主体原因是引航事故中人为因素的一个重要组成部分。从许多引航事故的原因分析中可以得知这些事故的发生往往涉及引航员自身引航技术方面的原因,如船舶引航中的船舶航行、操纵、避让、应急处理等技术因素。这些与引航技术相关的因素包括引航计划、航行操作、引航戒备、通信与合作、避让行为、操纵的判断与行为和应急处理等。

2.客体原因

客体原因也是引航事故中人为因素的一个重要组成部分。它们除了包括船舶、船员、拖船原因外,还包括自然、航道与码头、交通、他船原因等外在的环境因素。

(三)人的生理与心理状态

为了确保引航工作的顺利进行,引航员必须重视自己的生理与心理状态。

1.生理状态

人的生理状态与感知和反应有着非常密切的关系。人的身心健康是正常工作首要条件。如引航员在身体生病或在沮丧心理状态时仍继续工作,往往会产生不安全的行为。因此时他们会因为自身生理原因而产生对外界情况观测不全面,或因反应不灵敏而产生误判断、误动作,或者因为操作不到位发生事故。即使在身体健康的情况下,人们往往会由于受到外界一些自然条件的限制而影响自己的正常工作,从而难以正常发挥自己的技能而造成一些意想不到的事故的发生。因此,除了保持良好的健康身体外,还必须注意到外界不同因素对自己工作的影响,在可能的情况下应采取必要的措施来减少或消除这些影响。

2. 心理状态

心理状态是人的心理活动在某一段时间内的特征,如分心、疲劳、激情、镇定、紧张、松弛、克制、欲望等。在船舶引航过程中,引航员由于受不正常的心理状态而引发的事故也屡有发生。为此,为了确保船舶引航的安全,引航员不但应从思想注意到保持良好生理状态的必要性,更为重要的是必须避免诸如侥幸、盲目自信与麻痹、逞能好强、走捷径、胆怯、逆反等一些不正常心理状态所产生行为和举止。

(四) 引航工作中失误链与事故链

为了防止引航事故的发生,就必须及时识别和破断与其相关的失误链和事故链。确保引航员能及时发现失误链与事故链的存在及其发展过程,引航员首先必须保持高度的情境意识,了解自己船舶内外部的实际情况,掌握和知晓周围局面对本船将产生的影响,从而能在发现失误链与事故链的存在后,及时采取相应的措施终止它们的发展。实践证明,一旦引航员丧失了情境意识,失误链与事故链客观就已经形成,并将不断发展并可能导致事故。由此可见,保持高度的情境意识是及时发现和中断失误链与事故链发展的基本保证。

另外,为了能真正做到及时识别失误链与事故链,并果断采取措施将其破断,就必须做好具体的细节性工作。实际上,在船舶引航中只要能注意好一些细节问题,就能做好的失误链与事故链的识别与破断工作,甚至有时只要一个细节性工作真正做到了位,就能破断失误链与事故链,也就可能避免事故的发生。因此,从某种意义上讲,细节可以决定成败,而做好细节方面的工作必须认真做到以下的几点:

1. 用心

认真是做好事情的基本保证,而用心才能将事情真正做好。引航工作是一项系统工程,而作为这项工程的主体引航员除了要与船方密切配合外,关键还需要充分发挥其适应能力、判断能力、操纵能力、应变能力、应急能力,以及自己的定力和体力。因此,仅有认真的工作态度还是不够的,还必须时时刻刻地用心做好工作。特别是应在工作中不能死板,而唯有多用心、多动脑才能及时识别失误链与事故链,并将其立即彻底破断才能确保船舶引航工作的安全。

2. 积累

船舶引航是实践性特别强的技术工作,及时地识别失误链与事故链,并将其彻底破断需要依靠引航员自身的经验的积累和综合能力的提高。换言之,这些经验的积累和综合能力的提高是实现安全引航的重要保证。为此,引航员必须在工作中注重自己经验的积累和综合能力的提高,特别是要认真吸取其他人的经验或从其他人所发生事故的教训中来提高自己的业务水平的。

3. 勤勉

引航员在长期的高强度的工作状态下很容易产生心理方面的惰性、懈怠和自负等不良心态。而这些情况的产生恰恰又形成了失误链与事故链产生的温床。在这方面最为突出的反映现象便是瞭望疏忽。由于对潜在的危险不敏感,以及自身应急反应不力等而导致引航事故的发生是客观存在的。如何减少或避免这类事故,唯有勤勉,即对工作的一丝不苟,因为在许多情况下勤勉往往是避免最初失误的一大利器。

4. 遵章

船舶引航作业区域内众多的规章和程序会使引航员的工作受到一定的约束,但从更高原则来讲,正是有了这些规章和程序才能使船舶引航作业处于有序和受控的状态,从而大大降低人的失误和发生事故的可能性。可以肯定的是,正是因为有了严格的规章和操作规程,才能限制引航员的随意性和冒进行为,同时在一定程度上弥补年轻引航员在经验上的欠缺。更为重要的是,在执行这些相关的规章制度或操作规程的过程中,可有利于引航员及时做好失误链与事故链的识别与破断工作。由此可见,作为担负船舶进出港作业任务的引航员只有严格遵守规章和程序,争做遵纪守法的模范,才能确保自己引航工作的安全。

综上所述,引航员在实际工作中虽然难以避免过失链或事故链的产生,但是可以通过自己的努力及时发现失误链与事故链的形成,并采取果断有效的措施中断其发展,达到避免事故发生的目的。在采取破断失误链与事故链行动后,还应注意到这些失误链与事故链可能会再次产生。为此,引航员必须随时密切注意失误链与事故链是否存在,及时对发现的失误链与事故链采取有效措施。同时还应继续保持高度的警惕,认真观测和判断所采取措施或行动的效果,必要时应采取进一步的措施以确保船舶引航工作的最终安全。

第三节　文化与情境意识

引航员一般在港口、运河、海峡、江河入海口等航行难度较大的水域,为过往、出入这些水域的船舶提供安全、及时的引领服务,并对外国籍船舶实施强制引航。就引航员这一职业其特点而言,每一次引航服务都可能接触到不同的船舶和不同的船员,这些船员在国别、性别、语言、种族等方面往往存在着很大差异,为了实现船舶的安全引航,引航员也应当重视和学习不同国家的语言、文化、习俗等,考虑不同个体和团队的文化背景,培养自己的文化意识,克服多元文化和文化差异带来的困难,实现不同文化的协同作用,从而避免由于文化的不同而导致通信与交流中的冲突。

一、文化意识

(一)文化概念及其特征

文化,广义上指的是人类社会历史实践过程中所创造的物质财富和精神财富的总和,狭义上指的是社会的意识形态以及与之相适应的制度和组织结构。目前国内外对文化的概念有很多种讲法,得到大多数人认同的讲法为:文化是指不同的国家、民族、人种所具有的不同文化模式,它与其相关的历史地理、风土人情、传统习俗、生活方式、文学艺术、行为规范、价值观念等密切相关。每一种文化模式都有自己的价值体系和行为准则,并与造成这种差异的特定社会环境相联系。

各种文化模式的特点可以通过属于各文化的成员的行为、信仰、习惯和社会组织形式表现出来。一般的特点可以表现在服装、饮食和言语中;比较复杂的特点则融化在人的信仰、价值观、思维方式和言行举止当中。这种文化习惯和价值观念会自觉或不自觉地反作用于人所处的社会环境,并对周围的人产生影响。

（二）多元文化差异

世界上不同国家、民族和人种所具有的不同文化组成了多元文化。随着时代发展的需要,特别是在世界上许多国家、民族和人种之间相互关系日趋密切的情况下,不同文化之间的影响越来越大。众所周知,航运业是一个全球性的行业,联系着世界上不同的国家和地区,联系着不同的民族和人种。如图7-1所示,航运业关系所涉及不同主体之间的关系非常错综复杂,他们之间都联系着不同的文化。然而,当不同的文化相遇时,文化差异就会集中地表现出来。它们主要表现在语言、价值观、社会认知、生活和工作方式、交流与沟通的习惯等方面。

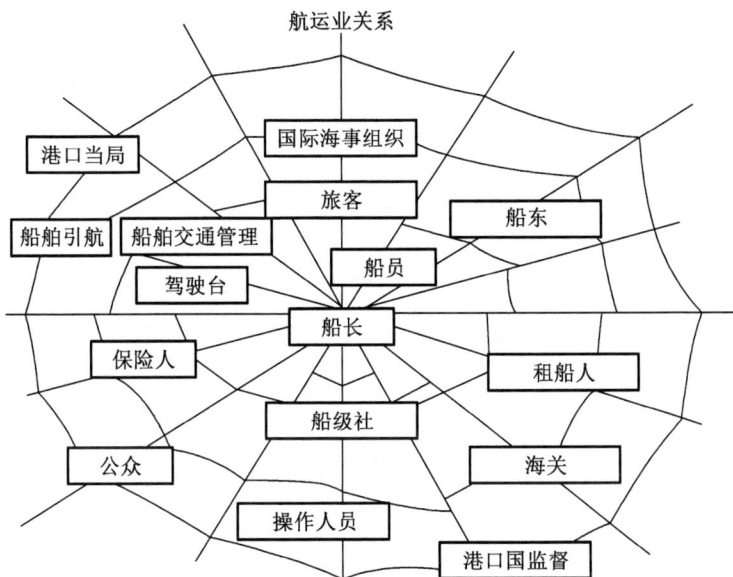

图7-1　航运业关系

1. 语言与文字差异

语言与文字是人们交流、传递信息和思想的产物,也是人们进行交际沟通的工具。语言与文字的相通或相歧,往往是由不同文化的共同性和差异性所造成的。当说者和听者的语言不一致时,就会产生沟通的困难,有时往往造成误解。

2. 价值观差异

每个人往往会由于自己不同的文化背景而产生相异的价值观,并影响到其行为方式和态度,在相互间的文化交流过程中,容易造成一定的冲突。

3. 认知差异

偏见是跨文化沟通中难以避免的一种现象,因为在跨文化沟通中,信息来源是有限的或存在不正确的信息,从而造成一些模棱两可的情景,不同文化背景下的人们通过自己独特的视野来看待社会或生活中的事情,必然会给沟通带来障碍。

4. 非语言沟通差异

沟通的手段不限于语言,非语言沟通,如肢体语言同样可以帮助人们传达信息和思想。

由于不同国家的习惯与生活及其管理的不同,这些非语言沟通的差异也会造成跨文化交流中的障碍。

5. 生活和工作方式差异

鉴于社会制度与生活环境的相异,不同国家或民族的人员在生活和工作方面的要求、节奏、习惯等方式上有很大的不同。

6. 沟通习惯差异

由于不同国家或民族的文化模式不同,导致其国家或民族人民在沟通习惯上有很大不同,有些人在交流和沟通中非常直截了当,而有的非常婉转含蓄。

应该提出的是,世界上不同国家的管理有先进和落后之分,但在各国之间的文化差异方面难以简单地加以对错之分,因而在不同文化的相互理解和融合中,良好的文化意识加上相互间的交流尤为重要。

文化意识是引航员所应具备的一个基本素质,具体地说,它要求引航员对所引领船舶的驾驶台团队人员的文化背景、生活习惯、行为方式和思考方式等有深入的了解,能站在对方文化背景的立场上来处理各种问题。

在船舶引航服务过程中,引航员便和该船的其他所有工作人员一起组成了一个新的驾驶台团队。如何来协调和管理具有多元文化背景的团队成员,这对于引航员来说是一种挑战。引航员往往希望生活在其他文化环境中的人们与自己一样,能按自己的方式处理问题,也希望他人的工作责任和权利也与自己社会中的情况一样,但这些想法有时会难以实施。如果引航员没有意识到这些情况,则会认为该团队其他成员与自己过不去,往往会使自己与船方之间的关系处于紧张状态,甚至会对船舶的安全状况产生不利的影响。

(三)多国籍人际关系处理

人际关系即人与人之间的心理关系,是一个人与他人相互接触和相互沟通的结果。一个人不可能独立地在社会中生活,人与人之间的合作与竞争是社会生存和发展的动力,把握好两者的关系,建立良好的人际关系是一个人工作和事业成功的重要保证。因此,处理和维持良好的人际关系非常重要,特别是对于在船上工作的引航员而言更是这样,因为船上的船员来自不同国家和地区,多元文化碰撞与融合,这时候就特别要求船员具有跨文化沟通和交际的能力,从而有助于处理好船上的各种问题。

在船上,引航员、船长、驾驶台其他成员都应对来自不同文化背景的人员的文化差异和文化相似性保持一定的敏感性,并相互尊重和理解各自不同的文化。如果不具备这种"文化敏感性"和不尊重和理解各自不同的文化,则会在交流和协作方面产生错误理解命令与指示、缺乏尊重和团队工作精神等许多问题。为了在船上处理好文化差异和进行跨文化沟通,引航员应充分注意到以下几点。

1. 尊重他人文化

中国在世界上具有灿烂辉煌的历史和文化,但是我国的文化只是世界文化中的一个组成部分。在现实社会中,许多人都会有这种倾向,即自我感到自己的文化是最好、最文明和最优秀的,其他国家的文化都不如自己国家的文化好,这种现象就是一种"文化优越感"。实质上,尊重和接受不同的文化是人们拓宽视野的良好开始。当然,了解不同文化的最佳方法是学习其语言,通过对语言的学习来了解和熟悉不同文化的价值观。

2. 理解他人文化

在处理好多国籍人际关系中,只有清楚认识到在不同国家文化背景中什么是可以做的,什么是禁忌而不能做的就能尽可能地避免相互间的误会。要做到这点,不仅需要了解自己的文化,更需要充分的了解,并能正确地理解跨文化基本理论和不同国家文化的知识。通过相应的学习和训练,在掌握自己文化的基础上,通过提高对其他文化的敏感度和对它们的认知能力。从实际的情况而论,引航员通过学习和理解其他国家船员所在国家的文化,有助于他们认识不同国家的文化与中国文化的差异。

3. 学习他人文化

在充分了解自己的文化的基础上,通过学习和掌握跨文化的理论,比如了解不同文化国家文化模式,知道其他船员所在国家属于哪类文化模式,即可进一步了解不同船员所在国家的具体文化。这样就可在与来自不同文化背景的人员交往中,从意识上清楚各自的文化差异,在态度上尊重不同国籍船员的文化,避免因文化差异所造成的误会和不信任感,真正能建立良好的跨文化工作关系。

二、情境意识

情境意识是安全意识的一个重要组成部分,在船舶安全中起着相当关键的作用。许多事故的经验教训表明,对当时情况和局面有着良好的安全戒备是预防和控制事故发生的有效措施。

(一)情境意识定义

情境意识(situation awareness,S/A),有的也译作"局面意识""情景意识"等。意识是心理学上的用语,定义为人所特有的一种对客观现实的高级心理反映形式,是指生物由其物理感知系统能够感知的特征总和以及相关的感知处理活动。意识与生俱来,就是感知能力,任何生物都有感知能力。意识是思维主体对信息进行处理后的产物。思维活动所产生的意识以信息的形式储存、表现和传递输出,意识传播的实质是信息传播。情境也是心理学的一个概念,是指在一定时间内各种情况的相对的或结合的境况,与个体直接联系着的环境(也即与个体心理相关的全部事实)相联系的一种组织状态。人的心理活动直接受情境的作用,环境只有经过情境才对心理起作用。安全心理学最关心的是个体与具体环境的关系、个体对具体环境的感知。

实际上,情境意识是指在某一特定时间和空间段内对影响船舶的因素和条件的准确感知。它是人们对于事故发生的一种预知和警惕,属于思维和思想活动的范畴。对船舶引航员而言,具有良好的情境意识意味着他能随时正确地感知自己周围的情况,敏捷地察觉周围情况的变化,全面了解这些变化将对自己船舶产生的影响,有效地计划和采取应对措施。

从理论上讲,船舶运动是一个充满了事物发展复杂性和偶然性的特点。船舶运动的变化要求船舶驾驶人员对船舶所处环境和条件的复杂性和偶然性有更加全面综合和有动态感的了解。从常识上讲,复杂性表现为一种众多因素相互作用的状态。在控制论、系统论和独立组织的理论范畴中,复杂性概念不仅仅表现为一个系统内各种因素之间极大的差异性,而尤其表现出这样一种极其难以预料的活跃性,即一种由众多因素以及这些因素的可变性和它们之间大量不同性质的关系而产生的活跃性;实际上,复杂性这一概念近似于偶然性概念。所谓偶然性,指的是两个以上的因果关系或不同目的组成的"链条"不期而遇的不可预见性;从更广泛的意义上讲,对偶然事件的确定,既涉及对属于同一个数量级复杂程度的说明,又牵扯到对既定对象特点的描述。正因为如此,为保证船舶的安全营运,保持对船舶运动的情境意识是十分必要的。

(二)情境意识和安全

可以肯定的是,船舶引航人员的情境意识越好,事故风险越小,船舶安全就能得以保证。反之,一旦这些人员的情境意识低下,则将产生事故的高风险,船舶安全就难以得到保证。情境意识不是一种特定的行为,而是工作态度和思维的产物,它决定着人的行为与动作。同时,情境意识是一种由理解力、注意力、判断力和适应性所组合而成的一种能力与表现。良好的情境意识具体表现为:

1. 船舶实际状态与变化趋势

船舶是船舶引航人员操作和控制的工具,同时也是人员和货物的载体。船舶本身对于船舶作业安全有重要的关系,也是安全营运系统的组成因素,主要表现在适航性上,即船舶设备装置、操纵性能资料、货载配置等方面的状况。没有适航的船舶,再好的驾驶技术,不论怎样遵守规章,事故都是难免的。由于航行环境千变万化,船舶在设计、建造和性能方面具备了一定程度上在预定航区航行承受一般风险的能力。具体来说,船体结构、水密隔舱、机械设备和各种工具,如锚、舵、缆、侧推器、消防、救生、信号和无线电等设备都应符合安全航行的要求,反之,这就会形成船舶不安全状态,这种不安全状态常常是以静态的形式出现。因此,对于船舶本身实际状态与变化趋势能正确地感知,并对船舶适航状态的完全理解是良好情境意识的要求之一。

2. 船舶周围环境与变化趋势

船舶在多种介质中运动,包括风、流、浪、涌等环境因素对于船舶运动与安全的影响是船上人员所熟知的。船舶周围的实际情况应包括船舶所处水域的自然条件(气象、水文、潮汐等情况)、航道条件(航路地理及危险障碍物等情况)和交通条件(交通密度、流量方向、交通秩序、交通局面以及保障航行安全的航道设施状况等)对船舶航行安全的影响。为了确保船舶引航过程中的安全,引航员应注意和察觉船舶周围的实际情况与变化趋势,随时正确地掌握自然条件、航道条件和交通条件的实际状况,并采取与之相适应的方法与措施驾驶自己的船舶。

3. 船舶环境变化对船舶运动影响

在现代航海新科技不断发展和进入信息社会的今天,引航员应通过各种可采用的方法了解和收集自己周围情况变化对船舶运动影响的信息,以采取有效的方法与措施来保证船舶的安全。按照船舶操纵理论,影响船舶操纵的信息有:信息 A:本船的运动信息,包括船舶位置、航向、航速及变化趋势,还有各种操纵器在作用状态和发挥作用情况等;信息 B:自然环境信息,包括风、流的方向及其强弱,尤其是它们对船舶运动施加外力造成的影响情况;信息 C:航行条件信息,包括航道环境和交通状况,即航道的可航水深、可航宽度,航道助航设施情况,航行航道的交通状况,附近船舶的运动状况,以及有关的操船法规等;信息 D:本船信息,包括船舶尺度、主机性能、操纵性能、载货状态等船舶静态信息。

为了实现有效而正确地操纵决策,操船者还必须对信息进行分析(图 7 - 2),特别是全面地了解周围情况变化对船舶运动影响,以及正确判断相互作用的效果和采取积极有效的措施。

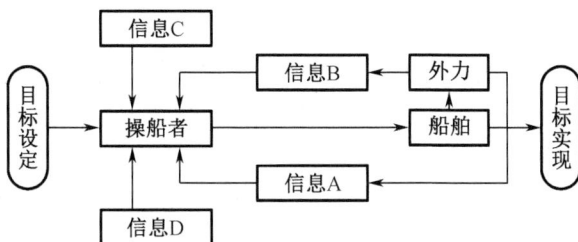

图 7 - 2　影响船舶操纵的信息

4.船舶面临局面和安全状况

船舶驾、引人员应当具有一定的专业技能知识来预见自己的特定行为会导致可能发生船舶动态结果,比如安全或事故。如果由于自己的疏忽大意而没有预见到以致发生船舶事故的后果,或者是已经预见到船舶有危险,但因轻信不一定会以致发生事故后果的行为就是疏忽。情境意识要求船舶引航人员应尽其技能和谨慎驾驶的职责。在特殊情况下应有必要的戒备和采取适当措施避免事故后果。由此可见,引航人员的情境意识必须适应船舶面临的局面,并能正确地预测船舶安全状况,以便采取正确而有效的措施,达到船舶航行安全的目的。

(三)情境意识构成要素

为了充分理解情境意识在安全方面所起的作用,认识情境意识的构成要素是十分必要的。从情境意识各个构成要素着手来培养引航员的情境意识是非常重要和有效的手段。情境意识的构成涉及很多因素,其中主要表现为:

1.经验与训练

情境意识最基本的影响因素是经验与训练。经验和训练是获取知识的重要途径。知识越丰富,理解力、判断力和适应性越强,情境意识自然越高。尽管引航不同类型与尺度的船舶对不同级别引航员知识的深度、广度方面的要求会有所差别,但为使船舶安全营运所必需的知识是不可缺少的。实际上,引航员在日常工作中良好的作业习惯和做法方面的经验和已经接受的专业内容的训练,都可以认为是情景意识的基本内容。

2.操纵与操作技能

操纵与操作技能是构成情境意识的重要因素。操纵与操作技能越强,对外界情况的理解和适应性也越强。这些技能与专业理论知识虽有密切关系,但即使学到知识很多,如无从事船舶操纵的实际经验是不可能引领好船舶的。当然,只有实际技能而无足够的理论知识,也具有极大的局限性。技能是通过实际技术训练才能获得的能力,特别是船舶实际操纵技术。它们应适应不断变化的外界环境条件的要求,还必须满足不断更新的技术与设备发展的要求。

3.身体情况与心理状态

身体情况与心理状态是保持情境意识的必要条件,因为引航员只有在良好的身体情况与心理状态下才能充分运用好自己的知识和技能。可以肯定的是,一位健康与心理状况不良的引航员是不可能保持良好的情景意识的。这就意味着情景意识的构成离不开良好的身体情况和心理状态。

4. 对情况适应与熟悉

引航员长期在特定的水域和具有一定特征与规律的外界条件下从事引航工作,便于全面了解相应的信息、熟悉外部环境和掌握影响船舶操纵的因素及注意事项。实践证明,引航员对自己工作范围内情况的熟悉程度越高,其认识过程中对局面和条件的感知越容易,在思考、分析和判断上容易达成与实际情况相一致的结论,情境意识自然也越高。

5. 驾驶台领导与管理

船舶作业是一个多部门多人员相协同的工作。就驾驶台来讲,船长、引航员、驾驶员、舵工是常见的工作组合。单凭个人的力量是不可能保持高水平的情境意识的。要想得到良好的情境意识,船长和引航员必须通过掌握和提高驾驶台领导和管理的技能,通过采用多种合理的方法,充分发挥每一成员的作用与功能,相互支持和监督。

(四)团队情境意识

引航员在船舶驾驶台经常会在某一时刻需要同时接受和处理大量的信息,如码头、拖船、周围他船、潮流、吃水、航标、机舱、舵令、车令、雷达等导航仪器的信息。如果船舶在接听 VHF 电话和处理 VTS 发来的指令等时,就更难以顾及其他情况变化,难免要分散注意力,致使其指挥不连续而发生失误,甚至导致事故的发生。这些意味着单凭引航员个人的力量是难以始终保持高度情境意识的,他们往往需要团队人员的协助。驾驶台团队成员应认识各自的职责与任务,并努力协助引航员做好引航工作。

1. 团队情境意识组成

团队情境意识是包括船长、引航员和船上其他所有船员个人情境意识的综合。在船舶作业过程中,船长受船公司委托,负责船舶的管理和驾驶。引航员上船引航时,发挥其熟悉和了解航道和港口情况的优势,运用其具有的驾驶和操作船舶能力,为船舶进出港和靠离泊提供引航技术协助和咨询。值班驾驶员在当值期间是船长的代表,对船舶航行安全负全面责任。操舵水手必须正确地执行船长、引航员或驾驶员发出的舵令。

通常情况下,船舶驾驶台团队人员是由以上人员所组成。为了保持良好的船舶团队情境意识,驾驶台团队所有人员都应各司其职,保持良好的通信交流。同时,驾驶台有效的指挥与领导是保持团队情境意识的重要环节。

2. 团队情境意识保持

为了保持团队情境意识,应最大限度地加强值班驾驶员的情境意识,充分认识驾驶台团队成员的各自作用,采用多鼓励少批评的方式来注重个人情境意识的培养和提高,切实做好船舶航行的计划与准备工作,加强驾驶台资源的有效管理。

(五)丧失情境意识反映与迹象

为了全面了解周围局面的情况,帮助自己认识失误链的形成和及时采取相应的措施来终止事故链,引航员必须充分注意以下所列出的各种情况,因为如存在下述情况,则意味着情境意识可能丧失或失误链已经形成。

1. 不确定性

不确定性是信息的不对称所形成一种特性。实际的或真实的信息与接受或处理的信息不对称,就会形成不确定性。而不确定性出现,不能正确感知信息,极易出现行为过失,从而形成失误链。不确定性是表明失误链形成的迹象,同时也是丧失情境意识的迹象。

不确定性信息可分为四类,它们分别是由于发生条件提供的不充分或偶然因素的干扰所产生的随机不确定性;因信息的外延模糊导致模糊不确定性;信息部分已知部分未知的所导致的隐性不确定性;由于决策者在主观上的、认识上的不足所产生的不确定性。不确定性本身也许不危险,但它意味着有差异,如差异原因未能证实或查清,则存在一定的风险。

2. 注意力分散或瞭望不当

注意力是人的心理对一定对象的指向和集中,即心理活动有选择地针对一定事物,并使其在自己的大脑中达到一定的清晰度和完善程度。很显然,一般情况下,人必须将注意力集中在重要的事务上,并剔除不相关的信息。虽然人可以转移注意力,但同一时刻只能专注于同一领域。当所有的过多的重要信息需要人来同时处理时,问题就随之产生了,或者说人的注意力可能游离于一些使人分心的信息中。注意力有时无法集中,有时又无法灵活转移,这都是船舶引航人员在工作中客观存在的。但是,如果自己不能正确对待和处理好这种情况,则会在航行中疏忽瞭望。它不仅指是否及时发现来船,同时也是指没能将注意力集中于对本船是否与被发现的来船"致有构成碰撞危险"这一关键的问题上。造成船舶引航人员注意力分散的主要因素包括领导与指挥的失误、同时接收的信息过多、压力和疲劳、紧急情况和经验不足。

3. 感知不全面或混乱

对局面的正确感知是情境意识的重要信息来源。它不仅能确认船舶目前所处的情况,同时还可预测随后将会发生什么。视觉是船舶引航人员感知最为重要的途径。当船舶在航行在能见度良好的白天时,视物清晰;当夜间或能见度不良时,视物就会受到极大影响。另外,当处于复杂和紧张的航行局面情况下,引航人员的思维与能力如难以适应当时的工作环境时,或由于他们的身体因不适和过于疲劳时而导致思维不清晰、甚至混乱时,则感知不全面或混乱的现象就会产生。对局面失去控制感知的人员是不知道随后将会发生什么的,其后果是不言而喻。

4. 通信中断

通信是信息传递的重要形式和手段。听觉信息是视觉信息受限时的补充。但是,人听觉的好坏不仅与声源的频率、远近、强度等有关,还与所处环境噪声有关。另外,船舶的通信可能被物理因素所干扰,而通信所使用语言的不同可能会导致误解或使通信中断。实践证明,不论何种原因导致通信的中断,则表明了失误链已形成的迹象,同时也是丧失一定情境意识的迹象。

5. 指挥不当

指挥不当往往是由情景意识不够而犯错误的一种表现。客观地讲,一旦指挥不当就意味着失误链已经形成了。此时的关键是指挥者和协助者能否及时发现和及时加以纠正。在具体引航工作中可表现在未能对船舶加以正确地控制与指挥,如随意改变航向与航速、未能根据实际情况的需要安排好瞭望人员等。

6. 背离计划航线

在船舶引航过程中如因指挥或监控不当而造成偏离计划航线,或为缩短航行距离而抄近路驶离计划航线都是表明失误链形成的迹象,同时也是引航员丧失情景意识的迹象。这种情况往往发生在未制订或落实好引航计划、受时间限制或意外情况的影响,或为了赶早完成引航任务等情况之中。

7. 违反已建立的规则或程序

建立规则或程序的根本出发点是通过规范对船舶引航安全与防污染的管理,提高船岸人员的质量管理意识和管理水平,进而有效降低人为因素造成事故的概率。没有正当理由而背离明确规定的规则和标准操作程序,表明失误链形成的迹象,同时也是丧失情景意识的迹象。例如:违反避碰规则、地方航行规则、驾驶台操作程序和公司相关的政策等。

8. 自满

自满意味着过于自信或盲目自信,容易产生不重视危险的心理。引航员因长年累月地从事特定水域中的航行和靠离作业,所以对自己的工作与任务非常熟悉。如果引航员在过于自信的心理状态下工作,经常会单凭经验、印象、习惯进行操作,在异常情况下不能及时察觉,反而自我认为很安全。当突然出现与预料相反的客观条件与变化时,由于没有心理准备,往往表现为惊慌失措、手忙脚乱,难以采取有力措施而造成事故。因此,自满会导致失误链形成,同时它也是丧失情景意识的迹象。

第四节　通信与团队工作

通信一词包括交流、沟通和传达等多个意思。通信是传递者→传达→接受者→反馈→传递者的环回过程。在引航工作中,通信与是船舶安全航行与靠离泊位作业安全的重要环节之一,因为有许多事故是与缺乏良好的通信与交流相关的。因此,保证有效的通信与交流不仅是做好人文管理工作的需要,也是预防引航事故和终止失误链的有效措施。因为,引航员必须通过与港口 VTS、拖船、码头等船舶外部的有关部门之间的有效通信来保证船舶的正常和安全航行。同时,引航员也必须和船长、驾驶员、舵工保持有效的通信与交流,以期通过发挥良好的团队精神,相互配合、协同工作。

一、通信

(一)通信定义

通信,简而言之就是信息的交换。通信有两层含义,一是一方向另一方清楚地传送的信息;二是一方向另一方清楚地传送信息的方式。通信可用任何方法彼此交换信息,即指一个人与另一个人以视觉、听觉、符号、电话、邮件甚至动作等其他工具为媒介交换信息的过程。

有效通信意味着有效交流,既要着眼于发送者一方,又要着眼于接受者一方。对发送者来说,必须清楚地认识到交流的目的、所使用语言、文字、符号等的意义、传递路线及接受者可能做出的反应。对接受者来说,则必须学会如何听,不但能懂得信息的内容,而且能听出发送者在信息传递的同时表达出来的感情和情绪。与此同时,还要关注通信中的媒介和干扰。

(二)通信过程

为了通信过程的成功完成,一方必须清楚地讲话(发送),而另一方必须仔细听(接收)。还应注意到,完整的通信应该是一个闭环式通信过程。一个完整的闭环式通信过程应包括以下内容。

(1)需求:请求向接收方发送消息,发送方收集和安排消息的内容。

(2)发送:有效传送信息。

(3)应答:接收方回答消息,并确认媒介和干扰情况。

(4)接收:接收方理解消息,如果不能完全理解,请求发送方做进一步澄清。

(5)反馈:确认收到消息,并必要地反馈给发送方。

(6)完成:通信完成并终止。

以上过程在船舶驾驶台的通信工作中有十分重要的体现,比如船上 VHF 无线电话通信信息交换程序包括6个步骤:初始呼叫、回答呼叫、确定工作频道、发送信文、回答信文和终止发送。初始呼叫是由呼叫方为开始建立信息交换而进行的信号发送,回答呼叫是被呼叫方对初始呼叫方的回答,由于呼叫频道往往不是工作频道,在不知道通信工作频道的情况下,一般使用16频道进行呼叫,由于不能在16频道占据较长时间,所以在进行进一步的信息的交换时,呼叫方和被呼叫方必须共同确定另一可使用的频道作为工作频道,以便继续正常地进行通信。及时和正确建立联系的主要目的是发送信文,根据需要,每一信文的内容有长有短,但应尽量做到:既要表达清楚,又要简洁明确。对信文内容而言,如果信文内容较长,发信方应将信文内容分为若干段落,多次发送;收信方也应多次回答信文。信息交换完成时,一般由呼叫方表示通信的终止。

通信要选择有利的时机,采取适宜的方式。通信效果不仅取决于信息的内容,还要受环境条件的制约。影响通信的环境因素很多,如组织氛围、通信双方的关系、社会风气和习惯做法等。在不同情况下要采取不同的通信方式,要抓住最有利的通信时机。时机不成熟不要仓促行事;贻误时机,会使某些信息失去意义;通信者应对环境和事态变化非常敏感。

(三)通信障碍

通信的障碍,是指任何干扰、阻碍或影响通信的因素,如通信中断和难以进行。通信障碍一般可以分为物理障碍和人为障碍两类:

1. 物理障碍

物理障碍在船舶通信中通常表现有噪声,比如在 VHF 通信中,来自其他船舶的非正常业务交流干扰,在船舶内部通信中,电话机的电流声、对讲机的电流声等;另外还会碰到设备的物理场所带来的物理障碍,比如船舶设备工作的干扰,船舶震动、风浪声响、驾驶台设备同频干扰等。因此,要保障船舶通信正常进行,应尽力减少或排除物理干扰。这些物理障碍常会影响船舶之间通信的正常进行,导致意外事件的发生。

2. 人为障碍

人为障碍指信息的传递者和接受者个人之间的障碍。双方在通信时,通常应选择相互能理解的共同的语言,但是在我国港口的通信中,往往存在地方语言、普通话、英语等语言载体的选择。另外,由于未能正确使用或违规使用通信设备也是导致通信人为障碍的原因之一。由于通信语言和设备使用的不当,往往会使得船舶之间无法协调行动而导致避碰的发生。

语言通信中,还有语气、语调、清晰度、速度、节奏等问题,而在肢体语言通信中,也会有眼神、面部表情等问题,这些都会表现为信息的传递者和接受者个人的障碍,基于船舶人员的多语言和多文化特性,或多或少存在一些通信干扰。

当然,在通信中的人为障碍还会表现为工作负荷、注意力分散、压力、疲劳等问题,这些因素在港口船舶流量和运转周期加快的情况下,更加明显。

(四)保持有效通信要点

保持有效的通信必须努力克服通信中的困难,否则通信双方对通信内容会在理解上出现问题。为了避免这种情况的发生和有效通信,必须注意以下要点:

(1)通信一定要有明确的目标。

(2)通过实用的物理方法减少通信干扰。

(3)增强文化意识和避免注意力分散。

(4)加强通信技能的培训,合理安排时间减少压力和疲劳。

(5)使用共同的语言和采用标准航海用语。

(6)双方必须完全明确对方通信的内容与要求。

通信结束以后一定要形成一个双方或者多方都共同承认的一个协议,只有形成了这个协议才叫作完成了一次通信。如果没有达成为协议,那么这次不能称之为交流。通信是否结束的标志就是是否达成了一个协议。在实际的工作过程中,常见到大家一起通信过了,但是最后没有形成一个明确的协议,大家就各自去工作了。由于对通信的内容理解不同,又没有达成协议,最终造成了工作效率的低下,双方又增添了很多矛盾。

另外,保持有效通信还必须确保通信的准确性。要准确地实现通信,除了要满足以上要求外,还必须注意通信中信息的表达问题。一个好的信息要符合 4 个 C 原则,即完整性(complete)、连贯性(coherence)、简洁性(conciseness)和准确性(correction)。

(五)船上通信

为了确保船舶的安全,特别是在进出港口和靠离泊位作业的过程中,船上的通信非常重要。实际上,大多数船舶在航行中和靠离作业中所发生的事故是与未能保持内部或外部的有效通信有关的。根据有关引航机构对船舶引航事故的分析与统计,许多引航事故的发生也是由于引航员与船方或其他第三方人员之间的通信失误有关的。

引航员在船上的实际工作中不仅要协助或负责船舶在进出港航行与作业时对外部相关机构和部门的通信联系外,还必须与船长和其他驾驶员进行联系和沟通。为此,引航员要充分发挥其熟悉当地语言、港口规章制度和通航情况的优势,并和船长要充分交流船舶和航行等方面的信息。

引航员应注意到,船长虽然非常熟悉自己船舶及其设备的性能,但他不熟悉当地的情况,加上可能产生的语言等问题,很难全面支配拖船、带缆艇和带缆工人。而引航员虽然具备当地航行的特殊知识和同港口当局等的特殊关系、熟悉当地的水域,可方便地支配拖船、系泊船和带缆工人,但不全面熟悉船舶特性和船员的实际工作情况。因此,他们之间的优势必须通过相互的通信与交流来加以互补。也正因为如此,引航员和船长之间的交流尤为分重要。他们应认真交流关于航行程序、当地情况和船舶特性的信息。同时,船长或值班驾驶员应和引航员密切合作,保持对船位和船舶运动的准确检查。

为预防和减少交通事故,保障海上交通安全,提高运输效率,防止环境污染。引航员必须与船舶交管站和港口当局保持密切的联系,根据规定及时报告自己的船位。如果需要进入锚地应当提前申请锚位,抛锚后或者起锚前应当及时报告动态。如船舶发生交通事故、污染事故或其他紧急情况或者发现助航标志异常、有碍航行安全的障碍物、漂流物或其他妨碍航行安全的异常情况时,应及时向有关主管部门报告。

在引航作业中,引航员应采用相互能通用的共同语言随时与船长和其他驾驶台的人员保持联系,他所有发出的引航指令必须明确无误,并确保被船方人员所理解和加以正确时执行。引航员在引航过程中所得到任何涉及通航、天气、能见度、流的改变或预期改变的重要情况应及时通知船长或驾驶台其他人员。如果确因外部的特殊情况而需对船舶原先的航行或靠离泊作业的计划做任何改变时,引航员应立即告知他们。如果条件许可,应尽可能与他们共同商定相应的对策与计划。

二、团队与团队管理

"团结就是力量",这是大家都非常熟悉的一句话,如果从管理的角度,把它改成"团队就是力量"也非常恰当。在一个组织之中,如果没有团队合作精神,个人的计划再精密,可能也难以完满实现。这也意味着,船舶在进出港口的航行中和靠离泊位作业的引航的过程中,任何引航员与船长一样,即使自己的本事再大,能力再强,没有驾驶台团队人员的帮助和支持,要确保船舶引航工作的正常和安是根本不可能的。

(一)团队定义

团队是由两个或两个以上的人组成的,通过人们彼此之间的相互影响、相互作用,在行为上有共同规范的一种介于组织与个人之间的一种组织形态,通俗地说,它是由一起工作以完成共同任务的个体组成的一个群体。应强调的是,团队内成员间在心理上有一定联系,彼此之间在工作中发生相互影响。由此可见,两个以上个人的集合体也未必是团队。那些萍水相逢、偶然汇合在一起的一群人,虽然在时间、空间上有些共同的特点,但他们之间在心理上没有什么相互影响和相互作用,如同在车站等车、码头候船的乘客、电影院里的观众、排队买东西的顾客等,都称不上是团队。属于团队的人员在工作中应具有以下的要素。

1. 共同目标

为完成共同目标,各位成员之间彼此合作,这是构成和维持团队的基本条件;事实上,也正是这共同的目标,才确定了团队的性质。组织则不同,它是先有结构,后有任务、目标和发展方向。团队必须是先有目标,后有团队。更为重要的是,团队的目标赋予团队一种高于团队成员个人总和的认同感,这种认同感为如何解决个人利益和团队利益的碰撞提供了有意义的标准,使得一些威胁性的冲突有可能顺利地转变为建设性的冲突,也正因为有团队目标的存在,团队中的每个人才都知道个人的坐标在哪儿,团队的坐标应在哪儿,否则黑白颠倒,轻重不分,团队将面临灭顶之灾,也失去了其存在的价值。正因为团队目标的存在,才使得团队成员在遇到紧急情况、面临失败风险等情况下全身心地投入,统一思想,形成合力,取得最后的成功。

2. 相互依赖

从行为心理上来说,成员之间在行为心理上相互作用,直接接触,彼此相互影响,彼此意识到团队中的其他个体,相互之间形成了一种默契和关心。不论何时,不论需要怎样的支持,成员之间都相互给予,而且他们也总是彼此协作,共同完成所需要完成的各项工作。

3. 团队意识

团队成员具有归属感,情感上有一种认同感,即能意识到"我们是这一团队中的人""我是这一群体中的一员"。每个人都有发自内心地感到有团队中他人的陪伴是件乐事,彼此心理放松,工作愉快。因此,团队意识和归属感是形成了团队的重要部分。

4. 责任心

引航员上船参加引航工作时,由于他和当时驾驶台已有团队成员之间在心理上有一定联系,彼此之间在工作中也发生着相互影响的结果,所以他自然而然地成为船舶驾驶台团队的新成员。他在引航工作中与船长及驾驶台其他成员一样,都具有在共同的目标,相互间相互依赖,并都具有团队意识和工作责任心的要素。

(二)良好团队特征

一个处于良性运转的高绩效团队必须具备以下显著特征,而正是由于有了这些特征,一个群体组织才能称之为良好团队或高绩效团队。

1. 明确目标

团队成员必须清楚了解自己的目标,并坚信这一目标包含的重大意义和价值。这种目标的重要性还激励着团队成员把个人目标升华到团队目标中去。在良好的团队中,成员愿意为团队目标做出承诺,清楚地知道希望他们做些什么工作及他们怎样共同工作来共同完成任务。

2. 精湛技能

团队是由一群有能力的成员组成的。他们具备实现理想目标所必需的技术和能力,而且相互之间有能够良好合作的个性品质,从而能够出色完成任务。后者尤为重要,但却常常被人们忽视。有精湛技术能力的人并不一定就有处理团队内关系的高超技巧,也不一定就能对团队目标实现做出贡献,但良好团队的成员往往兼而有之。

3. 良好沟通

这是团队一个必不可少的特点。团队成员通过畅通的渠道交换信息,包括各种言语和非言语信息。此外,管理层与团队成员之间健康的信息反馈也是良好沟通的重要特征,有助于管理者知道团队成员行动,消除误解。

4. 一致承诺

团队成员表现出高度的忠诚和承诺,为了能使团队获得成功,他们愿意去做任何事情。我们把这种忠诚和奉献称为一致的承诺。对成功团队的研究发现,团队成员对他们的群体有认同感,他们把自己属于该群体的身份看作是自我的一个重要方面,因此,承诺一致的特征表现为对团队目标的奉献精神,愿意为实现这个目标而调动和发挥自己的最大潜能。

5. 有效领导

有效的领导能够让团队跟随自己共同度过最艰难的时期,因为他能为团队指明前途所在。他们向成员阐明变革的可能性,鼓舞团队成员自信心,帮助他们更充分地了解自己的潜力。优秀的领导者不一定非得指示或控制,高效团队领导者往往担任的是教练和后盾的角色,他们对团队提供指导和支持,但并不试图去控制它。

6. 相互信任

成员间相互信任是团队的显著特征,就是说,每个成员对其他成员的行为和能力都深信不疑。在日常的人际交往中,人们都能体会到信任这东西是相当脆弱的,需要花大量的时间去培养又很容易被破坏。而且,只有信任他人才能换来他人的信任,不信任只能导致相互的不信任。

引航员为了能与原有驾驶台团队人员一起开展有效的工作,必须按以上良好团队特征中提出的要求,在短时间内与他们建立起相互间的信任。为此,在实际工作中,引航员登船时应向船长和船员展现自己精神饱满、衣着整洁、热情自信,风度与修养俱佳的形象,让对方能产生信任感、和谐感和合作的欲望,从而形成互相信任,互相振作,互相激励的局面。

(三) 驾驶台团队工作

许多个体联合称一个组,为了共同的目标而进行的工作称为团队工作。船舶在引航作业的过程中,在驾驶台上工作的船长、引航员、驾驶员和舵工客观地组成了一个驾驶台团队。这些人员都为了一个共同目和完成各自的任务而参与了驾驶台团队工作。

为了更好地做好船舶引航工作,作为驾驶台团队重要成员之一的引航员必须在明确自己的责任与义务的基础上,通过与船长、驾驶员和水手,甚至包括拖船和码头工人等之间的良好合作,顺利完成船舶航行或靠离泊位的引航任务。

引航员具备当地航行的特殊知识和同港口当局的特殊联系。他熟悉当地的水域,可正确指挥拖船,带缆艇和码头工人。但不熟悉被引领船舶的特性和船员。而船长虽然熟悉船舶及其设备的性能不足和特异之处,但不熟悉当地的情况,难以指挥好拖船,带缆艇和码头工人。但是他不熟悉港口当地情况和航行特点。

为此,引航员与船长的交流是十分重要的,他们应相互交流关于航行方法,当地情况和船舶特性的信息。船长或值班驾驶员应与引航员密切合作,保持对船位和船舶运动的准确检查。在驾驶台各成员应在履行自己的职责的过程中,认真做好以下各自的工作。

1. 引航员工作

引航员具有驾驶和操作船舶的能力、熟悉和了解航道和港口情况,可为船舶进出港和靠离泊提供引航技术协助和咨询。相对于船长,引航员的优势在于,对航道和港口建设、工程进度等细节情况的及时了解;对本港的气象、水文,尤其对航道的变迁、水深的变化规律了如指掌;掌握非常有利于船舶避碰的本港船舶动态、船舶流的规律以及地方习惯航法;有语言交流的优势;熟悉与港口相关职能部门的联系方法;熟练掌握本港拖船的分布、拥有量、性能以及指挥拖船的艺术;对所靠离码头的走向、系缆设施、码头边的水流、水深、码头工人的带缆技术、风格都非常熟悉。而船长相对于引航员的优势在于,对本船操纵性能了如指掌,熟悉全船人员、设备及其薄弱环节和局限性,对本船在各种紧急情况下的应急有全面的、适合本船的应急预案,时刻保持充分的安全裕度,有丰富的航海实践经验,能够在任何复杂的险情面前从容应对,转危为安。

引航员与船长和驾驶台团队密切合作,与船长交流信息,包括整个航程的航行安排、操作意图、航道和泊位水深情况、进出港船舶动态、靠离泊方案、安全靠离要求、港口有关规定和注意事项等。积极告知驾驶台团队在引航水域中的任何困难和制约因素。在条件允许的情况下尽可能多地让驾驶台团队清楚他的行为和意图。使驾驶台人员能监视船舶航行在计划航道内的情况。他还应向驾驶台团队人员简述当地的环境和交通规则。

2. 船长工作

船舶进出港口时,船长应在驾驶台亲自指挥。引航员上船后,船长应做好接待和沟通工作,要让引航员心情轻松愉快,精力集中地引航。让引航员和船长各自的优势达到合理的互补,默契地配合,同时要求船长或驾驶员使用《领港卡检查清单》,适时、主动地向引航员介绍本轮的船舶规范、货载情况、操作性能、船舶水尺、前后吃水差和车、舵、锚的使用等情况。为了防止由于一次性向引航员介绍本轮有关情况(主要是操纵性能)的内容过多,或由于通常引航员一上驾驶台就立即开始引航,因操作原因而断断续续介绍这些情况,引航员不一定完全记住,建议在抵港前专门打印一张,以书面形式交给引航员,以示重视。船长还应要求驾驶台其他团队人员积极协助引航员的工作,通过适用的方式与语言与引航员共同进行交互式的闭环交流。若因引航员的疏忽而发生工作失误时,应及时加以纠正,若确有必要时,可收回指挥权。船舶在引航员期间,若船长确有要事离开驾驶台时,应告知引航员和值班驾驶员,并尽快回到驾驶台。

3. 驾驶员工作

在引航期间,值班驾驶员的主要和关键作用是认真监视船舶的动态和设备的工作情况,积极协助瞭望,根据需要和规定正确定位和在海图上标绘初船位,协助船长、引航员做好船舶的航行与操纵作业。如果船长在引航期间离开驾驶台时,值班驾驶员则应代表船长履行认真监督引航员的改向与变速等航行动态,如果对引航员的行为或意图有任何怀疑,他应及时向引航员寻求澄清,如果这个疑问仍然存在,他应立刻通知船长,若确有必要,可在船长到达前采取必要的措施。

值班驾驶员应该积极支持和参与所有的情况介绍和工作总结活动,在交接班时应确保已经进行了详尽的情况介绍和妥善的交流。积极地参与到支持有效交流原则的工作环境中去。如果船长、引航员没有严格遵守相关的驾驶台操纵程序和在工作中有失误时,值班驾驶员应在不威胁到领导权或上级命令的情况下,采用恰当的方式加以指出和提出质询。

(四)团队人员之间关系

1. 引航员和船长之间关系

引航员上船引航并不意味着接替船长,严格地讲,此时船长仍保持着操纵和指挥船舶的权利,因为他是在船的最高管理者和权力者。引航员在引航中的决策与领导是船长对权力的委托。为了确保引航工作的顺利进行,引航员和船长和之间应保持密切的合作,并相互充分交流信息,以便能全面地了解各自的实际情况和理解各自的意图。引航员到驾驶台后,船长有责任让他了解和掌握船舶的操纵特性和特点,告知引航员船舶和设备当时的工作状态。引航员也有责任告知船长和驾驶员有关船舶引航中的特点与要求,以及在引航中可能遇到的任何困难和制约因素。船长和引航员还应尽可能相互通过图示或讲解的方式使驾驶台团队人员了解和清楚航行计划。这种信息的交流必须是清楚无误且相互间是能正确理解的(特别应注重使用好引航员和船长与驾驶员之间均能理解的共同语言来进行信息的交流和沟通)。

在船舶引航的过程中,引航员应及时和船长交换有关安全航行的方法与意图,船长和值班驾驶员则应与引航员紧密合作,并保持对船位和船舶动态进行连续性核对。船长一旦发现引航员的操作中存在错误,则应及时对引航员加以指出,引航员应尊重船长提出的意见,根据当时的实际情况加以纠正,或对相关情况加以说明。如船长认为船舶安全已不能得到保证而确有必要中止引航员的操作时,则应当机立断,果断明确告知引航员,并立即明确自己收回指挥权和承担操纵船舶的责任,以免引起相互在船舶指挥方面的混乱。必要时,可视情况要求更换引航员。在这种情况下,引航员必须尊重和服从船长的决定与安排。

2.引航员和驾驶员之间关系

引航员在引航的过程中,除了需要与船长密切配合外,还必须与驾驶员协调好工作关系。因为值班驾驶员在船舶引航期间的主要和关键作用是监视设备和船舶动态和船位,向船长和/或引航员提供支持。特别应注意的是,当船长在非危险航段暂离驾驶台时,驾驶员将受船长的委托而开始代替船长履行船方的相关责任和义务。此时如果负责航行值班的驾驶员对引航员的行动或意图有所怀疑,他应要求引航员予以澄清,如仍有怀疑,必须立即报告船长,并在船长到达之前采取必要的行动。这就意味着值班驾驶员在接受船长的委托后,同样有权纠正引航员的错误口令,或在船长到达之前采取必要的(保护性)行动。为此,引航员应明确驾驶员在引航期间的职责,尊重他们在特定情况下的相应的权力,并通过相互间有效的信息交流和沟通,充分发挥驾驶台所有团队人员的作用。

第五节　决策与领导

决策是领导工作中的关键部分。从高度而言,它决定着一个组织或部门的发展前途与命运;从实际来看,它决定着该组织或部门的工作能否顺利开展和达到预定的目标。领导者在进行决策时,其本身的心理活动情况和实际工作能力与水平起着非常重要的作用。船舶在实际营运工作中,需要按照其船东(航运公司)和其他相关的主管机构与协作部门,如地方海事局、港口集团等的指示与要求从事航行、靠离泊位等作业活动。作为船舶第一领导的船长则承担着船舶重大事务决策的责任。与此同时,船上的大副、轮机长等高级船员也承担着对本部门的领导责任,并应承担自己本职工作中所发生事务的决策义务及责任。

引航员在实际工作中受船长的委托上船从事船舶引航中的过程中,也承担着相应的决策与领导任务,因为此时他已成为船舶驾驶台团队核心成员之一。同时,他也必须对自己在船舶引航作业中的所发生的事务承担相应的义务及责任。为了提高自己在领导和实际业务工作中的决策水平和能力,上述这些人员都必须在明确自己的义务与责任前提下,认真学习和掌握有关决策和领导相关的基础理论与实用知识,以提高自己在决策与领导方面的能力。

一、决策

(一)决策定义与特点

何谓决策？许多人认为"决策是指人们在改造世界过程中,寻求并实现某种最优化目标即选择最佳的目标和行动方案进行的活动",也有人认为"决策是做出决定的意思,是人们在改造世界的过程中,寻求并实现某种最优化预定目标的活动"。从分析决策的内涵而言,它们都包括了以下共同的特点。

1.决策主体

在决策活动中,人是处于主动状态下的主体。这体现在首先决策的设想是由人提出的;随后所有涉及决策的客观条件的取舍也是由人做出的。

2.决策的目的性

决策的明确目的性一方面表现在决策具有针对性,决策总是针对特定的对象进行的;另一方面表现在决策是为了实现决策者的预期目标。

3.决策的心理活动特性

人们在决策时,尤其是在做出重大决策时,心理活动涉及很多方面,内在的潜力也会被最大限度地得到现实性的挖掘,个性品质的最优秀方面也会被积极地调动。所以有人认为,决策是人心理活动中高度综合的、最高层次的活动形式,而决策是人的最高智慧的结晶。

4.决策的思维特性

在决策过程,人的思维活动起着关键性作用。它是对所有涉及与决策有关信息的高度加工和处理,然后分门别类地形成若干个备选方案。

5.决策的过程性

作为决策的主体,人们将对若干个备选方案进行分析、比较,最终选择一个与预期目标一致性程度最高的可实行的行动方案。

由以上的决策特点可以看出,在船舶引航的实际工作中,决策主体中的人主要是指引航员。实际上,船舶在开始航行或靠、离泊位作业前,引航员需要制订一些相关航行或作业的计划和方案。但在实际的航行与作业的过程中,他们又必须根据当时的实际情况与需要,从已制订的方案中选择最佳方案,或在必要时对选择的方案进行修改与调整。所有这些也组成了自己决策工作中的一部分。因为引航员在正常的情况下完全可以由本人或通过与驾驶台团队其他人员的协作,或在必要的情况下征求船长的意见来完成引航中的决策任务。即使是在特殊或紧急情况下,只要船长还没有明确表示完全由他自己来承担指挥任务之前,引航员是不能自行解除本人的引航责任和义务的,正因为如此,引航员在这种情况下还必须承担相应的决策义务及责任。

(二)决策主要类型

在从事引航或其他不同工作的实践中,人们可以根据工作内容及其时间上的需求情况将决策归纳成以下三种类型。

1. 紧急情况下决策

当发生意外而又紧迫的局面或问题时,为了能及时处置和解决这些特殊的局面与问题,人们不得不立即采取相应的应急措施。而采取何种措施和如何采取这些措施都涉及紧急情况下的决策,这就是在危急关头需立即做出紧急的决定和采取关键行动。引航员在船舶引航过程中突然发生因主机、辅机或舵机等原因而造成失控或遭遇特殊性复杂气象条件等情况时,就必须根据当时的情况做出应急性的决策,并采取相应的措施与行动来保证船舶的安全。由于时间与条件的限制,这种决策必须是及时、果断和正确的,否则就会造成严重的后果。

2. 一般情况下决策

在实际工作中,常会发生原定的计划与安排因为生产或工作的变化而无法继续实施,或是因为遇到一些新的问题时,就必须选用或做出一些新的决策。由于这类情况并不紧急,可以有一定的时间来加以考虑和用于决策,所以称为一般情况下的决策。在从事引航作业的过程中,由于被引航船舶未能准时抵达引航员登船点、码头或港口作业等其他因素导致船舶靠、离泊位时间与计划发生变化,引航员就必须根据实际需要对原有的方案和决策加以调整,或做出新的决策。这种决策虽然不属于紧急性的决策,但是也必须加以认真对待,以免因决策不当而造成事故。

3. 日常性工作决策

在平时的工作中,人们必须根据常规性的工作计划与进度,做出具有日常操作特性的决定,而这些被称为日常工作中的决策。这些往往是根据平时工作的惯例而做出的。船舶引航中的许多规章制度都是在这些平时日常性决策的基础上而制定的。引航员在平时的工作中,也都是结合自己实际工作的情况与要求,遵照这些规章制度而做出自己操作性决策的。

(三)决策过程与要点

决策的过程包括了不同阶段的工作。决策是在对特定事件进行分析、评价、比较的基础上,最后选择应对的最佳方案;选择的前提是拟定多种可行的方案,而要拟定备选方案,首先要明确决策的必要性和应达到的目标。所以决策的过程包括了研究现状、明确问题和目标,制订、比较和选择方案等阶段的工作内容。

1. 决策过程

在从事具体和实际的决策过程中,决策者一般都会按以下的步骤来进行。

(1)决策的必要性

决策是为了解决特定的问题而制定的,决策的目的是实现和达到一定的目标,所以制定决策首先要做好分确认决策必要性的工作。

(2)决策的目的

在确认了决策的必要性后,还要有针对性地研究将要采取的措施应符合哪些要求,必须达到哪些效果,也就是说要明确决策的目标。

(3)收集决策资料

在明确了决策的目的以后,就必须根据决策的要求,详尽地收集相关的资料与信息,以便于能在全面了解和掌握真实情况的基础上,有针对性进行分析研究,以做好制定对策的准备工作。

（4）拟定决策方案

在全面了收集相关决策资料的基础上，就可以为实现目标来研究和制定可采取的各种对策及其相应的具体措施与步骤。

（5）选择最终对策

决策的本质和最终的工作是选择对策。而要进行正确的选择，就必须对所拟的多种备选方案进行优、劣势与可行性的分析、比较和排列。在这过程中，决策者必须最终从多种备选方案中选择出相对更为满意的方案作为决策的结果。

（6）对策的实施

在决策者最终选择出最佳的应对方案后，就必须根据需要加以实施。选择的对策在具体使用的过程中，还需要不断地跟踪和查核它们的实际效果，并做好评估工作。如果它在实施过程中进展顺利和能达到预定的目的，则可以继续实施；反之，则应再次分析研究，进行适当的调整和完善，或在必要时采取另外可行的替代方案。

应指出的是，在实际的引航决策工作中，航行或作业方案的拟定、比较和选择往往是交织在一起的，所以这些方案的拟定也可能不是一次性完成的，他们需要不断地加以完善，直到做出最后的决策为止。即使在做出决策加以实施以后，也可视具体情况加以调整和完善，或在必要时采取另外可行的替代方案。

2. 决策要点

在决策的过程中，决策者会受到很多因素的影响，包括外部环境、决策者对待风险的态度、组织文化、时间等因素。为了保证决策的正确性和可行性，决策者在决策前后的过程中应注意以下要点。

（1）决策前

①明确目标。必须首先明确自己所需要解决的问题，以保证所做的决策能有的放矢。这项工作不仅可以为方案的制订和选择提供依据，而且为决策的实施与控制，为组织资源的分配和各种力量的协调提供标准。

②团队协同。积极调动团队成员的工作积极性，在条件许可的情况下，让他们共同参与决策工作，集思广益，便于协调以后的工作任务与工作。

③风险评估。首先认真做好资料收集工作，有针对性地和尽最大可能获取尽可能多的信息，特别是多元目标之间的相互关系方面的资料，然后对决策目标进行风险评估，为全盘考虑相关的情况和制定相对满意的决策做出分析结果。

（2）决策时

①替代方案。决策中应根据实际需要提出多种设想的方案。在此基础上，对设想的方案进行集中整体和归类，以形成初步的方案。在做出相应决定的同时，应认真考虑采用不同方案后可能发生的情况，并做好最坏情况的打算和制订好一旦发生其他特定情况下的替代性方案。

②仔细考虑。对收集到的各种资料和信息加以充分的分析与研究，仔细考虑所收集到的资料与信息的所有可能的情况，以确保它们的真实性。在根据实际情况而不是根据个人的意愿来判断所面临的问题和局面的基础上，对初步方案进行筛选、补充和修改，对余下的方案进行进一步完善，并预计其执行结果，形成一系列不同的可行方案。

③沉着及时。决策者应根据所需要解决问题的轻重缓急来充分利用时间。在紧急情况下,必须在最短的时间内沉着果断地做出决策。但这种决策不能因为时间的紧迫而草率行事,而应在沉着及时地综合考虑可使用资源的基础上,采取最为有效的措施与方法来应对和处理紧迫问题与局面。在一般情况下,则不要急于下结论,而应利用一切可获得的时间沉着地做出满意度较高的决策方案。因为在实际船舶低速运动中,需要做出紧急决策的情况并不是很多的、同时,在决策过程中根据实际情况的发展和需要不断变换不同的适用方案被证明是一种安全的做法。

(四)决策后

1. 监督进程

决策一旦付诸实施,就应及时和连续地监督其实际进展情况,并不断地核实这些采取的决定和方法是否能发挥预期的效果,以确定它们的正确性。如果发现所采取的决定和方法不能达到预期的效果,则应找出它们的不足之处。

2. 评估进程

在监督决策付诸实施的进程和查核其有效性的过程中,还应对其进行评估。如果发现新的情况与所做决策有冲突,不要急于随意地假设决策或情况有误,而要再次认真地考虑和分析局面,重新全面地考虑问题。

3. 跟踪决策

通过对决策方案的查核和评估,可结合所收集到的经验与教训,在必要时对决策方案加以改进和完善,以便能真正充分利用好所有的资源。

(五)决策风格

决策是领导工作的关键,决策的有效与否,不仅同科学的决策程序、方法有关,而且很大程度上取决于领导者的决策个性风格。所谓风格,就是指人们做事的习惯、方式或手段。不同的人做同一件事的方式会有很大差异,实现同一目的的途径也不一样,从而形成不同的风格。关于风格,人们更多关心的是风格的多样性与差异性,因而,风格总是与特点相关,从这个意义上说,风格是指不同的人在做事方式上所表现出来的习惯偏好的特点。

所谓决策风格,就是指人们决策的习惯和方式,它并不涉及决策的内容和目的,但是决策风格对于决策效果和效率有着非常明显的影响。决策过程与结果往往与决策者的年龄、心理素质、知识、经验、阅历、胆略、性格、习惯等有直接关系,同时还受到所处社会环境和时代风尚的影响。诸多不同的因素,使决策者对待决策的态度、方法也各有不同,久而久之,就形成不同的决策习惯,进而形成各有所长的决策风格。

(六)短期决策策略

决策规定了组织在未来一定时期内的活动方式和方向,提供了组织中各种报告资源配置的依据。因此,决策的正确性和合理性对组织的生存和发展是至关重要的。但是由于对决策客观条件了解得不全面、决策知识与预见能力的受限、不确定因素的不断产生等原因的制约,往往会给长期决策的选择与确定带来许多障碍,所以做好长期决策的工作需要较长时间和全面而细致的准备工作。由于工作性质的关系,引航员在船时间并不长,他们不可能参与船舶的长期决策。这也意味着,引航员面对的往往是短期决策。

短期决策是指为有效地组织正在进行的工作,合理地利用现有的各种资源,以期为尽快取得最佳的工作效果而进行的决策。由于一般性合理的决策不仅要求决策者事先了解所有行动方案及其实施后果,而且还有一套客观的、能为他人广为接受的评价标准,这样才能对各种方案进行客观、公正、理性的评价,从而选择其中最为合理的决策结果。当船舶在严重受到时间与条件等因素限制的情况下,为了解决面临困境或紧迫的危险,短期决策的策略被视为有效途径。短期决策的策略有时也被称为短期计划。

1. 短期决策遵循原则

制定船舶短期决策时应遵循如下原则:

(1)利用所有的资源和可用的时间建立处理问题的计划,并考虑好优先性。

(2)得到驾驶台团队人员的全员参与。

(3)通过相互交流形式和团队成员核查计划。在制定决策时应当听取建议,比较计划,充分考虑每个输入条件,并核查是否有遗漏的问题。

(4)对已达成一致共识的计划进行总结。包括使得每一位成员能切实理解,并建立监督指南,赢得承诺。

(5)监督已达共识的计划执行情况,对进程做出进展,必要时,修改或更新完善短期策略。

2. 选择优先解决问题

在船舶营运过程中,驾驶员或船长往往会同时存在着几个可能导致事故的危险源或者不安全因素,存在着几个需要解决的问题。但是,受到时间、空间、资源的限制,不可能在同一时间一次性解决所有的问题,只有按照问题的轻重缓急优先解决那些迫切需要及时解决的问题。此时,可以使用决策表或者决策矩阵等方法来确定优先序。

3. 短期决策制定时船长的职责

在制定船舶短期决策过程中,船长应当做好如下工作:

(1)评估信息的质量,确认其相关性和精度,搜集可能影响到决策的已遗漏信息。

(2)让驾驶台团队成员参与决策,时间允许的话,应一同执行决策的过程。

(3)时间允许的话,应对未被标准操作规程所包括的航行问题做出短期决策。

(4)条件一旦变化,则应随之修改与更新计划。

4. 引航员与驾驶台团队成员实施短期决策时的职责

在采用短期决策方法的过程中,包括引航员的驾驶台团队成员,若时间允许的话,均应积极地参与短期决策的制定;竭尽全力支持船长开展短期决策。就具体工作而言,引航员和驾驶台团队应当做好如下工作。

引航员应该做到:

①接受相关问题的质询。

②如时间许可,应确认或否认短期决策的正确性,如时间不许可,则可谨慎做出回应,先支持短期决策的实施。

③在自信和权威间寻求一种恰当的平衡。

驾驶台团队成员应做到:

①接受相关问题的质询。

②当操纵船舶时,确认经讨论已形成的观点。

③挑战何时超越限制或与原有观点比较存在疑问的情形。

④当环境威胁到船舶营运安全时控制船舶。

⑤在自信和权威间寻求一种恰当的平衡。

二、领导

(一)领导定义与作用

1. 领导定义

所谓领导,就是指设定目标,率领和引导组织或个人在一定的时间以及其他条件下,按照一定的计划或方法实现该目标的行为过程。它也可以解释为:"指挥、带领、引导和鼓励部下为实现目标而努力的过程"。从领导的不同形式来看,它可以是指作为一个具体组织或团体的首领式人物,但是它也可以是指一种能力、方法和艺术。从以上的含义和社会发展的历史来看,任何时代和任何组织都是不能没有领导的。在不同时期、不同组织中领导的含义都是有一定的相似之处的。

引航员在船上经船长授权开始从事船舶的引航工作后,客观上就成为驾驶台团队领导成员之一,他必须在充分利用和协调船舶驾驶台内外部人力、物力和客观条件下其他各种资源在基础上,通过有效地指挥和控制船舶的航行和操纵来达到安全引航的最终目的。因此,在船长的授权和监督下,引航员为了做好船舶航行与其他作业中相应的计划、组织、控制、指挥等方面的协调工作必须具有良好的领导能力。

2. 领导作用

在任何单位或组织,领导者的好坏直接影响着这个单位或组织的工作成败。领导者在带领、引导和鼓舞团队成员为实现组织目标而努力的过程中,要发挥指挥、协调和激励等三个方面的作用。

(1)指挥作用

为了帮助人们在工作中认清所处的环境和形势,明确活动的目标和达到目标的途径,必须有头脑清晰、胸怀全局,能高瞻远瞩、运筹帷幄的领导来指挥人们的集体活动。

(2)协调作用

在许多人协同工作的集体活动中,人们之间往往会因各人的才能、理解能力、工作态度、进取精神、性格、作风、地位等不同或外部各种因素的干扰而导致思想上发生各种分歧、行动上出现偏离目标的情况。因此,这就需要领导来协调相互之间的关系和活动,使大家团结起来,统一思想,为共同的目标而努力。

(3)激励作用

在一定组织的工作中,尽管有许多人都具有积极工作的愿望和热情,但是这种愿望并不能自然地变成现实的行动。为此,这就需要有通情达理、关心群众的领导者来为他们排除困难、激发和鼓舞他们的斗志,发掘、充实和加强他们积极进取的动力,以保证每一个职工都能保持旺盛的工作热情,最大限度地调动他们的工作积极性。

(二)领导风格

领导者在实际工作中都会根据具体的要求,结合自己领导工作的经验和风格而从事具体的领导工作,他们也会因工作要求和具体的实施方式的不同而产生不同类型领导在实际工作中的特点,他们的各自的领导风格也会各不相同。

1.命令型

具有命令型领导风格的领导往往采用下达命令的方式来要求下属必须完成的工作任务。他们会给出明确的指令,包括要求他们做什么,如何做,在何时与何地做等细节。

2.指示型

具有指示型领导风格的领导往往采用发出指示的方式来布置具体的工作任务。他们会向下属提供框架性的指示和要求,并要求下属通过自己的努力去完成相关的任务。

3.参与型

具有参与型领导风格的领导往往能在发出指示和布置具体工作任务的同时,他们能主动地和下属一起共同参与讨论和决定完成工作任务和解决问题的最佳方案。

4.委托型

具有委托型领导风格的领导往往只是向下属发出指示和布置具体工作任务,他们很少向下属提供如何完成工作任务或解决问题的具体指导和人员支持,也不愿多承担责任和义务。

以上这些不同类型领导风格与不同类型领导本身的性格与特点是密切相关的。但是,这些具有不同性格与特点的领导在从事他们的具体实际工作中,也不是完全是采用单一的领导风格来办事的。在不同的场合和情况下,他们也会根据实际情况调整或采用混合型的领导风格来适应或满足需要的。不过从他们总体工作中的实际行动而言,一般每个领导都具有自己独特的领导风格。

三、船舶引航中决策与领导

船舶引航是一项较为特殊的工作。作为船舶团队工作中的暂时性成员和在船舶引航期间承担特定情况下领导与决策任务的引航员,他们在负责船舶引航的实际工作中不仅需要对所遇常规性的问题加以处理,还需对引航工作中的突发事件采取应急措施。因此,他们必须针对自己的工作特点和可能遇到的各种问题,认真处理好自己和船长及船舶驾驶员在船舶引航工作中的领导与决策方面的关系,积极承担相应的责任与义务,达到船舶安全引领的目的。

尽管引航员有其职责和义务,他们在船上引航并不解除船长或负责航行值班的高级船员对船舶安全所负的职责和义务。船长和负责航行值班的高级船员应与引航员密切合作,并保持对船舶的位置和动态进行精确的核对。因此,在从事船舶引航工作期间,引航员应明确自己有责任和义务利用其特定的知识和能力在当地水域帮助驾驶船舶进出港口或进行靠、离泊位作业。在这些作业过程中,引航员为保证船舶航行或靠、离泊位作业的安全,应充分发挥其在特定条件下由船长委托而授予的决策与领导作用。但是,引航员在此期间也必须明确和牢记船长对船舶的安全始终负有最终的决策和领导责任,并尊重和服从船长的指挥。同时,引航员也必须明确和处理好自己和船长与驾驶员之间的关系,并按照以下原则充分发挥船舶引航决策与领导的作用。

（一）发挥团队作用

为了确保船舶引航的安全,引航员首先要明确以上所提及的自己和船长与驾驶员的相互职责与权利,并应注意运用良好的工作方法来处理好相互之间的工作关系。在工作中应能确保驾驶台团队成员之间(包括引航员、船长与驾驶员)在心理上的相互容纳和认同,从而在相互之间协调好引航的决策与领导工作,使成员之间产生良好的凝聚力,以真正发挥出显著的驾驶台团队工作的整体工作效能和作用。

（二）引航员自身优势

引航员在明确其在特定条件下由船长委托而授予的决策与领导权力的基础上,必须通过充分利用自己所具备的当地航行的特殊知识和同港口当局的特殊关系等优势来发挥自己在船舶引航决策与领导中的作用。但是引航员也必须充分认识到自己工作中的一些不足之处和不利因素。由于引航员所工作的船舶是不固定的,所以他对被引航的船舶的人员、设备和船舶的操纵特点,特别是对它的薄弱环节和局限性等都不太了解,而这些不利因素对引航的决策与领导带来了一定的困难。为此,引航员上船必须认真地向被引航船舶的船长全面了解有关船舶的操纵特性、设备等情况,特别是涉及船舶在操纵中的薄弱环节和局限性,以便能在引航的决策与领导工作中加以注意。同时,引航员在引航过程中应与船长共同注意船舶的动态,预防意外局面和情况的发生,一旦发生这些情况,则应和船长共同根据预定的应急方案立即采取有效的行动与措施,以防事态的扩大和恶化。

（三）决策与领导风格

决策与领导风格有着非常特殊的作用,在某些情况下,决策与领导风格往往会影响着决策与领导工作的成败,引航工作中的决策与领导风格也是同样如此。为此,引航员在工作中受船长委托而行使决策与领导的权力时,必须充分考虑以下作用与影响。

1.尊重团队成员

引航员在改进引航的决策与领导风格时,首先要充分认识驾驶台团队人员相互尊重的重要性,特别要从自己做起。在我国强制引航的规定下,引航员具有双重身份:其一是受港口当局授权,具有维护国家利益,保证港口安全的责任;其二受船东的委托,协助船长操纵船舶。因此,引航员在引航工作中的权利和义务是维护国家利益,安全、迅速地引领船舶。但是,当引航员在操作中措施不当时,船长、值班驾驶员都有责任加以纠正,并最终必须服从船长的命令。从这一方面而言,引航员是受被引航船方的委托为其服务的。

2.加强团队成员之间交流

为了保证驾驶台团队成员间的正常和有效工作,引航员在行使决策与领导的权力时,应加强与船长和驾驶员之间的交流和沟通。在关键性的决策过程中,如果时间急迫,则应将自己的决策或意见及时告知船长或驾驶员;如果时间与当时外界的条件允许,则可采用适当的方式,通过讨论或其他的办法征求船长或驾驶员的意见。在紧急情况下,则应视当时的实际情况,在船长的认可和驾驶员的协作下果断地加以决策和采取应急措施以确保船舶的安全。

3.养成良好心理与生理素质

引航决策与领导的风格往往是与引航员个人的心理与生理素质分不开的。实践证明，引航员如其心理与生理素质中积极因素占主导地位,则意志坚强、处变不惊、反应灵活、行动迅速、头脑清醒,能从容果断地做出有效的决策和及时地解决问题;反之,如引航员心理与生理素质构成中消极因素占据了主导地位,则会优柔寡断、举棋不定、处事呆板、行动迟缓、处变不惊,就很难做出有效的决策,致使工作消极被动而陷入困境。这就意味着引航员的心理和生理素质与其本职工作的安全具有非常密切的关系。

为了养成良好的心理与生理素质,引航员必须注重心理与生理素质的一些规律,及时总结和分析自身心理与生理素质的现状与变化,并针对这些现状与变化采取相应的措施加以调整。由于心理与生理素质往往会影响自己个人的特性,所以有针对性地在工作中减少这些方面的消极因素,增加积极因素,将有助于自己在工作中发挥更好的引航决策和领导作用。

4.提高引航决策与领导技能

引航决策与领导的技能是引航员从事船舶安全引航的基本保证,他们可以在实际工作中通过不断地对自身和他人的工作实践与经验加以分析、总结、积累来提高这些技能。由于引航员在引航工作中的决策风格对其决策效果与效率的影响是非常明显的,所以他们应当了解自己的决策风格与其他引航员决策风格的异同,通过取长补短来提高决策的有效性。

引航员必须充分注意到在实际工作中所采用的引航决策与领导风格并不完全或都是单一的,而是经常会出现决策与领导风格的多重性,所以他们在对不同决策与领导的风格加以研究的同时,还应充分考虑到引航决策与领导的特性,即这类决策与领导往往非常注重实际操作,专门从战术研究的角度,实施微观的作用。它们其中的每一措施和行动都必须落到实处,并分工到具体人,从而保证最终的结果与效率。

引航员应在自己的引航作业中充分考虑针对不同问题所作不同决策的优先问题,即要注意对不同风险程度的评估和应优先考虑的因素,以确保注意决策的应变性、适应性和有效性,而千万不能因为在决策时优柔寡断和举棋不定而导致在关键时刻坐失良机。

总之,引航员在决策时应沉着镇静、认真观测,仔细考虑,抓住关键,并能充分利用船舶驾驶台所有可利用的一切资源(包括驾驶台团队的人员、船舶驾驶台的硬件与软件、时间与空间、个人知识与经验等)。在做出决策后,则应把握正确时机,及时加以实施,适时查核效果,必要时对所采取的措施加以调整,最终达到安全引航的目的。

第六节　疲劳与压力

多年来,人们并没有真正把疲劳与压力问题看作是人为失误的潜在原因或因素。形成这种误解的一个原因是人们一直信奉多种特性都可以防止疲劳与压力:个性、智力、教育、培训、技术、补偿、动机、体格、力量、吸引力或职业精神。然而,近年来的事故数据以及研究明确地辨明,有很多事故是由于疲劳与压力对人体机能所产生的影响所致。

一、疲劳

疲劳之所以危险是因为无论一个人的知识和技能水平如何高,都会受到疲劳的影响。疲劳所产生的负面影响对人类生命安全、资产财富和海洋环境往往会产生灾难性的危险,由于从事船舶航行与操纵作业是一个技术性和专业性都非常强的工作,针对这些负面的存在及其影响,引航员在船舶引航作业中必须保持持续的警觉性和高度的注意力。

(一)疲劳定义

疲劳是人的一种生理规律,是为避免机体过于衰弱,防止能量过度消耗的一种保护性反应。产生疲劳的原因很多,受到生理、心理及社会等因素的影响。

疲劳的定义有许多种。然而,疲劳通常被描述成一种感觉疲劳、萎靡不振或困乏的状态。这种状态是由于长时间的脑力或体力工作、长时间的焦虑以及艰苦的环境或失眠所引起的。疲劳的结果是损害了身体机能,降低了警觉性。

人在连续劳动或从事其他体力活动一定时间以后,会自然地发生劳动机能衰退现象,这就是由疲劳引起的。这时,在人体内发生了生理活动变化、机能变化和物质变化。分解代谢和合成代谢难以维持,肌肉收缩变弱,中枢神经系统产生抑制作用,全身感到精疲力竭,渴望休息或睡眠。

人疲劳以后,意志减弱、注意力分散、反应迟钝、对信息输入方向性的选择能力降低、处理信息缓慢、信息的输出形式混乱、动作缺乏准确性,甚至出现失误,难以保证生产安全。

1. 疲劳分类

产生疲劳的原因很多,受到生理、心理及社会等因素的影响。因而在对疲劳类型的划分上也存在着不同的分类方法。但是,大体上可以分为生理疲劳和心理疲劳两类。

(1)生理疲劳

生理疲劳即肌肉疲劳。包括全身疲劳和局部疲劳,急性疲劳和慢性疲劳,静态作业疲劳和动态作业疲劳,以及姿势疲劳等。

全身疲劳是由于全身承受繁重的体力劳动而引起的。表现为全身性肌肉和关节性酸痛,疲惫乏力,具有全身的广泛性,以劳动器官为甚。全身疲劳又分为急性疲劳和慢性疲劳。心理疲劳、营养不良、供氧不足等也可引起全身疲劳。

局部疲劳是个别器官或肢体承受紧张作业,使局部肌腱过度紧张或局部血液循环不良而引起的疲劳。短时的局部疲劳,一般不会影响其他部位的功能;长期的局部疲劳,由于体内物质的弥散作用,会转化为全身疲劳。局部疲劳与劳动者所从事的职业性质有关。它主要是由不良姿势和体位所引起的。

(2)心理疲劳

心理疲劳即精神疲劳。心理疲劳具体表现为体力不支、心情不安、怀有畏惧退缩心理、对于干扰作业的刺激十分敏感、情绪不稳定等。

引起心理疲劳的因素主要有工作单调、缺乏兴趣;劳动效果欠佳、困难较多、技能不熟练;劳动条件较差、心里感到不舒服;人际关系紧张、精神负担重;不愉快;事业受压力等。心理疲劳可加重生理疲劳。疲劳使注意力分散,适应能力降低,身体机能衰退,导致事故的增加。

2. 疲劳特点

（1）感受性

由于疲劳对人体生理、心理变化的影响，此时受影响的人员会自觉产生身体不适或思维不清的感受和反映。

（2）可耐性

由于感受具有一定的过程，人对疲劳都可以忍耐一段时间，但这种可耐程度是因不同的人而相异的。

（3）超前性

有些人在自己的机体尚未进入疲劳状态时，主观上已经进入疲劳的状态。这种情况的发生主要是与人的动机、态度、兴趣和事业心有关的。

（4）滞后性

有些人在疲劳客观存在后，因为他们对疲劳的感受较为迟钝，所以在一段时间后才感受到了疲劳。这种对疲劳感受的滞后性与人的体质及心理状态密切相关的。

（5）传染性

在群体共同工作的过程中，人们对疲劳的感受会受到相互影响，可以导致相互间疲劳的传染和蔓延。

（二）疲劳对引航作业影响

由于船舶具有连续运行营运和风险性高的特点，对于从事船舶航行与操纵的引航员而言，疲劳被认为是一个关系到引航员职业健康和安全的重要问题，因为它的存在使得发生船舶事故和伤害的可能性有了极大的提高。

疲劳破坏人体生理节奏，导致睡眠质量差、消化系统失调，甚至还会产生妄想症、精神错乱、嗜眠症、呼吸问题、抑郁症、易怒、神经病以及间歇性精神病等。疲劳对引航员的工作产生不利的影响，它会干扰引航员的注意力，降低引航员身体和大脑的反应能力，破坏引航员做出各种合理决定的能力。

人类出现疲劳现象主要是因为没有得到充足的休息，无法从长时间的不睡觉或沉重压力的影响下恢复。除了受不睡觉的时间长短影响以外，疲劳程度还受到其他因素的影响，所从事工作的类型、工作和生活的环境、白天工作的时间等都能影响到疲劳的程度。减少疲劳影响的最好方式之一是储存充足的恢复性睡眠。然而，由于诸如工作安排、生理节奏以及外在环境等因素的存在，获得充足的恢复性睡眠可能会存在一定的困难。

另外，引航工作本身就具有高度的风险性，特别在的当今船舶尺度不断增加，船速越来越快、通航密度大幅增加的情况下，引航环境日趋复杂，船舶操纵与作业的难度越来越大。上述多种因素导致了引航员在工作时精神上的高度紧张，也构成了他们容易产生疲劳的潜在影响因素的独特组合。

（三）疲劳原因

疲劳属于人的生理、生命现象的一部分。研究疲劳对合理设计、改善环境、加强管理、提高工作效率、增加安全性具有重要的意义。引起疲劳的原因包括生理、心理两个方面。

引航员所了解的引起疲劳的最普遍原因是缺少睡眠、休息质量差、压力大和过多的工作量。此外,还有许多其他原因,并且会根据具体情况的不同而有所不同,例如,操作上的、环境上的情况引起的疲劳。

（四）疲劳特征

因为人们无法判断自己的疲劳程度,因此,疲劳的产生对一些高风险的工作是非常危险的。疲劳会对一个人的机能产生不利的影响,它可以降低引航员个人和群体的行为有效性和高效性;降低生产力;降低工作标准并可能会导致错误的发生。除非采取措施减少疲劳,否则在注意力持续集中一段时间之后,疲劳感觉会长时间的存在,从而引起对船舶安全的危害。但人处于疲劳状态的情况下,可对人体机能产生以下的影响:

1.思维迟缓或记忆减弱

引航员在身体疲劳感到时,其注意力和记忆力往往会大为减弱。此时,由于思维的迟缓或记忆力的问题使他们根本不能保持全面和良好的情境意识,甚至经常会忽略连贯性工作程序中的一些步骤。

2.反应迟钝或行为犯错

疲劳能够影响一个人对刺激的反应、感知、领会或理解的能力。一旦出现这些刺激,疲劳的人需要更长的时间对它们做出反应。由于思维迟缓或记忆减弱,引航员对所面临的局面和情况难以做出敏捷和果断的反映,从而不能在关键的时刻做出正确的反应,甚至犯错而导致事故的发生。另外,身体长时间疲劳的人为了节省精力,常常会选择一些具有高风险的工作策略,导致工作上差错而发生事故。

由上可见,疲劳还会影响到引航员解决问题的能力,而这种能力是处理新出现或应急问题的组成部分。为了保证引航员正常履行自己的职责与任务,必须充分考虑到消除疲劳产生的原因,以减少此类危险的潜在发生。引航管理机构的各种管理系统和工作程序都应受到严格的检查,以找出其中能够造成引航员疲劳的设计上的缺陷。

（五）疲劳预防与消除

睡眠是解决疲劳的最有效的策略。失眠和嗜睡都会使人各方面的机能下降,如决策能力、反应时间、判断力、手眼协调能力及多种其他技能。

人们需要深度睡眠。睡眠的质量并不都是一样的,也并不都能收到完全恢复体力的效果。仅仅疲劳还不能足以保证获得一次好的睡眠。一个人开始睡眠的时间必须与其生物钟保持同步,以确保睡眠的质量。如果睡眠的时间与生物钟不同步,将很难获得彻底的睡眠。睡眠最好不要受到外界的打扰,因为6次1 h的打盹小憩与一次连续6 h的睡眠之间的效果是大不相同的。

人们对睡眠的要求是因人而异的,然而,普遍认为每个人每天应保证平均7~8 h的睡眠。一个人所获得的睡眠数量应能够使其精神焕发并且保持警觉性。连续几天睡眠不充足将会使警觉性降低。只有睡眠才能够保持或恢复人体的机能状况。

人们在工作和生活中影响疲劳和体能的另一个重要因素是自己的休息。除了保证具有足够的睡眠时间外,人们还可采用中断工作（短暂的休息或小憩）或改变工作的形式（放慢工作的节奏等）来加以适当的休整。事实证明,对于维持人体机能来说,适当的休息或小憩是必需的。在实际工作中,必须注重处理好影响休息的持续工作的时间、工作强度、休息的时间和新工作的变化和性质等外界因素带来的影响。

另外,人们主动应对和缓解疲劳的方法还包括通过参加适当的体育锻炼和合理调整饮食结构来增强人的体质,提高自身的免疫能力,以保持在工作中能身体健康、情绪平稳和精力充沛。

二、压力

(一)压力概念

压力这个名词在人的生活中的出现频率很高,是现代社会普遍使用的名词之一。随着社会生活节奏的不断加快,压力也正在不断侵入人的生活,影响着人的身心健康。压力一词包含许多不同的因素。可以表现为:

(1)扰乱人体自然平衡的任何影响。

(2)人和环境之间的一种特殊关系,这种环境在个人看来已给他的应付能力带来负担或超出个人应付能力,并且危害到他的健康。

(3)对环境变化的普遍反应。

(4)处理问题失败而带来的心理反应。

(5)持续焦虑时间过长导致疾病。

(6)对身体的任何要求的不具体反应。

关于压力的定义有许多不同的说法,但很难得到一个被普遍接受和认同的定义,一个现行的较为合理的定义是"压力是人对(生活和工作)环境和事件刺激因素的普遍反应"。这个定义既强调了环境的刺激,也考虑了个体反应方式的差异性。它变相地将可能产生压力的环境和事件称为刺激源。压力是一种主观的感受,伴随着对压力情境下产生的身心反应。一般认为,压力是个人对具有威胁性的刺激情境而一时无法摆脱时被压迫的感受。刺激源本身是多重性的,具有客观性,只有通过个体感受才形成压力感。

(二)压力刺激源类型

1. 心理性触发

心理性压力的发生,简单来说就是"要与不要"的问题。在每个人的心中都有满足基本需求,与达成愿望的想法。如果这些需求的追寻遭受压力,就会产生心理压力,如恐惧感和危险感会产生压力。

2. 物理性刺激

对躯体产生直接性损害的刺激,如各种疾病、环境的噪音、温度变化(太热或太冷)等,缺乏睡眠和工作太久会产生压力。

3. 社会性触发

指社会生活中所发生的变化,广义的如政治动乱、战争、社经制度的变革等;狭义的如工作环境的变动、家庭成员的重大生活事件。现代社会发展迅速,地区人口密集,人类互动频繁,新的工作要求方式等原因,使得社会性压力成为人们主要的压力来源。比如,工作困境会产生压力。政策和程序,文化和工作风格可成为压力的原因:工作量所需的职工数不足,过多的空缺岗位,部门间配合不好,缺乏足够工作的培训,信息不充分,没有控制工作负荷,呆板的工作程序,没时间来适应变化等。

4.文化性触发

这是指人们在迁徙、移民或是跨国旅行时,因为生活方式、价值观和语言等的不同而在思想上产生了对外界条件难以适应的压力。

(三)压力刺激源特征

1.不可控性

压力不仅是一些负面事件的影响,非常平常,甚至正面事件也可造成压力。比方说结婚、变老,得到一份工作,工作太多或太少,独居禁室或置身于过度嘈杂的环境。

2.不确定性

几乎人们所能想到的任何事,开心的或不开心的,都可成为压力的一个来源。压力在不同的场合是多样化的,对一个人产生高压的事件可能不会对另一个人产生同样的影响,这是因人而异的。

3.挑战极限

压力也可简单地理解为生活造成的身体系统的耗损。人对压力的反应程度受多种因素影响,人的身体素质,心理承受力,对局面的控制程度,人实际感知潜在压力事件的情况。

压力具有明显的情景性、高度的个体化和间接性的特点。压力对人的影响往往是非直接的,它会通过一些中介的变量而起作用,如认知评价、人格因素、社会支持因素等。

(四)压力对身体和心理的影响

人的一生是由各种大小不同的生活事件所串连成的,有的事件很平常,有的事件则会给人带来或多或少的压力,需要去适应。但并不是所有的压力都会对人产生影响,有的压力对人是无关紧要的,有的压力却会对人的身体构成极大的伤害,甚至可能会引发各种身心疾病,这就是压力所产生的生理效应和心理效应。

因为有些积极事件,如升职、结婚和第一个孩子出生等也会产生一定的精神压力。而且,在一定条件下,保持相对的压力状态,对人的健康和事业不仅无害,反而有益。压力反应可从以下两方面来做说明。

1.情绪反应

人们面对危险时的情绪反应是恐惧,面对胁迫事件的反应是焦虑,而面对分离或失落的情绪反应则是忧郁。

2.身体反应

面对危险或胁迫所产生的身体反应为自主神经系统的警醒,这时常可见有心跳变快、血压变高、肌肉张力增加以及口干等现象。而面对分离或失落时,身体的反应是感到疲倦。

对人的身体而言,压力会被看成是一种外来的巨大威胁,一种敌对状态。压力最易引起原来就比较脆弱或敏感的器官或系统发病,气管敏感的人,压力可引发气喘;血压本来就不稳定的人,面对巨大压力,血压可能会陡然增高。一连串的压力都给人带来身体上的不适,会减低人的免疫力,比如头痛、偏头痛、背痛、眼睛疲劳、视力下降、皮肤过敏、睡眠紊乱、消化失调、心跳加速、血液胆固醇增加、肾上腺激素增加等。

而压力给人精神上带来的影响就更直接了,其中焦虑就是压力最容易引起的一种心理反应。其他常见的压力反应还有认知功能失调、思考困难、失去自信及无助感、绝望感等。比如:对工作不满,焦虑,沮丧,易怒,失落,家中或单位人际关系破裂,酗酒和吸毒,吸烟,无法放松等。所以当人出现这些情绪反应时,一定要认真思考是哪些压力引发了这些情绪反应的产生。

还有一点是人应该看到的,压力其实是渐渐形成的,没人能事先警觉,因为一点点的压力不会伤害人,或许还有一些好处。但当有一天人发现受到的压力,已经超过负荷量时,人甚至不知道是从什么时候开始。

如果人的应对技巧较为丰富,并且具有可塑性,使人在面临压力环境下有进退自如的余地;如果人使用的心理防卫机制是成熟的、健康的,那么在正常的压力反应之下,人将会学习到成长与进步,且能预防它转变为不正常反应,避免精神疾病的发生。

人只要活着就要面对不同的压力,虽然,每个人遇到的压力各不相同,人的个性也各不相同,但是面对压力仍然有一些基本原则可以参考的。

表7-1通过列出机能的损伤及相应的症状来描述压力可能产生的影响。压力的征兆和症状可以被用来判断个人的警觉程度。必须注意的是,个人很难发现自身的压力症状,因为压力会影响其判断力。

表7-1　压力的影响

	机能的损伤	征兆/症状
1	不能集中注意力	不能组织一系列活动和专注于单项任务; 注重琐事,而忽视更重要的事情; 重复旧有的无意义的习惯; 无精打采
2	做出决定的能力下降	错误判断距离、速度、时间等; 不能理解形势的重要程度; 忽视了应考虑的项目; 做出较危险的选择; 对简单的算术、几何计算等感到困难
3	记忆力下降	不能记住任务的顺序或任务的要素对回忆事情或过程感到困难 忘记完成任务或任务的一部分
4	反应缓慢	对正常、异常或紧急情势的反应缓慢(如果全部)
5	丧失对身体运动的控制	可能表现出酒醉的样子; 无法保持清醒状态; 影响语言,如言语含糊、缓慢或错乱; 感觉四肢沉重; 在举、推或拉时感到力不从心; 频繁掉落东西,如工具或零件
6	情绪变化	更安静,较平时少言寡语易怒; 狭隘并有反社会的行为消沉

表 7 - 1(续)

	机能的损伤	征兆/症状
7	态度改变	不能预见到危险； 不能注意和遵守警告标志； 不能觉察到自己的状况较差； 强烈的冒险欲望； 忽视正常的检查和程序显出无所谓的态度； 不愿工作或干劲不足

（五）压力对工作的影响

心理压力是指人从事有目的活动遇到障碍或干扰时产生的一种心理紧张状态或情绪反应。心理压力与事故的发生是密切相关的，而且彼此是互为因果的。心理压力可以诱发事故，而事故的发生又会造成人的心理压力。

在引航工作中，发生过多的不悦事件或生活环境的频繁变化，不仅会使人心绪不宁、烦躁不安，损害人的身心健康，还会迁怒于他人，迁怒于自己，迁怒于设备，严重地影响工作的稳定，甚至导致事故发生。例如，亲属的不幸或死亡、离婚或失恋、受到处分或不公正的批评等，都会造成感情上的痛苦，出现精神疲劳，使观察力、注意力和理解力下降，这种情况下发生事故最多，所谓祸不单行是绝对有道理的。迁居、睡眠习惯等的改变，会使生活习惯反常；环境的变化也会使人体新陈代谢活动受到影响，情绪容易波动等。当生活变化所造成的影响超过了人的心理承受能力，且令人难以自制时，就可能发生不幸，并导致事故的发生。

（六）对压力的处理

从科学的角度看，缓解压力，提高生活质量，可以通过综合压力管理来实现。综合压力管理理论认为，人类只能缓解某些压力，而不能完全消除压力。

压力所产生的源泉不同，缓解的方法也不尽相同。压力的产生不外乎有生理的、心理的、认知的、人际关系的、社会的、文化的和制度的等原因。只有找准压力产生的原因，干预工作才能做到有的放矢，对症下药。

为了保证引航工作的安全和正常进行，无论从短期和长期的目标出发，须注重通航环境对引航员心理的影响这一问题，并积极采取有效的应对措施。

1. 引航安全思想教育

针对目前引航员因工作风险与精神压力而产生了一些思想和心理方面的问题，应做好引航员的思想工作，帮助引航员克服心理与生理方面的困难，以稳定引航员的工作情绪和确保引航工作的安全。通过奖励与教育为主、惩罚与处理为辅的方法，在严格处理事故责任人，积极教育其他人的同时，认真做好引航员安全工作的正面思想教育。对多年无事故的引航员，要认真总结他们的经验，树立榜样，让其他引航员，特别是一些青年引航员少走弯路，或付出不必要的代价。

2.缓解引航员心理压力

通过采取多种方法与措施引导他们正确对待工作中的风险与压力,以缓解这些因素对他们心理上造成的压力。这些方法包括以下几方面。

(1)心理与生理科学

加强引航员对心理与生理科学的学习,通过过对引航员体力、智力和情绪方面的研究,探索他们在体力、智力和情绪方面波动变化情况(即人体生理节律对引航工作的影响),以便根据不同的生理节律,对处于临界期的对象加以控制,尽力避开易出现事故的不利时机,使工作时间适应其人体的生理节律纪和调整好人体的生物钟,最终达到科学安排引航工作的目的。

(2)心理咨询和心理疏导

为了做好引航员的心理工作,根据实际的需要,可以定期或不定期地为进行心理咨询和心理疏导。特别要注意防止单个引航员发生引航事故后影响其他引航员连续发生引航事故的现象。

(3)丰富文体娱乐活动

积极展开文体娱乐性活动,以改变个人与社会活动过于单一的情况。在确保引航工作正常进行的条件下,引航员可积极参加诸如球类与棋类活动,观看电影或其他文娱节目,以及参观与旅游活动等,以便通过以上活动调节生活与工作节奏,丰富生活内容,有利于调整心理状态。

(4)引航员安全意识

为了强化引航员的安全意识,必须持续性地加强引航员安全意识的教育,使他们能认清压力与工作的关系,积极应对工作压力,掌握自我调整工作压力与心理的方法等;另外,还应重视通过相应的思想与技术性工作来做好引航员素质的培养工作,包括良好的工作态度、心情和信息接受能力、高度的情境意识与警戒性、对突发事件的快速反应、适度的自信心、在特殊情况下心理与感情的平衡能力等。

第八章
船舶应急管理

第一节　船舶应急的组织与准备

一、船舶应急组织与应急准备工作要点

(一)船舶应急的概念

船舶应急又称为船舶应变,是指在船舶发生各种意外事故和紧急情况时的紧急处置方法和措施。

(二)船舶应急的种类

按目前多数船上配置的船舶应急部署表中的应急部署,船舶应急分为消防、救生(包括弃船和人落水)以及油污应急。

船舶应对船上可能发生的各种紧急情况做好应急准备,并建立相应的应急反应程序,包括碰撞、触礁、搁浅、火灾、爆炸、人落水、船舶油污、船舶丧失操纵能力、船体结构损坏、船舶严重横倾、货舱进水、货物移动、货物撒漏污染、进入封闭舱室、临近战争危险、遭遇海盗、遭遇保安威胁、船员伤病、弃船等情况下的应急反应程序。

(三)船舶应急警报信号

(1)通常用警铃或汽笛发送,客船上还必须用广播通知旅客。

(2)在船舶应急部署表中的各类应急警报信号通常规定如下:

①消防:警铃或汽笛短声连放一分钟后,另加火灾部位指示信号,一声表示在船前(首)部;二声表示在船中部;三声表示在船后(尾)部;四声表示在机舱;五声表示在上层建筑;

②堵漏(漏损):警铃或汽笛二长一短声,连放一分钟;

③人落水:警铃或汽笛三长声,连放一分钟;

④弃船:警铃或汽笛七(或七以上)短声继以一长声,连放一分钟;

⑤油污:警铃或汽笛一短二长一短声,连放一分钟。

(四)操作级以上船员在各类应急中的岗位及职责

船舶应急部署应根据应急的性质、船员的职务、特长、工作能力以及是否有相应的培训合格证书等因素来安排每个人的岗位和职责。船长是船舶各类应急的总指挥;大副是船舶

各类应急的现场指挥;当事故现场在机舱时,通常由轮机长担任应急现场指挥,大副在现场协助指挥。

1. 在船舶消防应急时

船长担任应急总指挥,在驾驶台负责指挥应急和操纵船舶;大副在火灾现场担任现场指挥;二副在驾驶台值班,负责通信联络、传达船长指令、执行船长的操船指令、记录应急过程;三副进入大型灭火系统控制站做释放准备。

2. 当有人落水需要应急时

船长担任应急总指挥,在驾驶台负责指挥应急和操纵船舶;大副在主甲板(放艇时在救生艇甲板)担任现场指挥,组织对落水人员的施救;二副在驾驶台值班,负责通信联络、传达船长指令、执行船长的操船指令、记录应急过程;三副准备救生器材,并做好释放救生艇的准备。

3. 撤离船舶或弃船时

船长担任应急总指挥,在驾驶台负责指挥应急;货船上的大副和三副担任指定救生艇的艇长,做好救生艇的释放准备工作;二副在驾驶台值班,负责通信联络、传达船长指令、执行船长的操船指令。记录应急过程;轮机长应率领轮机员做好弃船前的机舱设备的规定保护动作。

4. 油污应急时

船长担任应急总指挥,在驾驶台或现场负责指挥应急;轮机长担任油污现场指挥,组织清除溢油;大副在油污现场会同轮机长担任现场指挥;二副在驾驶台值班,负责通信联络、传达船长指令,或在现场做好现场记录;三副在油污现场,准备消防和防污器材与设备,如需要,指挥放艇回收溢油。

(五)船舶应急准备工作要点

船舶应急准备工作的要点包括:

1. 编制应急计划

根据本船的类型、配员情况等,编制相应的应急计划,包括船舶应急部署表、船舶油污应急部署表、应急任务卡、船舶油污应急计划、船上海洋污染应急计划、船舶应急响应计划等。其中应急部署表、应急任务卡、船舶油污应急部署表等应按规定在船上有关场所张贴布置。

2. 制定应急反应程序

结合本船的类型、航线、挂港、货物情况等,制定相应的应急反应程序,包括船舶火灾应急反应程序、船舶爆炸应急反应程序、船舶碰撞应急反应程序、船舶触礁/搁浅应急反应程序、船舶破损进水应急反应程序、船舶油污应急反应程序、弃船应急反应程序、人员落水应急反应程序、货物移动应急反应程序、船舶严重倾斜应急反应程序、临近战争危险/遭遇保安威胁应急反应程序等。

3. 熟悉应急岗位职责

通过制定船舶应急计划和应急反应程序,明确规定船员的应急岗位和应急职责,并采取船舶应急演习(练)等适当的方法,使船员熟悉各自的应急岗位和应急职责。

4.组织各种应急演习(练)

按照有关规定,以一定的时间间隔,进行应急演习(练),包括消防演习、人落水演习、弃船演习、油污演习、应急操舵演习、保安演习等。通过应急演习(练),使船员提高安全意识,熟悉自己的应变岗位与职责,熟练掌握各种应急设备的操作技能,同时检验各类应急器材、设备的技术状态,发现问题及时解决。

5.进行应急训练和授课

按照规定对船员进行船舶救生、消防设备用法的船上训练,并向船员讲授船舶消防、救生设备用法和海上救生须知方面的课程。

6.保持应急设备和器材的有效

按照计划和一定的周期对船上的应急设备和器材进行维护保养、检查和试验,确保这些应急设备和器材处在有效,随时可用的状态。

二、船舶应急反应计划

船舶在海上航行、停泊和作业所处环境复杂多变,各种紧急状况随时可能发生并危及船舶、人命、财产的安全和海洋环境,为减少和控制事故的发生和损失,每一船舶应当根据船舶类型、人员状况、设备的配备以及货物装卸等情况编制各种应变计划,明确规定在紧急情况下每个人的应急岗位、应急职责和应具体执行的应急任务,并定期进行训练和演习,使每位船员在船舶发生紧急情况时,能根据已熟悉的应急程序采取有效措施,正确使用各种应急设备,有效地控制危险局面,把事故数量和损害降低到最低限度。

(一)船舶应急部署表

将船舶的一些主要应急部署统一编制在一张表格上,将这张表格称为船舶应急部署表。

1.船舶应急部署表的配置要求

我国规定200总吨及以上的中国籍船舶应配备由国家海事管理机构认可的统一印制的货船或客船应急部署表。

2.船舶应急部署表编制原则

船舶应急部署表的编制应考虑以下原则:

(1)应结合本船的船舶条件、船员条件、客货条件及航区自然条件。

(2)关键岗位与关键动作应指派技术熟练、经验丰富的人员。

(3)根据本船的具体情况,可以一职多人,或一人多职。

(4)人员的安排应有利于应急任务的完成。

3.船舶应急部署表的主要内容

船舶应急部署表应写明:

①通用紧急警报信号和有线广播的细则;发出警报时船员、乘客应采取的行动;弃船命令如何发出;

②指派给不同船员的应急职责,在客船上还应标明船员在组织旅客应急时的相关职责;

③有关救生、消防设备的配备;

④指明各高级船员负责保证维护救生、消防设备并使其处于完好和立即可用状态；

⑤职务与编号、姓名、艇号、筏号的对照一览表；

⑥消防应急、弃船求生、放救生艇（筏）的详细分工内容和执行人编号；

⑦航行中驾驶台、机舱、电台固定人员及其任务；

⑧指明关键人员受伤后的替换者，要考虑到不同的应急情况要求不同的行动；

⑨船舶及船公司名称，船长署名及公布日期。

4.船舶应急部署表的编制职责与公布要求

船舶应急部署表应在船舶出航前制定。在船舶应急部署表制定后，如船员有所变动而必需变更应急部署时，应修订该表，或制定新表。

船舶应急部署表由三副具体编制，大副负责技术指导，经船长审核、签署后公布实施。

船舶应急部署表应张贴或用镜框配挂在驾驶台、机舱、餐厅和生活区走廊的主要部位。

（二）船舶油污应急部署表

船舶油污应急部署表其性质与船舶应急部署表相同，是针对船舶发生油污事故后参加应变的船员的职责和应采取的应急措施所做的明确分工和规定。各船应根据本船的具体情况编制。

船舶油污应急部署表的主要内容包括：

①船名；

②油污警报信号；

③油污应变集合地点（通常为主甲板）；

④参加油污应变的船员的编号、职务、应变岗位以及应变职责；

⑤船长签署、公布日期等。

（三）应急任务卡和应急须知

三副应根据船长批准并公布的应急部署表编制应急任务卡，分派给相应的船员，或将其制成床头卡，放置在每个船员床头边的专用卡槽内。

应急任务卡或床头卡内应注明应变时相应船员的应急岗位、应急职责、应急时应携带的器材、弃船时应登乘的救生艇筏的编号，以及各种应急警报信号等。

客船上应在旅舱室、集合地点及其他乘客处所，张贴图解和应急须知，向乘客介绍集合地点、应急时必须采取的行动、救生衣穿着方法等。

第二节　船舶应急行动

一、船舶自救行动

（一）船舶自救的基本原则

船舶发生海事，应尽最大努力采取自救行动。船舶是海上人命生存的良好基地，在尚未严重危及人身安全时,船长、船员必须采取一切有效行动保全船舶。当确认无法避免船舶的沉没或灭失时,船长应果断下令撤离船舶或弃船求生,以保证旅客、船员的安全。

（二）船舶在紧急情况下的自救行动要点

1. 不同种类的海事应采取不同的自救行动

对于碰撞、触礁等海事导致船体破损进水,进而有沉船危险时,首先应将主要精力放在堵漏和排水,以保证船舶有足够稳性、浮力及抗沉能力。如进水速度较快,难以控制时,则应考虑选择适当的水域实施抢滩。对于火灾或爆炸等海事,应立即按照应急部署表组织船员灭火,并尽可能驶离会危及邻近船舶和设施的水域。

2. 船舶自救重点因船而异

客船的自救重点永远是旅客安全;而油船及液化气船的自救重点则在于灭火,防止发生爆炸,控制货油外泄,防止船体断裂和沉船。

3. 船舶自救组织工作应在准确地查清当时船舶所处的情况

船舶自救组织工作应在准确地查清当时船舶所处的环境、受损情况以及可能面临的危险等基础上进行。情况不清就盲目地实施自救,可能会导致损失的扩大与险情的增加。

4. 一旦开始自救,应抓紧时机

按事先拟定的应急部署和应变程序进行。船舶自救是否能够有效实施,往往取决于能否抓住有利时机。而按事先拟定的应急部署和应变程序进行自救,是有条不紊地做好自救工作的保证,但不妨碍根据船舶实际受损情况以及可以参加应急的船员情况,临时调整应急方案。

二、在紧急情况下保护船上人命安全的行动

（一）保护人命安全的行动应遵循的原则

船舶在紧急情况下,最优先的措施是保证人命安全,因此应遵循下列原则:首先检查是否有人员伤亡,然后判断是否需要救助,最后决定是否需要撤离船舶或弃船。

（二）保护人命安全的行动要点

1. 将人员撤离至安全区域

船舶发生碰撞、火灾、爆炸等紧急情况时,除迅速采取必要的应急措施外,应将旅客撤离事故现场,转移至安全区域。遭遇海盗袭击时,如有必要及可能,应将船员、旅客迅速撤至预先设定的安全区域。对于武装海盗,在船员生命尚未受到严重威胁时,应审时度势,不应鲁莽地或盲目地进行抵抗,以避免遭受不必要的报复和人员伤亡。

2. 伤员救治

船舶发生紧急情况后,若有人员受伤时,在港内,可立即联系送往医院治疗,在海上,可根据船舶的具体情况,按照船舶医疗指南的指导,由负责的驾驶员进行治疗。当因伤势严重或船上条件限制等原因无法进行有效治疗时,应在请示船舶所有人后,选择申请医疗援助或驶往最近港口治疗。

3.争取外界援助

船舶发生紧急情况,特别是发生较严重的海事时,应首先立足于自救,即按应急部署尽力采取必要的应急措施进行自救。如果船舶受损程度已超出自救的可能范围,或经自救努力之后仍无转危为安的希望时,则应在继续采取自救措施以争取时间的同时寻求外界的援助。

4.决定撤离船舶或弃船

当船舶遇险并严重危及船上人员的生命安全时,船长可以决定撤离船舶;在船舶可能沉没、毁灭的情况下,船长可以决定弃船。撤离船舶或弃船时,应按先旅客、后船员、船长最后离船的原则,有秩序地安全、迅速离船。客船决定弃船后,应按应急部署表的规定,指派船员专门负责指导、引导和保护旅客,包括:向旅客告警;指导、检查旅客穿好衣服和救生衣;召集旅客到各登乘点并登艇;维持通道及梯道上的秩序;控制旅客的动向;保证把毛毯送到艇上;检查旅客舱室有无遗漏人员等。

三、船舶应急行动基本程序

不论船舶发生哪种紧急情况需要应急,船舶在应急时不论采取哪种具体的应急方案,其应急行动的基本程序大体相同。

(一)初始阶段的应急行动基本程序

在船舶应急的初始阶段,应急行动的基本程序如下:
①发现险情者报警;
②对险情进行初步控制;
③确定紧急情况的性质;
④通过一定手段获得与险情有关的信息以及应急所需要的信息;
⑤组建应急反应小组,准备应急设备和器材;
⑥确定应急方案;
⑦召集船员按应急预案或商定的应急方案进行应急行动。

(二)应急阶段的应急行动基本程序

在船舶应急阶段,应急行动的基本程序如下:
①实施应急预案或商定的应急方案;
②对实施应急预案或商定的应急方案的效果予以评估;
③必要时调整应急方案和应急行动;
④必要时寻求外部援助;
⑤必要时,为保护人命安全而采取某些特别行动(如弃船等)。

(三)善后阶段的行动程序

在船舶应急的善后阶段,应急行动的基本程序如下:
①现场检查,消除隐患;
②记录与报告;

③恢复船舶的正常航行或停泊状况。

四、弃船时的应急行动

（一）弃船时的应急行动程序要点

在决定弃船的情况下，船长应亲自发出弃船信号或宣布弃船命令。

听到弃船信号或接到弃船命令后，船员应按应急部署表规定进行弃船准备：

①降下国旗；

②销毁秘密文件；

③关停主机、发电机和机舱内正在运转中的其他设备；

④关闭油舱（柜）在甲板上的透气孔、阀门；

⑤关闭海底阀、应急遥控油阀等；

⑥封死油舱在甲板上的呼吸口；

⑦做好放艇筏的准备工作；

⑧利用 GMDSS 设备发出遇险求救信息和投放卫星 EPIRB。

机舱值班人员应坚守岗位，完成弃船前规定的保护动作，直至船长通知撤离为止。

各艇筏负责人在做好救生艇筏的降放准备后报告船长，船长应立即通知值班人员撤离至救生艇筏登乘甲板，登艇筏前应认真检查清点人数。

根据船长命令放下救生艇筏，船员有秩序地登乘艇筏，人齐后驾驶艇筏迅速驶离大船。

在客船上，必须执行下列撤离顺序原则：

①先儿童和妇女，后成年男性；

②先旅客，后船员，最后船长。

在客船上，还应指定船员负责保护和照顾旅客，并完成：

①向旅客告警并维持正常的秩序；

②指导、帮助并检查旅客正确穿好救生衣；

③有组织地集合旅客至指定地点；

④引导旅客有序地登乘救生艇筏；

⑤清点旅客人数，确保所有旅客安全登乘艇筏。

在弃船过程中、每位船员和指挥人员应保持镇定，确保旅客稳定，防止惊慌和恐惧情绪的暴露和蔓延。弃船时，所有人员都必须正确穿着救生衣。

（二）登救生艇筏前的告知和请示

在登救生艇筏前，各艇筏负责人应向船长请示下列事项：

①本船遇难地点；

②是否发出遇难求救信号及遇难求救信号是否有回答；

③可能遇救的时间、地点；

④驶往最近陆地或交通线的航向、距离；

⑤放多艘救生艇筏后的救生艇筏集合地点；

⑥是原地等待还是驶向指定的地点；

⑦其他有关救生方面的指示。

五、船舶发生火灾时的应急行动

(一)初始阶段

(1)火灾发现者应大声呼叫报警。如火势不大,可用就近的灭火器材进行扑救;倘若火势较大,应按下就近的火灾报警装置,向全船报警。

(2)航行中,驾驶台接到火灾报警后,应立即发出消防应急警报信号。

(3)有关船员应立即按应急部署表规定的分工和职责,携带指定的器材赶到火灾现场。

(4)大副或轮机长(如火灾发生在机舱)担任应急现场指挥,现场指挥到达应急现场后应立即与驾驶台取得联系。

(二)应急阶段

(1)现场指挥应尽快查清以下情况,并向驾驶台报告:火源及火灾的类别;火场周围情况;有无人员受困;是否威胁全船人员的生命安全等。如对火势、起火部位不明,可派出熟悉现场的探火员,身着消防员装备,携带必要的消防员用具,进入现场,探明火情。如发现有人员受困火场,应在控制火势的同时及时设法解救。

(2)现场指挥应与船长尽快地商定具体的应急方案,确定拟使用的灭火剂和灭火方法等,并组织实施。

(3)在确认着火处无人时应切断该处通风、关闭防火门窗;切断通往火场的电源、油路;转移或隔离火场周围的可燃物、贵重物品;喷水降低火场周围的温度;做好使用固定灭火系统的准备。

(4)在控制火势的同时,立即展开灭火。如探明为初起小火,应立即组织人员进行现场扑救。如为小面积油类火,用泡沫灭火器、干粉灭火器扑救;如为电器火,应立即切断有关部位电源,切断通风,然后再扑救。

(5)如船长指示使用固定灭火系统,应立即撤出舱内人员,隔绝火灾现场的空气流通,然后根据船长的命令开启固定灭火系统,并根据火种,一次性向火灾舱室施放规定剂量的有效灭火剂。释放灭火剂后至少要封舱 24 小时,开舱前必须派探火员探火,确认火已经被扑灭。

(6)如火势不能控制,危及船舶安全,应备妥救生艇、筏,做好弃船的准备。

(三)应急结束后

(1)火被基本扑灭之后,应及时检查、清理现场,及时发现和扑灭余火以及隐蔽的燃烧物,防止死灰复燃。

(2)彻底检查紧靠火场的区域,确定火是否蔓延到其他地方。

(3)清点全船人数,并组织人员监视火场。

六、船舶发生爆炸时的应急行动

(一)初始阶段

(1)爆炸发现者若非值班驾驶员,则应立即向驾驶台报警。

(2)航行中,当船舶发生爆炸时,驾驶台应立即报告船长和通知机舱,并向全船发出警报。若爆炸引起火灾,应发出消防应急警报信号;若爆炸引起船体破损进水,应立即发出漏损(堵漏)应急警报信号。

(3)有关船员应根据发出的警报信号,按应急部署表中规定的分工和职责,携带指定的器材到现场参加应急。

(4)大副或轮机长(如爆炸发生在机舱)担任应急现场指挥。现场指挥到达应急现场后应立即与驾驶台取得联系。

(二)应急阶段

(1)现场指挥应尽快查清以下情况,并向船长报告:爆炸发生的地点;爆炸事故发生的可能原因;人员伤亡和被困情况;船体及设备损害情况;是否存在继续爆炸的可能;有无发生火灾的可能;有无可能隔离爆炸物;是否威胁全船人员的生命安全等。

(2)现场指挥应与船长尽快地商定具体的应急方案并组织实施。

(3)如情况允许,由大副或轮机长(如爆炸发生在机舱)亲自指挥隔离爆炸物。

(4)若爆炸后发生火灾、油污染,则按相应的应急部署采取消防、控制油污等应急反应行动。

(5)若出现下列情况,应根据船长命令,执行弃船应急行动计划:

①爆炸后船体发生严重倾斜;

②爆炸引起船舶迅速下沉;

③爆炸引起的火灾已经或将波及全船,火势无法控制,威胁到全船人员的生命安全时。

(三)应急结束后

(1)及时清查现场,查找隐患,避免再次发生爆炸。

(2)采取措施,设法保持或恢复船舶的续航能力,以便驶往挂靠港、目的港或避难港。

七、船舶发生碰撞后的应急行动

(一)初始阶段

(1)船舶发生碰撞后,驾驶台应立即报告船长和通知机舱。

(2)如碰撞造成油污、火灾、人落水等,应立即发出油污、消防、人落水等应急警报信号。有关船员应根据发出的警报信号,按应急部署表中规定的分工和职责,携带指定的器材到现场参加应急。

(3)大副或轮机长(如碰撞部位在机舱)担任应急现场指挥。现场指挥到达应急现场后应立即与驾驶台取得联系。

(二)应急阶段

(1)大副应在现场指挥有关人员做连续测量和记录;木匠负责观察(测量)淡水舱、污水沟(井)、双层底压载舱、干隔舱等有无进水以及水位变化情况;机舱有关人员测量各油舱(柜)的液位变化情况;水手长带领水手测量船舶周围水深,尤其是船首尾的水深变化情况。

(2)在保证人身安全的前提下,大副应带领水手长检查货物有无移位、倒塌。

(3)如碰撞导致船体结构损坏、船壳破损、进水等紧急情况,应立即组织力量排水、堵漏,进水严重应设法抢滩。如碰撞引起火灾,应立即启动消防应变部署。如碰撞引起油污,应立即按船上的油污应急部署和油污应急计划进行应变。如碰撞后导致人员受伤,应立即组织抢救。

(4)如本船装有遇水燃烧或吸水膨胀的货物,应根据具体情况及时妥善处理(包括抛货)。

(5)在不严重危及自身安全的情况下,根据船长指示救助对方船上的船员及旅客,并设法尽量减轻对方船舶因碰撞而造成的损失。

(6)如本船有沉没危险,根据船长的命令迅速发出求救信号,并做好弃船准备。

(三)应急结束后

(1)与相碰船互相通报船名、国籍、船籍港、始发港、目的港。

(2)迅速向有关主管当局报告。

(3)检查确认船舶的续航能力。

(4)采取措施,设法保持或恢复船舶的续航能力,以便驶往挂靠港、目的港或避难港。

八、船舶触礁、搁浅后的应急行动

(一)初始阶段

(1)航行中,船舶发生触礁或搁浅后,值班驾驶员应立即停车,并报告船长和通知机舱。

(2)若因触礁、搁浅造成油污、人落水等,应立即发出油污、人落水等应急警报信号。有关船员应根据发出的警报信号,按应急部署表中规定的分工和职责,携带指定的器材到现场参加应急。

(3)驾驶台值班人员应详细记录触礁、搁浅的时间、船舶概位,并按规定显示号灯、号型。

(4)船舶触礁或搁浅后,为防止损失进一步扩大,应避免盲目用车、舵企图脱浅或摆脱礁石。

(二)应急阶段

(1)设法判断触礁、搁浅部位及船舶和货物受损害的程度。在保证人身安全的前提下,应检查货物有无移位、倒塌。

(2)若船体进水或漏油,应立即执行船体破损进水应急程序或油污应急部署。

大副应在现场指挥有关人员做连续测量和记录;木匠负责观察(测量)淡水舱、污水沟

（井）、双层底压载舱、干隔舱等有无进水以及水位变化情况；机舱有关人员测量各油舱（柜）的液位变化情况；水手长带领水手测量船舶周围水深，尤其是船首尾的水深变化情况。

轮机长应带领机舱人员检查主机、辅机、舵机是否受损，能否正常工作，能否提供脱浅所需要的动力和电力。

在保证人身安全的前提下，大副应带领水手长检查货物有无移位、倒塌。

（3）连续测定船位，检查、判断船舶触礁、搁浅后船位是否有移动，险情是否会进一步加剧。

（4）当船舶搁置在礁石上严重横倾时，应设法调整（如采用打排和移驳油水等方法）。为防止因大船严重横倾而无法放艇，应先将高舷救生艇放出，以备急需。

（5）如船体进水或漏油，应立即执行堵漏或油污应急部署。

（6）如触礁或搁浅导致火灾、人落水或需要弃船时，按相应的应变部署行动。

(三)起浮脱浅

（1）起浮脱浅方案必须考虑下述因素：可打排和移驳的油水、可移动的货物、本船主机马力和锚机的最大负荷、潮汐和风流、所需拖轮的马力、船体强度、待救和脱浅所需的时间等。

（2）船舶低潮时搁浅且不严重时，可根据搁浅部位，采取调整船舶载荷沿纵向或横向分布来改变船舶的纵、横倾，或利用减少载荷（排出压载水、淡水、抛货等）来减少船舶吃水，以达到争取下一个高潮时自力起浮脱浅的目的。

第三节　消防与救生设备状态的保持

一、船舶消防设备状态的保持

(一)基本要求

（1）船舶应按 SOLAS 公约、FSS 规则和国家主管部门的规范要求配备消防设备、设施。

（2）三副、三管轮为船舶消防设备状态保持的责任人。

（3）对船舶消防设备的维护保养情况应分别记入"船舶消防、救生设备检查养护登记簿"和"船舶应急设备试验、检查、修理记录簿"内。

(二)维护保养、检查和试验计划

（1）应为船舶消防设备制定维护保养、检查和试验计划。三副负责制订该计划，并报大副列入"船舶年度维修计划"中。

（2）船舶消防设备的维护保养、检查和试验应依据所制定的维护保养、检查和试验计划进行。

（3）制订船舶消防设备维护保养、检查和试验计划时，应充分考虑到在计划实施时能确保船舶消防设备的可靠性。

（4）船舶消防设备维护保养、检查和试验计划应用通俗易懂的文字和图示予以表达。

（5）船舶消防设备维护保养、检查和试验计划应涉及下列船舶消防设备：

①固定灭火系统：包括水灭火系统（消防总管、消防泵、应急消防泵、消防栓，消防皮龙、消防水枪、国际通岸接头、消防总管上的各种阀门等）、CO_2灭火系统、机舱水雾灭火系统、自动喷水系统（供水泵、压力水柜、监控装置、喷水器）等，以及油轮上的泡沫灭火系统、惰性气体灭火系统。

②火灾探测和报警系统：包括固定式探火系统、火灾报警系统等。

③隔离系统：包括通风筒上的防火（烟）挡板、防火门及其控制系统、供电和燃油的应急切断系统、风机及其控制系统等。

④消防器材与装备：包括手提（便携）式灭火器、推车式灭火器、消防员装备、紧急逃生呼吸装置等。

⑤其他：包括公共广播系统、通用应急报警系统、应急发电机、应急照明系统、应急通信系统、脱险通道等。

（6）全船的消防设备状态的保持并不都是由三副亲自完成的，如船上的防火门应由木匠负责；机舱的通风装置上的挡火（烟）闸、机舱天窗和烟囱的应急速闭装置、油柜速闭阀等应由大管轮负责；风机应急速闭装置、油泵应急切断等应由电机员负责；消防泵和应急消防泵应由三管轮负责等，但三副应及时提醒这些设备的主管及时做好设备的状态保持工作。

（三）船舶消防设备状态的保持

1. 固定灭火系统

（1）每周应检查确认固定灭火系统所在处所的应急照明正常。

消防栓附近没有堆积杂物；消防皮龙（水带）及水枪放置在消防栓附近的消防皮龙箱内，处于可使用状态并摆放整齐，没有被挪作他用；消防皮龙数量符合防火控制图的要求；消防皮龙箱的铰链正常，箱内均配有 F 或 Y 型扳手。

（2）每月应检查确认。

消防栓标识清晰，各部件完好，出水阀保持活络；消防皮龙无破损和霉变，与接头连接可靠；消防皮龙接头的橡皮垫圈（密封圈）无破损、变形和老化；水雾/水柱型消防水枪的关闭和转换装置保持活络；水枪接口处的橡皮垫圈（密封圈）无破损、变形和老化；水枪喷嘴无堵塞；消防总管管路无锈制、破损；所有控制阀、截止阀、泄水阀阀门活络，标志清晰；所有固定式灭火系统的控制阀、截止阀处于适当的开或关位置；CO_2间清洁、干燥，没有堆放杂物；自动喷水系统的喷头无损坏、变形，管路通畅；自动喷水系统的压力表显示工作压力正常。

结合消防演习，启动所有消防泵及应急消防泵一次，检查出水情况、所需时间以及消防水柱的射程。

如航行至寒冷地区，检查确认消防总管及消防栓在使用后已将管内残留的水放尽。

检查 CO_2 气瓶的储量是否充足，有没有泄漏现象；检查 CO_2 系统的管路标识和操作说明是否清晰；检查 CO_2 间里的通风机工作是否正常；检查置于 CO_2 间里的温度计（表）工作是否正常；外观检查 CO_2 系统的管路及各释放口的情况。对 CO_2 系统的拉索、导向轮等进行加油活络。

（3）每 3 个月检查确认 CO_2 气瓶固定牢固。

CO_2 瓶头与释放操纵系统夹头（卡子）间连接紧密。检查确认国际通岸接头处于适用状态，各附件完好无缺，没有变形损坏。对水灭火系统的各控制阀、截止阀、泄水阀进行加油活络。消防皮龙至少应取出摊开并重卷一次，使折叠处得到变换。对自动喷水系统的每一分区自动报警功能进行试验；随机检查自动喷水系统的喷嘴状况。

（4）每年进行泡沫固定灭火系统和机舱水雾灭火系统的工作试验。

对 CO_2 气瓶控制拉索的传动系统进行检查，并按情况进行必要的调整。检查消防总管接头和自动喷水系统并进行工作试验；启动所有消防泵（包括自动喷水系统的水泵），检查其工作压力和流量。对所有消防栓进行工作试验；对所有消防皮龙进行水压试验。

通过外观检查，确定所有固定灭火系统可以到达部位的各系统部件处于正常状态。

仔细检查固定灭火系统的控制阀；对整个固定气体灭火系统进行全面检查，及时修复损坏部件。对所有固定灭火系统进行全面的除锈，油漆，并重做各类标志。

（5）每 2 年对 CO_2 灭火系统中的钢瓶（含起动瓶）进行称重检查。

对 CO_2 灭火系统的管路进行空气吹通试验（此为 CCS 要求，需由有资质的机构完成，并出具吹通试验报告）。

2. 火灾探测和报警系统

（1）每周对火灾探测和报警系统的主控面板进行外观清洁、检查。

（2）每月检查火灾探测和报警系统的电器控制部分。

对火灾探测和报警系统进行手动测试。用烟雾测试剂测试每个探测头。

（3）每 3 个月对火灾探测系统进行一次试验，确认其处于正常的技术状态；查看火灾探测系统的探头有无损坏、污渍；检查火灾探测系统的电源是否可靠，符合要求。

对火灾报警系统进行一次试验，确认其可以正常工作。检查船上各场所的火灾报警按钮是否完好，标志是否清晰。若有损坏，应立即修复。

3. 隔离系统

（1）每月检查确认全船防火门处于常关状态，没有被绳或铁丝捆绑处于敞开状态，自闭器能起到自闭作用。

外观检查防火门的完整性，并清除其周围的障碍。给防火门铰链和手柄加油活络。

（2）每 3 个月对通风筒上的挡火（烟）闸进行一次检查，查看是否有损坏、变形，标识是否清晰；试验通风筒的挡火（烟）闸的自动和手动开关装置能否正常工作。

对所有防火门进行就地开关操作试验，并检查其自闭和关闭后的密封情况。对机舱天窗、风机应急速闭装置进行一次检查，查看开关是否正常，关闭后密封是否良好。对供电和燃油的应急切断系统进行就地试验，查看是否工作正常。

（3）每年对可遥控开关的通风系统的挡火（烟）闸以及防火门进行遥控开关操作试验。

4. 手提（便携）和推车式灭火器

（1）每月对手提（便携）式和推车式灭火器检查一次，检查的主要内容有：灭火器的存放是否与防火控制图标识的位置一致（包括正确固定，有明显和合格的标识，易于提取）。

灭火器压力表、安全阀铅封、安全帽泄气孔、喷嘴喷射管、推车式灭火器的行走机构、支架等零部件是否完整无缺并处于适用状态。

灭火器的瓶壳外表有无锈蚀发生。

铭牌、标签和标识是否清晰完好。

灭火器用过后是否已及时重新充装新的灭火剂。

检查中如发现灭火器存在严重损坏,应予以报废并及时补充。

(2)每年 CO_2 灭火器每年应至少进行一次称重检查,如灭火剂泄漏量超过10%时,应予检修并补足灭火剂。

干粉灭火器里的干粉每年或按制造厂规定(取时间短者)进行一次性能检测,如有干粉结块或重量减少达10%时,应重新充装。干粉灭火器本身每年应结合干粉的性能检测进行一次检查。

(3)每2年泡沫灭火器里的灭火剂每2年或按制造厂规定(取时间短者)进行一次性能检测,如有灭火剂变质,应重新充装。

泡沫灭火器应每隔2年或根据制造厂规定(取时间短者)由专业机构进行一次水压试验。

(4)每5年除泡沫灭火器以外的其他形式灭火器应每隔5年或第二次充装前由专业机构进行一次水压试验。

5.消防员装备与紧急逃生呼吸装置

(1)每周检查确认消防员装备与紧急逃生呼吸装置中的供气瓶完好、无泄漏。

(2)每月检查确认消防员装备的数量、位置、标志和防火控制图保持一致;消防员装备完好无损;消防员防护服各部件完整、完好;防火绳、手提灯、太平斧完整、完好;空气呼吸器装备完整、完好;供气瓶的压力在允许的范围内;手提安全灯的电量充足;所有的消防员装备处于适用状态。

检查确认船上的紧急逃生呼吸装置按规定配足并保持在有效期内;紧急逃生呼吸装置存放位置与防火控制图标识的位置一致;紧急逃生呼吸装置外观清洁,标识清晰。

(3)每3个月对紧急逃生呼吸装置进行外观检查,确保该装置处于可用状态,供气瓶的压力处于正常范围,必要时充气或维修。

(4)每年检查确认消防员装备的备用气瓶压力在允许的范围内。全面检查、保养消防员装备。

(5)每5年请专业机构对自给式呼吸器供气瓶进行水压试验,保存检验证明。

6.通用应急报警系统

(1)每周对通用应急报警系统进行外观检查。

(2)每个月结合消防演习,试验一次通用应急报警系统,要求能在驾驶台进行操作,全船各处均能听到警报;测试通用报警装置的声响及灯光报警效果;抽查船上各处的应急报警按钮能否正常启动报警。

(3)每3个月检查船上各处的应急报警按钮和警铃等设备是否完好,标识是否清晰。

(4)每年全面检查位于驾驶台的通用应急报警系统控制装置;检查所有报警点的实际效用及报警设备(应急报警按钮和警铃等)的实际状况。

7.其他

(1)每周检查确认所有的公共广播系统和应急通信系统均能正常工作。

检查确认应急照明系统工作正常。进行应急发电机启动与并电试验,确认其工作正常。

(2)每个月检查确认存放灭火设备的处所和防火控制站处于适用状态。

(3)每年对公共广播系统进行全面检查。

二、船舶救生设备状态的保持

(一)基本要求

(1)船舶应按 SOLAS 公约、LSA 规则和国家主管部门的规范要求配备救生设备。

(2)三副、三管轮为船舶救生设备状态保持的责任人。

(3)对船舶救生设备的维护保养情况应分别记入"船舶消防、救生设备检查养护登记簿"和"船舶应急设备试验、检查、修理记录簿"内。

(二)维护保养、检查和试验计划

(1)应为船舶救生设备制定维护保养、检查和试验计划。三副负责制订该计划,并报大副列入"船舶年度维修计划"中。

(2)船舶救生设备的维护保养、检查和试验应依据所制定的维护保养、检查和试验计划进行。

(3)制订船舶救生设备维护保养、检查和试验计划时,应充分考虑到在计划实施时能确保船舶救生设备的可靠性。

(4)船舶救生设备维护保养、检查和试验计划应用通俗易懂的文字和图示予以表达。

(5)船舶救生设备维护保养、检查和试验计划应涉及下列船舶救生设备:

①救生(助)艇、筏:包括救生艇及其属具、救生艇降落与回收装置、救助艇及其属具、救助艇降落和登乘设备及其回收装置、救生筏、救生筏存放和降落设备、静水压力释放器等;

②救生圈:包括救生圈、自亮灯、自发烟雾信号、可浮救生索等;

③救生衣:包括救生衣、救生衣上的灯、救生服(抗暴露服)、保温用具、逆向反光材料等;

④救生视觉信号:包括火箭降落伞火焰信号、手持火焰信号、漂浮烟雾信号等;

⑤无线电救生设备:包括双向甚高频(VHF)无线电话设备、雷达应答器(SART)、紧急无线电示位标(EPIRB)等;

⑥其他:包括抛绳器、通用紧急报警设备、有线广播等。

(6)全船的救生设备状态的保持并不都是由三副亲自完成的,如对救生艇、救生艇架降落装置、承载释放装置的彻底检查需要水手长和木匠等的配合;对救生艇和救助艇的发动机的检修和试验应由三管轮负责等,但三副应及时邀请或提醒有关人员配合,及时做好有关救生设备的状态保持工作。

第四节　船舶防污染管理

一、船舶防污染

(一)船舶对海洋环境的污染

海上交通运输是世界各国、各地区之间经济、文化交流的重要途径。船舶运输是世界贸易的重要组成部分,船舶在营运过程中也向海洋环境排放各种有害物质,导致海洋环境污染。这些污染物质包括:石油、散装非石油有毒液体物质、包装有害物质、船舶生活污水、船舶垃圾、船舶压载水、船舶防污底涂料等。此外,船舶动力装置排放的废气、船舶排放消耗臭氧层物质、动力设备噪声还会造成大气环境污染。

通常,将船舶排放的环境污染物质分为两大类:油类(石油及其炼制品)和非油有害物质。

1. 油污染

船舶向海洋环境排放油类的主要途径有:操作性排放和事故性排放。

(1)操作性排放(营运作业期间的排油)

操作性排放主要是指油舱的压载水、洗舱水,以及动力装置运转中排出并漏入舱底的油料所形成的含油舱底水的排放;此外,还有操作失误造成的排油。这些含油污水的形成和排放与运输石油的工艺操作及船舶动力装置的技术管理有关。

①压载水。由于货油舱内结构复杂,不利于清洗和抽吸,货油卸载后必然在舱内壁黏附一定的油层。舱内不可抽吸残油量通常可占运输货油量的 $0.3\% \sim 0.6\%$。油船卸载后空载返航时,为了使船舶具有必要的航海性能,根据不同的气候与航区,必须加装 $25\% \sim 60\%$ 载重量的压载水,这些压载水与货油舱内的残油形成油水混合物,其含油率达 $4\,000 \sim 7\,000$ mg/L。

②洗舱水。由于各种原因,必须对油舱进行清洗和消毒。如油船为了接收装运另一品种货油,前一种货油可能与下一种油品不相容;再如,为了定期进坞检修或清洗积聚的沉淀物时,必须对货油舱和燃油容器进行清洗。有时,船舶机动过运河和狭窄航道,为了安全起见,对空油舱也要进行清洗和消毒。这些洗舱水含油率可达 $2\,000 \sim 10\,000$ mg/L。

③含油舱底水。燃油系统、滑油系统及整个船舶动力装置在运转中的渗漏油,检修和更换滤器时泄漏的油,擦洗机器的破布、木屑等携带的废油,都混入舱底水中。这种油污水含油浓度达 $1\,000$ mg/L。

④油渣。油渣或废油几乎全部产生于机舱,如燃油分油机、滑油分油机排出的残渣,油水分离器分离出来的污油等。据统计,每天消耗 $50 \sim 70$ t 重柴油的船舶,每天要分离出 $0.8 \sim 1.4$ t 的含油垃圾,占总耗油量的 $1.5\% \sim 2.0\%$。燃用劣质燃料油的船舶,油渣量高达总耗油量的 $1\% \sim 3\%$。油渣和废油应在船上用焚烧炉烧掉或存放在污油舱中待船舶抵港时由岸上接收。

操作性排放还包括船舶加装燃油、油船装卸油及油舱调驳作业中因操作不当造成的排油。

（2）事故性排放

事故性排放主要是指船舶发生碰撞、搁浅、触礁、火灾或爆炸、船壳破损、严重横倾等严重海损事故时货油舱或燃油舱的溢油。其特点是多半靠近海岸和港湾，溢油量大，污染危害严重。

事故性排放还包括营救船舶、货物或人员生命安全而进行的应急排放。

2. 非油污染

（1）非石油有毒液体物质

有毒液体物质的来源主要是：液体化学品船的货舱压载水、洗舱水，装有有毒液体装卸设备的机舱舱底水，以及事故性和应急性排放，根据有毒液体物质对海洋资源、人类健康的危害及对海上休憩环境或其他合法利用造成的损害程度不同，将其分为 A、B、C、D 四类。营运中排放的残液量占运输量的 0.6% 。

近年来，防止散装有害固体物质（如铁矿砂、粉煤灰等）的污染也受到了重视。

（2）海运包装有害物质

在船上用集装箱运输有害物质，会发生包装破损、泄漏、溢流以及洒落在露天甲板和舱底。因此，在船上用以清除这些洒落的有毒物质的洗涤水或水溶液，成为造成海洋污染的主要污染源，另外与这些有毒物质混合的垃圾、分离物或其他材料也是污染源，当然海损及应急事故时货物排放也会造成海洋严重污染。

那些用于运输有害物质，或在有害物质卸空后，未采取有效措施来保证其中不存在对海洋环境有危害的任何残渣的空容器、装货罐、活动液舱、汽车和火车油罐等也是对环境造成污染的污染源。

（3）船舶生活污水

船舶生活污水包括：任何形式的厕所、小便池和厕所排水孔的排出物及其他废弃物；医务室（药房、病房等）的面盆、洗澡盆和这些处所排水孔的排出物；装有活的动物处所的排出物；混有上述排出物的其他废水。

未经处理的生活污水含有 5 种主要污染成分：

①使水生物和人感染的大量细菌、寄生虫甚至病毒。这些细菌能引起伤寒、副伤寒、疟疾、痢疾、胃肠炎和霍乱等肠道传染病以及寄生虫病；

②在水中对于氧气有很高生化需要的、溶解于水的有机成分和悬浮成分；

③本身生化衰变时要消耗氧气的、沉淀于海底的固体颗粒（有机的和无机的）；

④对于海滨休息环境有严重影响的、呈单个小碎块或悬胶体的、浮在水面的浮游微粒（有机的和无机的）；

⑤使吸收这些物质的水饱和并可能富营养化的、高浓度的营养物质（主要是磷化合物和氮化合物）。

（4）船舶垃圾

在船舶营运过程中，产生的各种食品、日常用品和工作用品的废弃物，将成为海洋污染的垃圾。这些废弃物可能在以下一些生产和生活过程中产生：

①运输货物（稻草席、胶合板、纸、硬纸板、金属丝、钢条）产生的散落和捆扎用品的残物；

②船舶维修和保养产生的油漆废料、铁锈、脏破布、用过的包装材料（木头、纸板、玻璃、

金属等）、索具的废物、修理机械和设备的废料；

③住舱和工作室的日常卫生保洁工作带来的一些日常生活垃圾和各种废物；

④船员和旅客的食品及其保存物品的废物（包装箱、包装材料、吃剩的食品等）。

在船舶运输物质过程中可能积存的垃圾，其数量和性质变化范围很大，例如，在运输普通大宗杂货时，其废物主要是散落的包装材料，每运输 100～150 t 货物中平均有 1 t 垃圾；而在运输散装货物时，每运输 100 t 的货物平均有 20 kg 垃圾废物；集装箱运输时，在船上装卸作业过程中就不会产生垃圾。

在船舶营运过程中所形成的垃圾可分为 3 种主要类型：

①污染港口、海滨浴场、休养区、禁区等的浮游垃圾；

②污染海底的沉淀垃圾，其中包括捕鱼区及其再加工区的污染；

③溶解于水中的垃圾，这种垃圾会改变水的颜色，消耗海水中的溶解氧，使海水发臭，海产品降低食用价值。

（5）船舶压载水

压载水对保持船舶的平衡稳定和船舶的安全有效操作起着至关重要的作用，船舶压载操作是船舶安全航行的必备条件。研究表明许多种细菌、植物和动物会以不同的形式存活于压载水中，在一个国家加装的压载水中所含有的物种会在船舶到达另一国家装货时被排放到当地的水体中。

（6）船舶防污漆

TBT 即三丁基锡(Tributylitin)是有机化合物的一种。从 20 世纪 60 年代开始作为船舶防污漆中的杀虫剂，它能有效阻止海洋生物在船体上的附着，大大延长了船舶的坞修间隔期，为航运来带来了巨大的利润。但 TBT 是一种毒性很强的物质，它在驱除或杀死象管虫、藤壶、贻贝和藻类等污着生物的同时，也对非目标生物构成威胁。TBT 能使海洋生物致死或致畸，破坏生态平衡，使养殖和捕捞业减产，还能在经济鱼类和贝类体内蓄积，间接地对人类健康产生危害。

（7）船舶动力装置废气及消耗臭氧层物质

船舶动力装置的废气中，造成大气污染的成分主要是氮氧化物(NO_x)和硫氧化物(SO_x)。消耗臭氧层物质指溴氯氟烷烃，用于船舶制冷设备和消防系统。

船舶排放有害物质污染海洋环境的特点是：持续性强，扩散范围广，对人类的危害严重。因此必须加强船舶防污染管理，高度重视保护海洋环境。

（二）控制船舶污染海洋环境的措施

为了有效地控制船舶污染海洋环境，必须从以下三方面措施入手。

1. 制定严格的防污染公约、法规

目前，已有一系列国际公约、地区性法规在发挥着重要作用。而且，这些公约和法规通过修正案的形式正日臻完善和严格。

2. 配备先进的防污染设备

船舶都应根据有关国际公约和法规的要求，配备足够的防污染设备，建立完善的防污染体系。这也是船舶适航的条件之一。

3. 加强从业人员的防污染意识

只有从业人员具有保护环境的高度自觉性,一切公约和法规才可能得以严格执行,船用先进的防污染硬件设备才能得到有效的利用,防污染体系才不至于形同虚设。

随着科技手段的不断发展,如卫星遥感技术在海洋防污染领域的应用,海面溢油鉴别技术的发展,以及各种监督机制的不断完善,各种规章行为将无处遁形。

二、船舶防污染技术与装备

改进原有的操作方法、改变船体结构和增加防污染设备是提高船舶自身净化能力的重要技术措施。目前船上配备的防污染设施主要有:船舶油污水处理装置、船舶生活污水处理装置、船舶焚烧炉、压载水处理等。对油船还设置有原油洗舱系统和惰性气体系统等。

(一) 油船残油处理技术

1. 装于上部法和改进的装于上部法

所谓"装于上部法",就是在油舱卸完油后,直接往未经清洗的油舱打进压载水,并在航行中把在油舱下部含油量较低(约 50 mg/L)的压载水排入海中,而把其余含油量较高的压载水排入指定作为污油舱的某货油舱继续静置沉淀分离,然后把污油水舱下部的压载水再排放入海,而上部污油留在污油水舱内,待下次装油时,新的货油就直接装于残存的污油之上。"装于上部法"即由此得名。

2. 专用压载舱和清洁压载舱

凡载重量为 2 万 t 及以上的新原油油船和载重量为 3 万 t 及以上的新成品油船,均应设专用压载舱,使压载舱与货油舱、燃油舱及其系统分开。一般采用双重边舱和双层底结构。这样可以大大减少船舶因碰撞、搁浅等事故而发生溢油的危险和溢油量,同时减少了含油污水量,缩短了船舶在港时间,避免水分、盐分与石油制品掺混,并防止油水交替作用对油舱的腐蚀。

清洁压载舱是现有油船替代专用压载舱的一项等效措施。它是将一部分货油舱进行彻底清洗后改作为压载舱,并固定用于装载压载水,而对其结构、泵和管系未做变动(泵和管路系统仍与货油系统共用)。采用清洁压载舱的油船,应增设油水分离设备和油分浓度计,以便对排放压载水中的含油量进行监测。

3. 原油洗舱

所谓原油洗舱就是在卸油的同时,利用所载货油中的一部分原油在高压下经洗舱机喷射到货舱内,借以把附着在货油舱壁、管路、肋骨等表面的原油清除的清洗方法。

它的优点是:

①以原油为洗舱工质能够溶解舱内沉淀物中的石蜡、沥青等物质,从而大大减少了残油量;

②残油量少,洗舱水也少,油污水的分离量也相应减少,从而大大减少了航次的总排油量;

③减少货油中的含水量,防止舱壁腐蚀,洗舱干净、省时、省力,缩短作业时间和坞修前的洗舱时间等。

每艘载重量为 2 万吨及其以上的新原油油船,均应装有原油洗舱系统,用于清洗货油舱。装有原油洗舱系统的油船,必须设置惰性气体系统,并应备有一本经主管机关认可的详细说明该系统及设备,列有操作程序的《原油洗舱系统操作与设备手册》。

惰性气体系统的功用就是使油舱气体中的含氧量控制在8%以下,方能开始洗舱作业,防止因静电引起油船爆炸。

(二)油水分离系统

总吨位400及以上的船舶,应装有经主管机关批准的油水分离设备,以使通过该设备的油水混合物经分离入海的水中含油量不超过15 mg/L。此系统应装有报警装置,当不能保证这一水平时发出警报。总吨位10 000及以上的船舶还应装有经主管机关批准的排油监控系统,每当废液排放时,监控系统同时开始工作并提供排水中含油量的连续记录。一旦排水中含油量超过标准,便自动停止排放。

该系统将舱底水收集至污水舱,然后用油水分离装置专用泵将污水经油水分离器处理后排出舷外,所分离出的污油收集至污油柜。而污油柜和废油柜中的油可经通岸接头排出,也可经焚烧炉焚烧。此外,该系统可利用船上的燃油分油机将污油中的水分和杂质去除后,送往日用燃油柜中与燃油掺混,供锅炉燃烧用。该系统还装有含油浓度报警装置。舱底污水应急排出装置在机舱大量进水时,可为保持船舶安全用来应急排出积水。

(三)船用油水分离器

船用油水分离器在各类船舶上获得广泛的应用。实践证明,油水分离器在防止船舶对海洋造成油污染方面起到了很好的作用。

1. 对船用油水分离器的要求

(1)经分离的污水应能满足国际排放标准。

(2)能自动排油。

(3)在船舶横倾22.5°时仍能正常工作。

(4)构造简单、体积小、重量轻,易于拆洗和检修。

2. 油水分离的方法

油水分离的方法按其原理可分为物理法、化学法和生物处理法。物理法有重力分离、聚结分离、过滤分离和吸附分离等方法;化学法有凝聚、电凝聚等方法;生物处理法有活性污泥法、生物滤池法等。由于船舶条件所限,目前在船用油水分离器中采用最多的方法是物理分离法。

(1)所谓重力分离是利用油水的密度差,使油浮于上部,而后排入污油柜中,下部清水若符合排放标准则可排出舷外。重力分离装置结构简单、操作方便,但分离精度不高,不能满足15 mg/L的排放要求。因此,船用油水分离器都采用重力分离法作为第一级分离。

(2)所谓聚结分离,就是当含油污水通过聚结分离元件时,油污水中的微细油珠被聚结成较大的油粒(粗粒化),在外力的作用下,粗粒化后的油粒脱离聚结分离元件的表面,利用油水密度差,克服阻力迅速上浮,从而达到提高油水分离精度满足排放要求的目的。微细油珠的粗粒化过程可分为截留、聚结、脱离和上浮四个步骤。提高油水分离效果,聚结分离元件(粗粒化元件)的材料是关键。为了强化油粒聚结效果,使聚结后剥离的油粒直径大,上浮速度快,进口处用孔隙小的粗粒化材料,出口处用孔隙大的粗粒化材料做成聚结元件。

多孔介质对油的亲和性也会影响聚结效果,亲油性强则剥离时可能发生油包水现象,容易堵塞,不宜长期连续使用,而亲水性材料粗粒化的油粒较小,所以应选用具有适宜亲和力的材料。目前应用的粗粒化材料有聚丙烯无纺布、丙烯腈纤维、弹性尼龙纤维、车削尼龙、玻璃、金属丝网等。

(3)过滤分离法是使油污水通过多孔性过滤元件时将油挡住,让水通过,从而使油水得以分离。过滤分离过程主要靠滤料阻截作用,将油粒及其他悬浮物截留在滤料表面。此外由于具有很大表面积的滤料对油粒及其他悬浮物的物理吸附作用和对微粒的接触媒介作用,增加了油粒碰撞机会,使小油粒更容易聚集合成大油粒而被截留。一般使用的过滤材料有人造纤维和金属丝织成的滤布、石英砂,以及多孔性烧结材料等。过滤元件使用一段时间后,容易发生堵塞现象。因此,过滤分离法通常是油污水处理过程的终端手段,做精分离用。

(4)吸附分离法是利用多孔性的固体吸附材料直接吸附油污水中的油粒以达到油与水分离的目的。常用的吸附材料具有良好的亲油性,如砂、活性炭、焦炭和各种高分子吸附剂如分子筛等。吸附分离法一般用来作为油污水处理的精分离手段。

3.油水分离器的结构与工作过程

目前船用油水分离器种类繁多,但绝大多数是采用重力分离法,再加上聚结分离或过滤分离或吸附分离等方法,即所谓组合式结构,以满足国际公约规定的排放标准的要求。下面介绍 CYF-B 型油水分离器和塞里普 SFC 型油水分离器的基本结构及其工作原理。

(1)CYF-B 型油水分离器

CYF-B 型油水分离器属于重力-聚结组合式分离器,其结构如图 8-1 所示。它主要由粗分离室装置——多层波纹板式聚结器 4、细分离室装置——纤维聚结器 14、细滤器 16、加热器 7、油位检测器 8、自动排油阀 11、手动排油阀 10 和安全阀 3 等组成。

其工作过程如下:由泵送来的含油污水经多个扩散喷嘴进入分离器后,大颗粒油滴即上浮到左集油室的顶部,而含有小颗粒油滴的污水向下流动进入峰谷对置的多层波纹板组构成的机械式重力分离装置中。由于双波纹板组的湿周大,使含油污水处于层流状态,并在特有的水腔结构内使小颗粒的油滴相互碰撞、聚合而形成较大的油滴。当其流出波纹板组后,在浮力的作用下上浮至右集油室 13 的顶部,实现重力粗分离。此后,含有更小油滴的污水经外接管流至细滤器,滤除水中的固态悬浮粒子和机械杂质,顺次进入串联布置的两级聚结元件 14 中,残留在水中的细微油粒在其中经截留、聚结、脱离和上浮四个步骤实现精分离。分离出的污油上浮至中间集油室顶部,而分离出的清水经排出口 5 排出舷外。

两级纤维聚结器都呈圆筒形,外形尺寸相同,但后一级填充的材料多,比前一级更紧密,孔隙更小,能分离更细微的油滴,但更易堵塞。安装时注意不能互换,其填充的聚结材料采用介于亲油和亲水之间的涤纶纤维及弹性尼龙纤维。

由油位检测器检测左、右集油室内的污油量,控制自动排油阀的启闭。中间集油室的污油量较少,通过手动排油阀定期排放。集油室内设有蒸汽加热器或电加热器,保证高黏度污油在环境温度较低时能顺利排出。

CYF-B 型油水分离器主要用于处理机舱舱底水,可使排放水的含油量小于 10 mg/L,并能在船舶倾斜 22.5°的条件下正常运行,其配套泵为单螺杆泵。

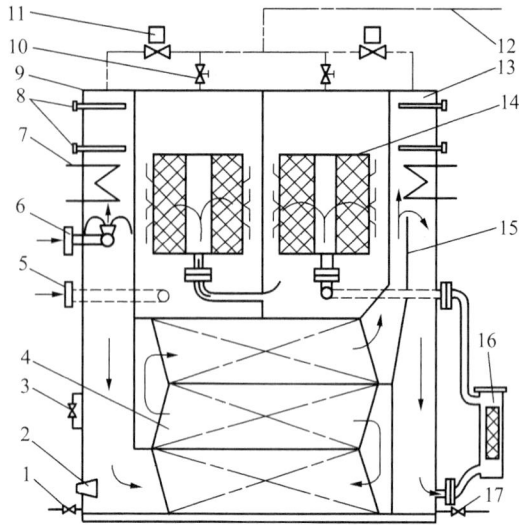

1—泄放阀;2—蒸汽冲洗喷嘴;3—安全阀;4—板式聚结器;5—清洁水排出口;6—油污水入口;
7—加热器;8—油位检测器;9—集油室(左);10—手动排油阀;11—自动排油阀;
12—污油排出管;13—集油室(右);14—纤维聚结器;15—隔板;16—细滤器;17—泄放阀。

图 8 – 1　CYF – B 型油水分离装置原理图

（2）JOWA 3SEP OWS 含油污水处理单元

3SEP OWS 是一个含油污水处理单元,所有组成环节总装在一个底座上,是一种"plug and play"(即插即用)含油污水处理系统。装船后只需要连接水的进出口、接上空气管、提供电源即可投入使用。

3SEP OWS 系统由 T1、T2、T3 三个串联连接的油水分离柜、各种阀件、油分浓度计及控制箱等组成(图 8 – 2)。油水分离柜体由防酸不锈钢材料制成,柜内装有锌块。污水泵单独供货,靠近污水舱安装,以保证泵具有自吸能力。

3SEP OWS 工作模式一:处理、达标排放。系统工作前,T1、T2、T3 先注满清水。含油舱底污水由污水泵 P01 抽吸从 A 口接入处理系统,污水经阀 V10 从上部进入分离柜 T1,依靠油水的密度差,污油上浮到 T1 顶部。含油量降低的污水从底部离开 T1,经止回阀 V40 从上部进入分离柜 T2、T2、T3 中装有多孔活性炭过滤介质 JOWA 200C,在 T2 柜,污水中的小油滴进行粗粒化,大颗粒油滴上浮至 T2 顶部。含油量进一步降低的污水从 T2 底部离开,经止回阀 V41 从上部进入分离柜 T3,细小油滴进一步在 T3 中粗粒化,浮至 T3 顶部。含油量进一步降低的污水从 T3 底部离开,油分浓度计 OCM 经阀 V20 连续从 T3 出水口取样(样水回至污水舱),当污水含油量小于 15 ppm① 时,气动控制阀 V04 开、V05 关,污水经节流阀 FR01、气动控制阀 V04 从 E 口排出舷外。当污水含油量大于 15 ppm 时,气动控制阀 V04 关、V05 开,污水经节流阀 FR01、气动控制阀 V05 从 F 口返回污水舱。污水含油浓度大于 15 ppm 时间超过 20 min(可调),系统将自动停止工作,并发出声光报警,反冲洗后才能再次投入使用。

———————————

① ppm 为无量纲单位,表示百万分之一。

3SEP OWS 工作模式二:在禁排区,循环处理污水舱含油污水。舱底污水由污水泵 P01 抽吸从 A 口经阀 V10 进入分离柜 T1 上部,大颗粒油滴上浮到 T1 顶部,污水从 T1 底部经阀 V13,由 F 口返回污水舱。

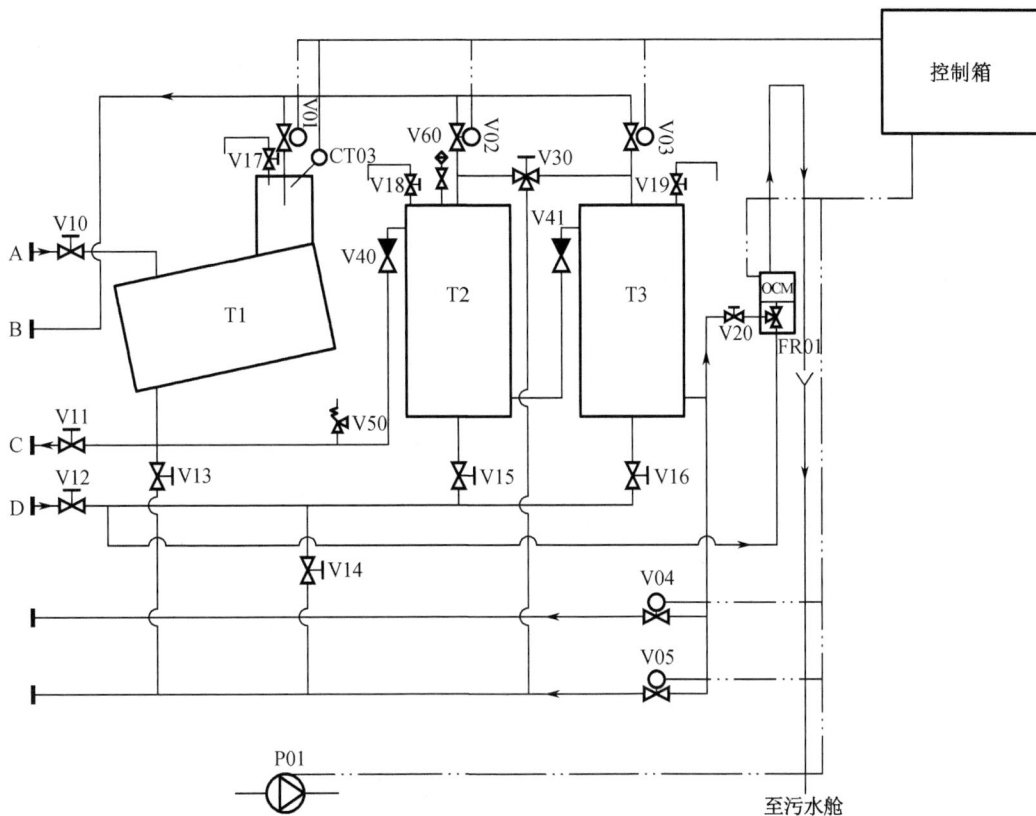

A—含油污水入口;B—污油去污油柜;C—去破乳化单元;D—反向冲洗水进口;E—小于 15 ppm 污水排出口;
F—大于 15 ppm 污水返回污水舱、反向冲洗水出口、放残口;P01—泵;V01~V05—二通气动阀;
V10~V19—二通球阀;V20—二通球阀;V30—三通球阀;V40、V41—止回阀;V50—安全阀;V60—压力表阀;
CT03—油分探头;P1—压力表;FR01—节流阀;OCM—油分浓度计。

图 8−2 JOWA 3SEP OWS 油水分离系统简图

自动工作模式:系统由污水舱液位控制,当污水舱水位上升到高位时,系统自动起动运行;当污水舱水位降至低位时,系统自动停止工作。

排油过程:当 3SEP OWS 启动时,V02、V03 将会持续 3 s 自动排油,这样可以确保当系统静止时集聚在 T1、T2 顶部的油可以得到依次排放。当油分探头 CT03 检测到油后,控制单元打开气动控制阀 V01,T1 顶部污油从 B 口排至污油柜。T2 上气动控制阀 V02 和 T3 上气动控制阀 V03 控制油的排放,V02、V03 两次排油的时间间隔是固定的,T2 每隔 5 min 排一次油,持续 20 s(可以调节);T3 每隔 1 h 排一次油,持续 5 s。

如下状况应对 T1、T2 柜进行反冲洗:在 JOWA 200C 安装到位,初次起动之前;油分浓度计给出持续高油分报警,持续时间超过设定值;作为常规保养的一部分,大约每周反冲洗一次。反向冲洗水从 D 口引入经阀 V12、阀 V15、V16 从底部进入 T2、T3 柜,从阀 V30 引出经

F 口返回污水舱。反向冲洗水还可以对油分浓度计 OCM 进行冲洗。

4. 自动排油装置和油分浓度监测装置

（1）自动排油装置

油水分离器分离出的污油集聚在顶部达一定数量时，便自动打开排油阀将污油排往污油柜，这种装置称为自动排油装置。自动排油装置主要由电阻式或电容式油位检测器和排油阀组成。油位检测器装在分离器的集油室中，利用感受元件在油、水中与分离器壳体之间导电率（或电容）的变化，测出油层厚度的变化，并输出控制信号，通过电气控制箱控制排油阀的启闭。排油阀有电磁阀和气动阀两种。

图 8 - 3 所示是一种气电联合自动排油装置。由一个电磁阀同时控制气开排油和气闭排水的气动隔膜阀。当上下油位电极 3、2 感应油位而产生的电信号经放大后打开电磁阀时，减压的控制空气经气水分离器 6 和压力调节阀 7 进入气动排油阀 9 下腔和气动排水阀 1 的上腔，使其分别打开排油阀和关闭排水阀。相反，排油后水往上升，电极感应的信号又使排水阀打开、排油阀关闭。

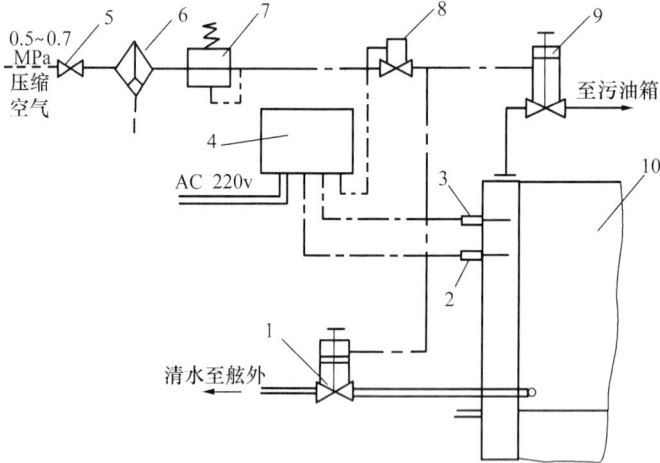

1—气闭式隔膜排水阀;2—下油位电极;3—上油位电极;4—控制箱;5—截止阀;
6—气水分离器;7—压力调节阀;8—电磁阀;9—气开式隔膜排油阀;10—油水分离器。

图 8 - 3　CYF 型油水分离器污油自动排放控制系统

（2）油分浓度监测装置

国际公约中规定，船舶油水分离器必须在有油分浓度监督装置时才能使用，以便对排放水的含油浓度、排放总量及瞬时排放率进行测定、记录和控制。若排放水中含油浓度超过规定的标准，检测器就发出报警。轮机人员应立即检查污水处理系统的工作情况，并排除故障，直到水中含油浓度符合标准为止。

5. 油水分离器的使用管理

正确地使用和定期维护保养是保证油水分离器充分发挥其分离能力的先决条件和重要保证。轮机人员应仔细阅读其使用说明书，了解其工作原理、运行及维护要求等。

（1）起动前的管理

油水分离器在首次使用或清洗后投入使用时应先注满清水，以利于洗掉可能黏附的油污和杂质,避免油污水对分离器的污染。注水时,应打开顶部的放空气阀、上排污阀和高位检验旋塞,以驱逐分离器内的空气,直至水从这些阀中流出时将其关闭并停止注水。

起动污水泵前应先打开舷外排出阀,检查自动排油装置和应急操纵手轮是否处于正常位置。如有气动装置,应接通气源。

起动污水泵,油水分离器投入运行。开启监控系统,调整排放水的含油指标为 15 mg/L,确认监控系统和自动停止排放装置正常,并一直处于运行中。

(2)运行中的管理

运行中要注意及时排油、加热温度和定期清洗等问题,特别注意避免油水分离器超负荷。所谓超负荷,即超过其达到排放标准的分离能力。如果供水量过大,或排油装置失控,积油过多,都会降低分离效果,造成污油污染分离器内壁。检验超负荷的方法:一是检查低位检验旋塞,当它有油流出时说明积油过多,应立即排油,如果自动排油失灵应改为手动排油;二是通过出水口水样的观察,如果发现有可见的油迹,应停止分离器工作。

为保证分离效果,根据气候条件和污水中油种的不同,采用加热的方法提高分离效果,一般用 0.25~0.3 MPa 的饱和蒸汽加热到 40~60 ℃为宜,以加速油滴上浮和黏附内壁上的污油脱落。设有电加热器温度自动控制的分离器,运行中应注意分离器上的温度表,以防过热产生故障。严禁分离器内无水时启动电加热器。

运行中要定期排放集油室中的空气,防止自动排油装置因存气太多而失灵,并注意调整排出水管路上阀的开度,保持分离器内具有一定的压力,以利于集油室内污油的排出。

油水分离器经长期使用或内壁严重污染后,应进行冲洗。冲洗时先排出积油,灌入洗涤剂,打开加热器的蒸汽进出口阀,用蒸汽加热分离器内的污水,以去除黏附在内壁或其他装置上的油污,并在加热温度达 60~70 ℃时停止加热。待油污脱落后,开泵排污,然后重新投入工作。如果发现清洗效果不好,可停止工作,进行蒸汽直接吹洗,促使内部油污脱除干净。一般蒸汽清洗每月进行一次。

过滤式或吸附式油水分离器的过滤元件和吸附材料容易堵塞,工作一段时间后要进行反向冲洗。过滤元件和吸附材料长期使用而失效时,要予以更换或补充。在检查滤器或换新聚结元件前也应对分离器进行加热、冲洗和排空。在清洗或更换过滤材料和填充吸附材料时,要保证充填均匀,不得有局部空隙存在。油水分离器全面拆检,彻底清洗的工作周期为一年。

油水分离器的供水泵多为单螺杆泵或柱塞泵,运行中千万不能空转,不允许泵在关阀时运行。

在油污水排放完后停用分离器之前,应引入海水继续运行 15 min,用以清洁油水分离器及其监控系统,以免被油污堵塞和污染。停泵后,应关闭油水分离器的进、出口阀,防止筒内充满的水泄漏,减轻内壁氧化腐蚀。

(3)影响分离效果的因素与措施

油水分离器的分离效果与其结构、内部清洁状况、舱底水泵的形式、污水中油的种类及其含油量、分离温度、工作压力、流量等因素有关。因此,当分离效果不佳时,要从这些方面查找原因。例如,油品的比重过大或过小都不利于油水分离器的分离;离心式和齿轮式舱底水泵会使油污水乳化,不易分离,宜采用低速往复式活塞泵和柱塞泵或单螺杆泵。

如果油水分离器中分离出的水含油量过大,即分离效果不佳时,可采用以下措施:

①改为间歇工作:即当分离器中装满舱底水后,停止供水,使容器内的舱底水有足够的停留时间,然后再开启污水泵,用新泵入的水将沉淀分离后的污水排出;

②分层抽吸:即先把下层含油少的污水直接排出舷外,只使上层含油较多的污水经分离器分离;

③适当加温:对分离器内的污水加热至40~60 ℃,使油与水的密度差加大,增大浮力,水的黏度也降低,从而减少了油滴上浮的阻力,增加油滴上浮速度;

④改用输水平稳的污水泵以减轻油污水的乳化程度,使进入分离器的油污水中的大颗粒状的油易于分离。

(四)污油舱及污油排岸系统

1.污油舱

按规定总吨位400及以上船舶应设置有足够容量的舱柜,用来接收不能以其他方式处理的残油或油渣。这种舱柜应便于清洗和将其内的残油排至接收设备。该舱一般用来存放净化燃、润油时产生的油渣,及机器处所漏泄产生的残油和含油污水处理产生的污油等。根据不同的船舶,该舱柜的容量是不同的,船舶规范中对该舱柜的最小容量有具体规定。

2.残油排岸系统

残油排岸系统操作时应注意,当不使用该管路向接收设备排油时,甲板上排出截止阀一定要关严,标准排放接头要用盲板封闭,上紧紧固螺栓。由于排放接头暴露在室外,日常要做好防锈保养工作,定期检查,以保证管路设施状态良好。

为了使接收设备的管子能与船上机舱残油的排放管路相连接,在两管路上应装有符合规定的油类标准排放接头,其法兰应设计成能接收最大直径不大学125 mm的管子,以钢或其他相当材料制成,表面平整。这种法兰连同耐油垫圈,应能承受0.59 MPa的压力。

为了防止船舶造成油污染,许多国家的主要港口都设有污油水接收处理装置(或油驳),但目前免费接收污油水的港口只有上海和汉堡。使用免费的岸上接收油污水装置,和在收费的港口一样应遵守港规,不可粗心大意。在船舶抵港之前,船长应与代理联系,告知欲处理的污油种类、数量和闪点,以便港方安排油驳前来接收。抵港之前,轮机长也应遵照各防污规定,正确填写"油类记录簿",因为港口当局仍将彻底地检查记录簿。船上存有较多废油时,应尽量利用岸上接收设施。所有的岸上废油处理均应取得港口当局的油污处理证明,并与"油类记录簿"一起保留在船上,以备进一步检查。

(五)船用焚烧炉

在船上,焚烧炉主要用来处理渣油和废油,同时也可以处理污水处理装置中产生的污泥以及其他固体垃圾。常用的焚烧炉根据燃烧器形式分为旋转喷嘴式、压力喷雾式和重力滴下式三种。

焚烧炉的结构组成如下:在钢制外壳内衬耐火砖形成燃烧炉膛,在炉膛设主燃烧器以喷入污(废)油,设辅燃烧器以保证点火的助燃;设置固体废料投入口;在排烟口装抽风机,以保证炉膛内负压;此外,还设有观察孔、控制箱等。

对船用焚烧炉的要求主要有:

第一,装置须是通用性的,能够燃烧油类液体垃圾,也能够燃烧固体垃圾。

第二,排气含灰量要低,通常含灰量不超过 4 g/m³。

第三,排气温度必须在 250～350 ℃。

第四,不能有气味外泄。

第五,必须能够在不停炉状态下安全地清除灰渣和不能燃烧的物体。

第六,有充分的安全防护设施,以保证操作者的安全。

第七,焚烧炉尽可能自动化,要求当排烟温度过高、火焰故障、雾化压力过低、风机故障、燃烧器供给泵故障等情况时要给出报警,并停炉。

焚烧炉操作的注意事项:

第一,燃烧固体垃圾应在点火前打开送料口送入炉膛。

第二,点火前应先扫气 30 s 以上,以驱除膛内油气,防止爆炸。

第三,焚烧污油时要先放掉油柜中的污水,并加温至 80～100 ℃。

第四,先点燃辅燃烧器喷入的柴油,待炉膛达到一定温度(约 600 ℃),再引入污油燃烧,停止喷入柴油。正常情况下,污油中混合有 30%～50% 水时仍可连续燃烧。当不能连续燃烧时,则需一定量的柴油进行引燃(一般作为引燃用柴油的供给量与污油比例为 1/5～1/10)。停炉前应燃烧柴油,以冲洗污油管路。

第五,焚烧后的炉灰属无毒垃圾,可在距最近陆地 12 n mile 以外排入海中。

第六,每次处理污油和垃圾时,应做好相应记录。

焚烧炉维护保养的注意事项:在冷态下清除炉内垃圾;经常清洁燃烧器,保证油路畅通和点火有效;定期检查炉门,对铰链要清洁后注油防锈,必要时更换炉门的石棉密封填料;如发现炉内耐火砖损坏应及时修理;每日定期检查和试验自动控制和报警装置,保证其工作有效。

(六)生活污水处理装置

船舶生活污水处理装置按污水排放方式可分为储存方式、处理排出方式和处理循环方式。按净化机理有生物学方法、物理化学方法、加热浓缩方法和密度差分离方法。目前在船上多采用收集储存后排放方式和生物处理排出入海方式。

1. 收集、储存、排出方式

船舶装设生活污水储存柜,在禁止排放区域内,将生活污水全部暂时存入储存柜中。当船舶航行到允许排放海域时再排光,或排至港口接收设备。该方法设备简单,造价低,也容易管理和操作。但如船舶在禁排区内时间过长,污水储存量受到限制,处理将发生困难。

2. 生物处理排出装置

生物处理装置是利用好氧菌为主的活性污泥对污水中有机物质进行分解处理的装置。该设备分为三个部分:在曝气池中生活污水由顶部进口送入,压缩空气经安装在池内底部的几个扩散器供入污水中,搅拌污水使进入池内的污水与活性污泥充分混合完全接触,保证好氧菌生存所需氧气。经过曝气后,污水中有机物通过好氧菌新陈代谢转化成 CO₂ 和 H₂O,同时产生新的活性污泥,水和污泥流入沉淀池,CO₂ 通过排气系统排出。

在沉淀池中,混合液沉淀,水和污泥分离,净化后水溢流至消毒池;污泥一部分通过空气提升器回流到曝气室,另一部分定期排出,从而保持曝气池内活性污泥的浓度一定。

在消毒池中,水经过药物杀菌消毒然后排入海中。

生物处理装置操作管理要注意：

（1）运行应连续进行，不能停止供风，否则，活性污泥中好氧菌群会因缺氧而死亡。每3个月检查曝气池活性污泥浓度，一般保持污水呈巧克力色。如表面出现浮渣，说明浓度过大，需要调整。

（2）要及时补充消毒剂，通常3个月补充一次，按每人每月20 g量投放。

（3）装置运行时，应控制进入的水量不超过装置的处理量（一般厕所冲洗量在60～65 L/d），注意不可丢入如破布、棉纱等粗制纤维一类物品，以免造成阻塞。

三、海上污染事故处理

海上污染事故处理主要是针对海上溢油事故的处理，目前还没有其他污染事故处理规范的方法。下面针对海上船舶油污染事故处理的有关内容进行介绍。

（一）处罚处理程序

1. 事故报告

发生污染事故，船舶应及时向所在港海事部门呈报"船舶污染报告书"。内容包括船名，船旗国，船籍港，船舶吨位，污染事故发生时间、地点，污染物名称和数量，污染事故详细经过和污染情况。

2. 目击者报告

发现船舶造成油污染的目击者提供情况，海事部门人员记录，并填写"污染目击者报告"。内容包括船舶情况、目击者情况、发现地点、目击者报告的详细材料。

3. 证明人报告

船舶造成污染事故的证明人要填写"证人的报告"。内容包括船舶情况，证人情况，污染事故地点、时间，污染物种类，证人提供的详细材料。

4. 现场勘查报告

海事部门接到污染事故报告后，应立即到现场进行勘查，并写出"船舶污染事故现场勘查报告"。内容包括船舶情况，气象、水文状况，事故性质，污染物种类、数量，取样和勘查情况。

5. 调查、询问记录

调查、询问项目有油污证书及附件、"油类记录簿"、航海日志及轮机日志和其他有关文件。询问有关人员。

6. 技术鉴定报告

海事部门人员根据经主管机关认定的分析化验单提供的取样分析报告，填写技术鉴定（化验分析）报告。

7. 污染事故评议记录

海事部门组织有关人员对污染事故进行评议，并如实写出"船舶污染事故评议"。

8. 调查处理报告

海事部门根据各项报告情况，写出"船舶污染事故调查处理报告"，主要内容包括船舶及船舶所有人情况、肇事责任人情况、污染事故性质及经过、污染事故原因分析及处理结果。

9.处罚决定书

处罚不足 1 万元,"处罚决定书"直接发给肇事船舶;处罚 1 万元及以上,需报中华人民共和国海事局批准,然后才能发布。

(二)油污染处理技术

海上发生溢油时,首先应采取措施防止溢油扩散,然后再根据溢油场所、溢油状态变化、气象、海况条件等采用物理或化学方法,将海面上的溢油回收或在海上直接处理。

1.海面溢油状态变化

进入海洋的溢油将经历扩散、蒸发、溶解、乳化、氧化、生物降解、沉积等复杂的物理和化学变化过程。有些变化使油在海面上消失,而溢油在海面消失所需的时间主要取决于油的物理和化学特性,也与溢油量、气候和海况有关。

(1)扩散

溢入海洋的石油开始受重力作用迅速在水表面扩散,形成油膜。而后油膜在表面张力作用下继续扩散。海面溢油扩散速度和面积受溢油量、风、海浪及油的理化特性影响。油膜在海面扩散的同时,还按风速 3%、海流流速 100% 矢量相加的速度和方向漂移。实际海上溢油扩散和漂移是相当复杂的过程,受许多不定因素影响,很难精确计算,一般应用"溢油模型"进行预测。据实验资料报道,1 m 中东原油溢入海面 10 min 后,扩散成直径为 48 m,厚 0.5 mm 的圆斑形油膜,100 min 后,扩散为直径 100 m,厚 0.1 mm 的圆斑形油膜。

(2)蒸发

溢油中的轻组分由于挥发作用,蒸发进入大气。蒸发速度主要取决于轻组分比例,低沸点组分比例越大,蒸发越快。油膜表面积越大蒸发也越快。汹涌的海面、大风浪及温暖的气候都会提高蒸发速率。通常原油中沸点低于 20 ℃ 的轻组分,在温暖气温条件下 24 h 之内全部蒸发。因此,轻质原油溢入海洋一天之后会有 25%~50% 的轻组分蒸发。煤油和汽油等成品油溢入海面后,在几小时之内就能完全蒸发。重质原油和燃料油只有很少量蒸发,而且蒸发后的残油密度和黏度都会增大,并影响其状态变化及清除技术的选择。

(3)溶解

烃类的溶解度很少超过 1 mg/L,而石油主要由各种烃类组成,因此溶解作用对消除海面溢油没有多大影响。

(4)乳化

海面上的溢油由于受海流、潮汐、风浪等搅动,很容易形成水包油或油包水两种形式的乳化液。含沥青质多的原油容易形成油包水乳化液,形成黏附的半固体块,俗称"奶油冻"。这些半固体块相当稳定,浮在水面并聚集成团,使流动性的油变得更加黏稠,蒸发过程大为延缓,成为溢油持续在海面存留的主要原因。

(5)氧化

氧化作用主要发生在表层,在日光照射下氧化反应加剧。油膜氧化能加快油的溶解速度和生成对乳化有促进作用的表面活性分子。虽然氧化反应发生于油膜存在的始终,但相对于其他状态变化,对油在海面完全消失的影响是非常微小的。

(6)沉积

石油在海中沉降,通常是由于黏着于油上的沉淀颗粒物或有机物造成的。一些重质原油和多数重燃料油以及油包水乳化物的相对密度接近1,因此,只要黏附很小颗粒物就会超过海水密度而下沉。清洁水中常有丰富的悬浮固体,为沉积提供了良好条件,一些浮游动物捕食时吞进颗粒油也会变成粪球而沉入海底。沉入海底的油或油的氧化物,在海流、海浪作用下,有的还可能再次悬浮于海面。

(7)生物降解

海水中含有多种海洋细菌,其中霉菌和酵母菌可以吞食石油作为能量来源。不同种类的微生物能降解特定的烃族,各种菌类能共同降解原油中绝大部分化合物。

2. 防止溢油扩散的方法

(1)用围油栏将溢油包围起来或引导到适宜场所,以便回收处理。围油栏是防止溢油扩散最常用的,也是较为有效的设备。目前常用的围油栏有固体浮子式、充气式、气幕式三种类型。各种类型的围油效果都受流速和浪高的限制。

(2)用化学凝聚剂阻止扩散。在油膜周围撒布一种比溢油的扩散压大的化学药剂,它在水面上扩散并压缩油膜,使油膜面积大大缩小,从而阻止溢油扩散。撒布化学凝聚剂的作用比铺设围油栏容易且迅速。化学凝聚剂对防止煤油、柴油等轻油和重油的扩散是行之有效的方法。

3. 溢油回收方法

用物理的方法回收溢油,是清除海面溢油较为理想的办法,既可避免溢油对环境的进一步危害,又能回收能源。物理回收方法包括人工回收、机械回收和吸油材料吸附回收。

4. 溢油海上处理

当海上溢油无法用物理方法回收时,可采用化学油分散剂、燃烧或沉降方法,在海上直接处理掉。

(1)油分散剂

用由表面活性剂、溶剂和少量添加剂组成的乳化分散型油处理剂喷洒在水面浮油上,通过表面活性剂的亲水基和亲油基的作用,使浮油迅速分散成微小油滴溶于水中,在水面以下一定深度处形成水包油型乳浊液。油被分散成微小粒子后,易被生物降解,可加速水的自然净化过程。一般在外海及开阔水域中,使用油分散剂会有显著效果。在半封闭海域或交换条件不良海面,不宜采用油分散剂。使用油分散剂会造成二次污染,使用前必须得到港口当局的批准,而且选用经主管机关认可的产品。

(2)燃烧处理

在远离陆地及船舶航道以外的海面发生大规模溢油,又由于海上气候条件恶劣无法用机械方法回收溢油时,可直接将溢油在海上燃烧处理掉。虽然油本身是可燃物质,但对海面上溢油直接点火燃烧和完全烧尽却是很困难的事。一般燃烧处理海面溢油,需用特别灯芯材料和引火剂进行引燃或帮助燃烧,也可用麦秆、稻草等作引火材料或投掷燃烧弹引火。有一种化学药品,它能在油迹表面形成一层泡沫,使油上浮并与空气接触,使油保持连续燃烧,这种方法效果很好,被烧掉的油可达98%。

(3)沉降处理

用密度大的亲油性物质,例如液体沉降剂(包括氯仿、四氯乙烯等)或固体沉降材料(如石膏、碳酸钙、沙、砖瓦碎屑、硅藻土等),撒布在溢油表面上,并与油一起沉降到海底。由于沉降处理会污染海底生物,许多国家禁止使用,一般只能在特定海域采用。多数国家规定在距陆地 50 n mile 以内不准使用。

第 五 节　船 舶 应 急 演 习 与 训 练

一、对船舶应急演习的组织

(一)应急演习的目的

组织船舶应急演习是为了:
①提高船员安全意识,树立居安思危、常备不懈的思想;
②使船员熟悉应变岗位及职责,避免应急时惊慌失措;
③使船员熟练掌握各种应急设备的操作技能,以便在应急时能正确操作这些设备;
④检查、试验各类应急器材、设备的技术状态,发现问题及时解决,使其处于随时可用状态。

(二)应急演习的时间间隔

(1)应急演习应当以适当的时间间隔进行,既要保证全船处于良好的可随时应急的状态,又不至于干扰船上的正常工作。船长可根据情况和需要,酌情增加应急演习。例如,在前往油污控制严格的国家,或前往海盗活动频繁海区时,可以临时增加油污演习或反海盗演习等。

(2)每位船员应在开航前熟悉其应急职责。

(3)每位船员每月应至少参加弃船演习和消防演习各一次,若有 25% 以上的船员未参加上个月的演习,应在该船离港后 24 小时内举行上述两项演习。

(4)客船每周进行一次弃船演习和消防演习,每次演习不必全体船员都参加,但每位船员应每月参加弃船演习和消防演习各一次。对于航行时间超过一周的客船,在离港前应举行一次全面的水密门、舷窗、泄水孔的阀及关闭装置、出灰管与垃圾管的操作演习,此后在航行中至少每周举行一次这样的演习。

(5)从事非短途国际航行的客船上,应在乘客上船后 24 小时内举行乘客集合演习。从事短途航行的客船上,如在离港后未能举行乘客集合演习,则应通过广播或其他有效手段,提请乘客注意"应急须知"的内容介绍。

(6)应急操舵演习每 3 个月应进行一次。

(7)油污应变演习每 3 个月,最长不超过 6 个月应进行一次。

(三)应急演习的策划

各类应急演习尽管有一定的时间间隔规定,但船长还是需要对在什么时间、什么地点、进行哪种应急演习予以适当的安排。需要考虑的因素包括:

(1)演习对人员、船舶、设备、环境的安全性,例如放艇操作应选择在遮蔽海区或平静海面进行。

（2）港内演习或在某些敏感区域举行演习，须事先经有关主管当局的批准。

（3）是否需要对某种应急情况增加演习次数，可能的演习效果和是否需要在演习前进行必要的培训。

（4）是进行单项演习，还是进行多项演习，还是进行综合演习等。

演习是用来保障应急能力和完善应急部署的，如果在当时情况和环境下演习会严重危及船舶或人员的安全，则应另择时间、地点进行演习，并将原因记录于航海日志。

（四）对应急演习的监督

成功的应急必须具备的基本条件包括：训练有素的人员；完备的应急设备和器材；高效的应急预案；正确果断的组织和指挥。为使船舶能够成功应急，在平时组织的应急演习过程中，船长应对演习的全过程进行监督，并注意检查下列事项：

（1）在施放应急警报信号后，参加演习的船员能否在 2 min 内到达指定地点；消防演习时，机舱能否在 5 min 内开泵供水；弃船演习时，能否在船长下达放艇命令后 5 min 内将艇放至水面。

（2）参加演习的船员能否按应急部署表或应急计划的要求正确携带指定的器材。

（3）对参加演习的船员所规定的、布置的行动是否能切实有效地进行。

（4）参加演习的船员能否熟练地使用应急设备和了解应急设备的性能。

（5）船上应急系统、设备、器材等是否处于随时可用状态。

（6）针对不同的应急情况和船舶状况，所采取的措施的有效程度。

（7）应急逃生通道是否通畅；救生艇筏的释放是否无障碍；消防栓附近有无妨碍消防皮龙连接的货物或物品；消防控制站内有无堆放杂物；应急操作说明和示意图是否张贴良好和方便阅读等。

（8）参加演习的船员对应急初期所取得成果的有效性的认识如何。

（9）通信、联络、送电、送水等有关系统的作用的有效性。

（10）参加演习船员的应变意识，重视程度；整体配合的协调程度；对任务变换的适应能力；接替人的适任性；应变部署表的有效性；船岸协同应急的效果如何等。

（五）应急演习总结

对演习监督过程中发现或暴露出来的问题，应及时总结并迅速制定整改措施。应通过下一次演习（必要时可尽快组织补充演习）来验证整改措施的有效性。

（六）应急演习记录

由大副将演习的起止时间、地点、演习内容和有关情况，如实正确地记入航海日志的重大记事栏内。若在指定时间未举行全部应变演习或训练项目时，则应在航海日志内记述其原因和已举行演习或训练项目的范围。

（七）应急演习善后

演习结束后，演习中所使用过的应急设备应立即恢复到原状，以便能被立即用来应急。

二、对船舶各类应急演习的要求

（一）消防演习

（1）每次消防演习应包括下列内容：

①向集合地点报道，并准备执行应急部署表中规定的任务；

②检查是否按应急部署表上的规定携带指定的器材；

③检查消防员装备和其他人员的救助设备；

④起动一个消防泵，要求至少射出两股水柱，以表明该系统是处于正常的工作状况；

⑤检查有关的通信设备；

⑥检查演习区域内水密门、防火门、防火闸和通风系统的主要进、出口的操作情况；

⑦检查供随后弃船用的必要装置。

（2）消防演习应根据消防演习计划进行。在制定消防演习计划时，对根据船型和货物而实际可能发生的各种紧急情况，应给予充分考虑。

（3）在每次进行消防演习时，可分别模拟机舱着火、厨房着火、生活区着火、货舱着火，进行相应的火灾报警、鸣放警报信号、集合、关闭通风、组织探火、灭火等消防程序的演练，以及演习结束后的讲评，最后宣布演习结束。

（二）弃船演习

（1）每次弃船演习应包括下列内容：

①先使用报警系统，然后通过公共广播或其他通信系统宣布进行演习，将乘客和船员召集至集合站，并确保他们知道弃船命令；

②向集合地点报道，并准备执行应急部署表中规定的任务；

③查看船员和旅客的穿着是否合适；

④查看是否正确地穿好救生衣；

⑤在完成任何必要的降落准备工作后，至少降下一艘救生艇；

⑥启动并操作救生艇发动机；

⑦操作降落救生筏所用的吊筏架；

⑧模拟搜救几位被困于客舱中的乘客；

⑨介绍无线电救生设备的使用。

（2）弃船演习应根据弃船演习计划进行。

（3）每艘救生艇应每3个月在弃船演习时降落下水一次，并指定操作的船员进行水上操纵（演习）。在这样的演习中，救生艇在降放时可不乘载操作的船员。

（4）从事短途国际航行的船舶，每艘救生艇至少每3个月下降一次，并每年降落下水一次。

（5）自由降落式救生艇，每6个月至少乘载操作的船员自由降落降放一次，并在水中操纵。在不可行的情况下，可延至12个月。

（6）在合理可行的情况下，专用救助艇应乘载被指派的船员每个月降落下水一次，并在水中操纵。无论如何，这个要求每3个月至少进行一次。

（7）航行中降落救生艇、救助艇下水演习时,应在遮蔽水域进行,并在有此项演习经验的驾驶员监督下进行。

（8）每次弃船演习应试验供集合和弃船用的应急照明系统。

（9）在每次进行弃船演习时,应进行鸣放弃船信号、完成弃船前的甲板和机舱自我保护动作、集合、放艇（筏）前的检查、放艇（筏）、回收艇（筏）等弃船程序的演练,以及演习结束后的讲评,最后宣布演习结束。

（三）人落水演习

（1）在船上举行的人落水演习应包括下列内容：
①向船长报告,鸣放人落水警报信号,模拟观察和抛掷救生圈；
②向集合地点报道,并准备执行应急部署表中规定的任务；
③检查是否按应急部署表上的规定携带指定的器材；
④做好救助艇的放艇准备；
⑤检查参加演习的人员是否熟悉自己的相应的应急职责,能否按应急部署表中的规定进行人落水应急操作。
（2）人落水演习应根据人落水演习计划进行。
（3）在每次进行人落水演习时,应进行鸣放警报信号、操船甩尾、模拟观察和抛掷救生圈、集合、模拟放艇等人落水应急程序的演练,以及演习结束后的讲评,最后宣布演习结束。

（四）油污演习

（1）在船上举行的油污演习应包括下列内容：
①检查、试验有关油污警报和通信系统；
②发出油污警报,向集合地点报到,并准备执行应急部署表中规定的任务；
③检查参加演习的人员是否熟悉自己的油污应急职责,能否按应急部署表和船上油污应急计划中的规定进行油污应急操作；
④模拟向公司及有关主管机关报告；
⑤演练关闭阀门、堵塞甲板排水孔、甲板围栏和收集溢油、清除溢出舷外的溢油等油污应急行动。
（2）油污演习应根据油污演习计划进行。在制定油污演习计划时,应充分考虑油污应急计划中的要求。
（3）油污演习可以和其他演习联合进行。
（4）在每次进行油污演习时,应进行鸣放警报信号、集合、关闭阀门、堵塞甲板排水孔、模拟收集溢油等油污应急程序的演练,以及演习结束后的讲评,最后宣布演习结束。

三、船上训练与授课

（一）训练与授课安排

（1）应尽快地(不迟于船员上船后的两周内)进行船舶救生、消防设备用法的船上训练。
（2）在装有吊架降落救生筏的船上,应在不超过 4 个月的间隔期内应进行一次该设备用法的船上训练。

(3)应与应急演习相同的间隔,讲授船舶消防、救生设备用法和海上救生须知方面的课程。每一课程的内容可以是船舶救生和消防设备系统中的不同部分,但每2个月一期的课程应覆盖全部救生和消防设备。

(4)每次授课有未参加听课的值班人员应专门补课。

(二)授课内容

每位船员均应听课。课程内容包括但不限于:气胀式救生筏的操作与使用;低温保护问题;低温急救护理及其他合适的急救方法;在恶劣天气和海况中使用救生设备所必需的专门知识;消防设备的操作与使用。

(三)训练手册

(1)根据公约要求编写的训练手册应存放在餐厅、娱乐室、船员舱室及其他公共场所。目前船上通常在下列场所放置训练手册:驾驶台、机舱集控室、机舱工作间、船首仓库、消防系统控制室、餐厅、娱乐室、救生艇内等处所。目前,国内船上通常配置由国家海事局组织编写的训练手册,外国籍船上通常配置由国际海事组织编写的海员手册。大的船公司通常还制定有自己的船员训练手册。

(2)训练手册应使用船舶的工作语言。

(3)船上训练应参考训练手册中的内容进行。

(4)训练手册应包括(但不限于)以下内容:

①消防:不同部位消防演习的程序和步骤;灭火系统和消防设备的操作与使用;消防员装备(包括自给式呼吸器)的使用方法;有关烟气的危害、电气火灾、易燃液体和船上类似的常见危险的一般防火安全实践和预防手段;有关灭火行为和灭火程序的一般性应知、应会的内容,包括火灾报告及使用手动报警按钮的程序;火的类型、灭火原理及应选用的灭火介质;如何辨别火源,判断火势的扩延和爆炸可能性;防火门、挡火(烟)闸的操作和使用;脱险通道系统和设备的使用;紧急逃生呼吸装置的使用;在注满烟气的封闭处所如何采取安全措施;厨房火灾的应急处理;机器处所火灾的应急处理等。

②救生:弃船、救生演习程序和步骤;救生艇筏和救助艇的登乘、降落和离开,包括海上撤离系统的使用;封闭式救生艇在艇内的降落方法,如何从降落设备上脱开;救生艇筏和救助艇的回收,包括存放和系固;救生艇艇机启动及附件的使用方法;气胀式救生筏的操作与使用;暴露的危险和穿保温服的必要性;救生衣、救生服、浸水保温服和抗暴露服的穿着方法;低温保护、低温急救护理以及其他合适的急救方法;在恶劣气候和恶劣海况中,船舶救生设备的正确使用;降落区域照明和防护设备的用法;海锚及艇内所有救生属具的用法;无线电救生设备的用法;拯救的方法,包括直升机救助装置,连裤救生圈、海岸救生工具和船舶抛绳设备的用法;应急部署表与应急须知所列出的所有其他措施;救生设备的应急修理须知等。

第九章
船舶安全监督与检查

第一节　船旗国监督管理

从事交通运输的船舶来往于海上和不同港口之间,因此,其安全管理不仅依赖于船上的船员,更依赖于岸上人员的组织和监督。从事船舶安全管理的人员,特别是船员,应当熟知岸上对船舶安全管理的过程和措施。从目前的通常做法看,岸上对船舶的安全管理可以大致分为船旗国管理和港口国监督。船旗国管理的具体内容包括船舶登记、检验与发证等。

保证悬挂本国国旗的船舶符合其加入且生效的国际公约的相关要求是每一作为缔约国的船旗国政府的责任。船旗国应根据本国的法律对愿意加入并符合登记条件的船舶进行登记,并按相关要求对船舶进行法定检验、审核和检查,确保其能遵守国际公约及本国制定的相关法规。

一、船舶登记管理

船舶登记是一项法律行为,是船舶获得国籍的前提条件。船舶在获得船籍后有权悬挂船旗国的国旗,有权受到船旗国的外交和军事保护。船舶登记后所获得的国籍还决定了船舶在战争中的贸易地位。从民法的角度而言,船舶登记保护了船东对船舶的所有权,保护了包括船舶抵押权人对被抵押船舶的应有权利。船舶的光船租赁权的取得以及变更、注销,均应登记。

(一)船舶登记制度

从目前的状况看,根据船舶登记制度的不同,可以把船舶的登记类型归纳为 3 种模式:严格登记制度、开放登记制度和半开放登记制度。

1. 严格登记制度

严格登记制度的登记条件是:船舶所有权全部或大部分属船旗国所有;船公司或主要营业场所设在船旗国境内,并由船旗国公民或法人管理;船员必须全部或主要是由船旗国公民组成,我国属于船舶严格登记制度国家。

2. 开放登记制度

开放登记制度对船舶登记条件的限制很少当前世界上按吨位排名前 8 位的船队中有 5 个属于开放登记国家,这五个国家是:巴拿马、利比里亚、塞浦路斯、巴哈马和马耳他。开放登记的主要特征可以归纳为:船舶所有权可以归外国人所有;船舶登记手续比较简单;基本不收船舶的收入税;在国内法上对船舶的规定和要求比较宽松,尽管对船舶的吨位收取较低的登记费用,但通过吸收大量的吨位可以获得较高的国家收入;允许雇用外籍船员。由于这类登记机关既没有能力又没有管理机构来强制实施本国及国际公约的规定,也没有能力和意愿来监督公司的守法行为,因而开放登记制度备受指责,被视为低标准船的"温床"。

3. 半开放登记制度

半开放登记制度是介于严格登记制度与开放登记制度二者之间的一种登记制度:20 世纪 80 年代,为避免高昂的登记税费、降低营运成本,许多船东特别是欧洲发达国家的船东纷纷选择开放登记制度,造成本国船舶吨位税收的巨大损失。为避免这种尴尬局面,增加本国收入,以挪威为代表的许多欧洲船旗国变通了严格的登记制度,设立了半开放登记制度的模式:这种制度的主要特征可以归纳为:船东和船员都可以为外籍人;可以协商船员的工资;船东只要有营业代理在本国工作,并实施部分管理船舶的功能,主要营业场所就可以设在国外;对外国的船东不增加税收等。船舶登记吨位的回流使这些欧洲国家已经获益,当前许多国家正在考虑学习这种设立半开放登记制度的方法。

(二)我国船舶登记管理

各个国家对在本国登记的船舶,都有自己的规定。为了加强国家对船舶的监督管理,保障船舶登记有关各方的合法权益,中华人民共和国交通运输部制定了《中华人民共和国船舶登记条例》。

1. 应当登记的船舶

登记条例适用于在中华人民共和国境内有住所或者主要营业所的中国公民的船舶、依据中华人民共和国法律设立的主要营业所在中华人民共和国境内的企业法人的船舶、中华人民共和国政府公务船舶和事业法人的船舶、中华人民共和国海事局认为应当登记的其他船舶军事船舶、渔业船舶和体育运动船艇的登记依照有关法规的规定办理。

2. 主管机关

中华人民共和国海事局是船舶登记主管机关。位于各地的分支海事局是具体实施船舶登记的机关(以下简称船舶登记机关),其管辖范围由中华人民共和国海事局确定。

3. 船舶登记的一般规定

登记条例对船舶国籍、船籍港、所有权、船名以及船员组成等做了明确规定和要求。

船舶经依法登记,取得中华人民共和国国籍,方可悬挂中华人民共和国国旗航行,未经登记的,不得悬挂中华人民共和国国旗航行船舶不得具有双重国籍。凡在外国登记的船舶,未中止或者注销原登记国国籍的,不得取得中华人民共和国国籍,船舶所有权的取得、转让和消灭,应当向船舶登记机关登记,未经登记的,不得对抗第三人:船舶由两个以上的法人或者个人共有的,应当向船舶登记机关登记,未经登记的,不得对抗第三人、船舶抵押权、光船租赁权的设定、转移和消灭,应当向船舶登记机关登记,未经登记的,不得对抗第三人。

中国籍船舶上应持适任证书的船员,必须持有相应的中华人民共和国船员适任证书。船舶登记港为船籍港。船舶登记港由船舶所有人依据其住所或者主要营业所所在地就近选择,但是不得选择两个或者两个以上的船舶登记港。一艘船只准使用一个名称,船名由船籍港船舶登记机关核定,船名不得与登记在先的船舶重名或者同音。船舶登记机关应当建立船舶登记簿。船舶登记机关应当允许利害关系人查阅船舶登记簿。

4. 所有权登记

船舶所有人申请船舶所有权登记,应当向船籍港船舶登记机关交验足以证明其合法身份的文件,并提供有关船舶技术资料和船舶所有权取得的证明文件的正本、副本。

5. 船籍登记

船舶所有人申请船舶国籍,除应当交验依照规定取得的船舶所有权登记证书外,还应当按照船舶航区相应交验有关文件。航行国际航线的船舶,船舶所有人应当根据船舶的种类,交验法定的船舶检验机构签发的下列有效船舶技术证书:国际船舶吨位丈量证书;国际载重线证书;货船构造安全证书;货船设备安全证书;乘客定额证书;客船安全证书;货船无线电报安全证书;国际防止油污证书;船舶航行安全证书;其他有关技术证书。国内航行的船舶,船舶所有人应当根据船舶的种类,交验法定的船舶检验机构签发的船舶检验证书簿和其他有效船舶技术证书。从境外购买具有外国国籍的船舶,船舶所有人在申请船舶国籍时,还应当提供原船籍港船舶登记机关出具的注销原国籍的证明书或者将于重新登记时立即注销原国籍的证明书。

对经审查符合条例规定的船舶,船籍港船舶登记机关予以核准并发给船舶国籍证书。船舶国籍证书的有效期为 5 年。向境外出售新造的船舶,船舶所有人应当持船舶所有权取得的证明文件和有效船舶技术证书,到建造地船舶机关申请办理临时船舶国籍证书。从境外购买新造的船舶,船舶所有人应当持船舶所有权取得的证明文件和有效船舶技术证书,到中华人民共和国驻外大使馆、领事馆申请办理临时船舶国籍证书,境内异地建造船舶,需要办理临时船舶国籍证书的,船舶所有人应当持船舶建造合同和交接文件以及有效船舶技术证书,到建造地船舶登记机关申请办理临时船舶国籍证书。在境外建造船舶,船舶所有人应当持船舶建造合同和交接文件以及有效船舶技术证书,到中华人民共和国驻外大使馆、领事馆申请办理临时船舶国籍证书 – 以光船条件从境外租进船舶,光船承租人应当持光船租赁合同和原船籍港船舶登记机关出具的中止或者注销原国籍的证明书,或者将于重新登记时立即中止或者注销原国籍的证明书,到船舶登记机关申请办理临时船舶国籍证书。

6. 光船租赁登记

有下列情形之一的,出租人、承租人应当办理光船租赁登记:中国籍船舶以光船条件出租给本国企业的;中国企业以光船条件租进外国籍船舶的;中国籍船舶以光船条件出租境外的。船舶在境内出租时,出租人和承租人应当在船舶起租前,持船舶所有权登记证书、船舶国籍证书和光船租赁合同正本、副本,到船籍港船舶登记机关申请办理光船租赁登记。

7. 变更登记

船舶登记项目发生变更时,船舶所有人应当持船舶登记的有关证明文件和变更证明文件,到船籍港船舶登记机关办理变更登记。船舶变更船籍时,船舶所有人应当持船舶国籍证书和变更证明文件,到原船籍港船舶登记机关申请办理船籍港变更登记。船舶抵押合同变更时,抵押权人和抵押人应当持船舶所有权登记证书、船舶抵押权登记证书和船舶抵押合同变更的证明文件,到船籍港船舶登记机关办理变更登记。

8. 注销登记

船舶所有权发生转移时,原船舶所有人应当持船舶所有权登记证书、船舶国籍证书和其他有关证明文件到船籍港船舶登记机关办理注销登记。已经审查符合条例规定的,船籍港船舶登记机关应当注销该船舶在船舶登记簿上的所有权登记以及与之相关的登记,收回有关登记证书,并向船舶所有人出具相应的船舶登记注销证明书。向境外出售的船舶,船舶登记机关可以根据具体情况出具注销国籍的证明书或者将于重新登记时立即注销国籍的证明书。船舶灭失(含船舶拆解、船舶沉没)和船舶失踪,船舶所有人应当自船舶灭失(含船舶拆解、船舶沉没)或者船舶失踪之日起 3 个月内持船舶所有权登记证书、船舶国籍证书和有关船舶灭失(含船舶拆解、船舶沉没)、船舶失踪的证明文件,到船籍港船舶登记机关办理注销登记。经审查核实,船籍港船舶登记机关应当注销该船舶在船舶登记簿上的登记,收回有关登记证书,并向船舶所有人出具船舶登记注销证明书。船舶抵押合同解除,抵押权人和抵押人应当持船舶所有权登记证书、船舶抵押权登记证书和经抵押权人签字的解除抵押合同的文件,到船籍港船舶登记机关办理注销登记。

9.船舶应当具有的标志

船首两舷和船尾标明船名;船尾船名下方标明船籍港;船名、船籍港下方标明汉语拼音;船首和船尾两舷标明吃水标尺;船舶中部两舷标明载重线。受船型或者尺寸限制不能在上述规定的位置标明标志的船舶,应当在船上显著位置标明船名和船籍港。船舶所有人设置船舶烟囱标志、公司旗,可以向船籍港船舶登记机关申请登记,并按照规定提供标准设计图纸。同一公司的船舶只准使用一个船舶烟囱标志、公司旗。船舶烟囱标志、公司旗由船籍港船舶登记机关审核。船舶烟囱标志、公司旗不得与登记在先的船舶烟囱标志、公司旗相同或者相似以船籍港船舶登记机关对经核准予以登记的船舶烟囱标志、公司旗应当予以公告已经登记的船舶烟囱标志、公司旗属登记申请人专用,其他船舶或者公司不得使用。

10.法律责任

假冒中华人民共和国国籍,悬挂中华人民共和国国旗航行的,或中国籍船舶假冒外国国籍,悬挂外国国旗航行的,由船舶登记机关依法没收该船舶。隐瞒在境内或者境外的登记事实,造成双重国籍的,由船籍港船舶登记机关吊销其船舶国籍证书,并视情节处以罚款。

在办理登记手续时隐瞒真实情况、弄虚作假的,隐瞒登记事实,造成重复登记的,伪造、涂改船舶登记证书的,登记机关可以视情节给予警告、罚款直至没收船舶登记证书。不按照规定办理变更或者注销登记的,或者使用过期的船舶国籍证书或者临时船舶国籍证书的,由船籍港船舶登记机关责令其补办有关登记手续;情节严重的,可以根据船舶吨位处以一定的罚款。

擅自使用他人业经登记的船舶烟囱标志、公司旗的,由船籍港船舶登记机关责令其改正;拒不改正的,可以根据船舶吨位处以一定的罚款;情节严重的,可以吊销其船舶国籍证书或者临时船舶国籍证书。

二、船舶检验与发证

船舶检验是船舶检验机构对船舶及其设备的技术状况进行的检验、审核、测试和鉴定。船舶只有通过相应的检验,才能取得必要的技术证书或保持技术证书的有效性。船舶检验的目的在于通过船舶检验的手段,促使船舶保持良好的技术状态,以保障海上人命安全和防止水域污染,保证国家对船舶安全的管理和控制得到有效实施,同时也为船舶所有人在船舶登记、取得船舶技术证书、提高船舶在航运市场的竞争力及为海事处理等方面提供必要的依据。

（一）验船机构

世界上许多国家有专门执行船舶技术监督、制定船舶规范和规章、保障船舶具备安全航行技术条件的验船机构。

验船机构根据其性质分为两类：一类是政府的验船机构，另一类是民间的验船机构。根据国家性质的不同，有些国家只有政府的验船机构，有些国家既有政府的验船机构又有民间的验船机构。政府验船机构直接对船舶执行技术监督，签发有关国际公约规定的船舶证书；民间的验船机构经政府授权后可以代表国家签发有关国际公约规定的船舶证书。民间的验船机构办理船舶入级业务，仅设政府验船机构的国家所属验船机构也办理船舶入级业务。

船级社大多属于民间性质的验船机构，其主要任务是办理船舶技术检验和船舶入级，同时办理公证检验业务。船级社往往接受本国或其他国家政府授权或委托，签发有关国际公约规定的船舶证书。世界上各大船级社在大多数国家、地区的港口均设有办事处和代理机构，并与许多国家的验船机构订有相互代理验船协议。

（二）船舶检验种类

按照检验目的、依据和性质的不同，船舶检验通常分为法定检验、船级检验和公证检验三种。

1. 法定检验

法定检验是指船旗国政府或其授权的组织按照船旗国政府的规定以及国际公约的要求，对船舶结构、设备、载重线、稳性、主机、辅机、电气设备、无线电通信设备、救生设备、消防设备、航行设备、防止污染设备等进行监督，并确认处于有效技术状态和适其预定用途，并颁发符合法定要求的证明。

2. 船级检验

船舶入级检验通常是由船级社对申请入级或维持船级的船舶状况进行检验，检验的依据是船级社的验船规范和技术标准。验船师对船舶进行入级检验和试验合格后，授予并签发船体船级证书和轮机船级证书。未签发正式船体船级证书和轮机船级证书之前，在确认船体和机械处于良好有效的状态下，可以签发相应的临时船级证书，如果船体船级证书和轮机船级证书之一失效，则另一证书也同时失效。

已入级的船舶，为保持其船级，必须按规定进行下列各种检验：年度检验（annual survey，AS）、期间检验（intermediate survey，IS）、坞内检验（docking survey，DS）、特别检验（special survey，SS）、螺旋桨轴和尾轴检验（propellershaft and tubeshaft survey）、锅炉和热油加热器检验（boiler and thermal oilhealer survey）如遇到下列情况，可以暂停船级：船舶没有按照规定的期限进行或完成有关检验，且未按照规定进行展期时；船舶的船体、设备和机械（包括电气设备）遭受影响船级的损坏而未及时申请检验时；影响船级的修理、改建或改装未经认可时；遗留项目或船级条件在规定时间内未消除且未经同意展期。如遇有下列情况，船级社将取消其船级：根据船东的要求；导致船级暂停的条件在规定的时间内未予更正时;船舶在超出船级符号及附加标志规定的条件下航行时,船级取消应立即生效;未按时交纳检验费时。

船级检验是由船舶所有人自愿申请并选择船级社进行,只要符合船级社对于船舶安全和防污染等的规定,船舶就可以入船级或保持船级。但我国《船舶和海上设施检验条例》规定,从事非国际航行的中国籍船舶、液化气船、散装危险化学品船、额定成员 100 人以上的客船及载重量 1 000 t 以上的油船以及船舶所有人或者经营人要求入级的其他船舶必须向 CCS 申请入级检验。船级社的声誉是船东选择船级社的重要因素之一,船舶如果具有知名船级社的船级,在国际航运市场将获得更好的货源,有更强的航运竞争力。

3. 公证检验

公证检验是船舶的所有人、经营人或租船人、保险人等为证明船舶实际存在的状况或产生事故的原因,聘请验船师进行的检验,检验报告可为处理诸如海损、机损、货损等事故进行索赔和起诉、退租等业务提供依据。

(三)法定检验与发证

法定检验是指船旗国政府或其授权的组织按照船旗国政府的规定以及(或)国际公约的要求,对船舶的结构、稳性、主辅机、救生消防设备、防污设备及载重线等进行的强制性的监督和检验。相关国际海事公约规定,适用船舶应当进行相应的法定检验,取得相应的船舶技术证书,并将证书正本保留在船上。按照有关国际公约的要求,适用船舶应当进行相应的法定检验、取得相应的船舶技术证书。需要注意的是,船上具备的所有证书都必须为证书正本,无论检验是由船旗国政府或其授权的组织或个人进行,船旗国政府都应当对证书负责。

船舶法定检验类型可以分为初次检验与营运中检验以及换证检验,营运中检验包括年度检验、期间检验、定期检验、船底外部检验与附加检验。若规定营运中检验的有关装置和设备没能保持有效状态,或检验没有在规定的期限内完成,或没有按规定对证书进行签署,则证书将中止有效。

三、ISM 体系审核

除了船舶的技术状况之外,船旗国还依法对公司和船舶的安全管理状况进行监督和检查,主要体现在对公司实施 ISM 规则情况的认证和审核。从本质上讲,《国际船舶安全营运和防止污染管理规则》(规则)的目的是保证现行适用的公约或规则能够被及时、正确地遵守。

(一)公司安全管理目标

ISM 规则作为国际性管理规则,所提供的是船舶安全营运和防止污染的管理标准。ISM 规则的最终目标是保证海上安全,防止人员伤亡,避免对环境,特别是海洋环境造成危害以及对财产造成损失为达到此目标,公约和规则要求公司和船舶建立安全管理体系。这里的"公司"是指船舶所有人,或已承担船舶所有人的船舶营运责任并在承担此种责任时同意承担 ISM 规则规定的所有责任和义务的任何组织或法人,如管理人或光船承租人。

ISM 规则对公司的安全管理要求,也是公司的安全管理目标,应当包括:提供船舶营运的安全做法和安全工作环境;对其船舶、人员和环境的所有已认定的风险进行评估,并规定相应的防范措施;不断提高岸上及船上人员的安全管理技能,包括安全及环境保护方面的应急准备。

(二)安全管理体系

ISM 规则要求每个公司均应建立、实施并保持一套安全管理体系,保证该体系符合强制性规定及规则,充分考虑国际海事组织、主管机关、船级社和海运行业组织所建议的规则、指南和标准。根据 ISM 规则,安全管理体系是指能使公司人员有效实施公司安全和环境保护方针的结构化和文件化的体系。体系是若干相互联系和相互制约的组成部分构成的有机整体,安全管理体系是以实施公司安全和环境保护方针为总体目标的船舶安全管理规章制度、程序、文件以及记录的总和。

安全管理体系应满足以下功能要求:安全和环境保护方针;确保船舶的安全营运和环境保护符合有关的国际法和船旗国立法的指令和程序;船、岸人员的权限和相互间的联系渠道;事故和不符合规则规定情况的报告程序;对紧急情况的准备和反应程序;内部评审和管理性复查程序。

按照 ISM 规则要求,安全管理体系必须是"文件化"(documented)和"结构化"(structured)的。"文件化"是指将体系以文件的形式(书面形式或电子文档形式)表现并保存。"结构化"包括体系文件的结构化、组织机构的结构化、职能分配的结构化等,强调整个体系是由人员、职责、组织机构、程序、过程、资源等所有与安全和防污染有关的要素构成的有机整体,要求与安全和防污染活动有关的所有环节衔接得当,并能有机地整合在一起。

(三)安全管理体系审核

主管机关应当审核公司安全管理体系与 ISM 规则的符合性、满足安全管理总目标以及安全和防止污染具体要求的能力。SOLAS 公约要求给符合 ISM 规则要求的每一公司签发符合证明。该证明文件应由主管机关、主管机关认可的组织或应主管机关的请求由另一缔约国政府签发。船上应存有 1 份符合证明的副本,以便船长在被要求验证时出示。主管机关或主管机关认可的组织应给每艘船舶签发安全管理证书(SMC)。在签发安全管理证书前,主管机关或由其认可的组织应验证该公司及其船上管理系按经认可的安全管理体系进行营运。

1.内部审核

SMS 的内部审核(internal audit)是公司自己检查自己的安全管理体系审核的活动,是公司实施管理的重要措施,是完善和改进 SMS 的重要手段。其目的除检验 SMS 是否有效运行外,还是外部审核的准备。内部审核可分为初次审核、定期审核和特殊审核。内部审核的时机和频次应由公司的安全管理体系主管部门研究后提出,由指定人员或最高领导决定后实施。

内审开始前要做好准备工作,包括制订内审计划,选择内审员并组成内审组,进行内审策划,制定内审检查表,以及组织内审人员,熟悉有关文件。

内部审核的实施按程序进行,依次为首次会议、现场审核、不符合项报告、末次会议、纠正措施及其实施的跟踪、编写内部审核报告并交指定人员审批。内审报告应当真实记录审核过程,如实反映内审发现情况,客观评价体系,给出切实有效的建议和纠正措施,以真正达到提醒、警示、鼓励的作用。公司除进行内审外,按照《中华人民共和国航运公司安全与防污染管理规定》要求,还应对安全管理体系定期进行有效性评价,必要时进行管理评审。有效性评价是由公司最高管理层及相关人员参加,以会议形式进行的一种评价公司管理体系活动,以对公司安全管理体系的适宜性、符合性和有效评价性进行评价,通过考量公司制定的方针、目标和职责履行所达到的程度,得出结论性意见,为不断改进和完善安全管理体系、保证体系有效运行提供决策依据。有效性评价大多在内部审核后,当公司的安全和环境保护方针、目标组织结构、人员等发生重大变化时,或船舶发生重大责任事故或连续被滞留时,或最高管理者认为必要时进行。有效性评价的材料主要包括内部评审结果等,评价输出是有效性评价决议,其内容包括对安全管理体系的适宜性、符合性和体系运行的有效性的总体评价结论,对体系修改完善的说明等。当内审发现安全管理体系存在重大不符合规定情况时,或最高管理者认为必要时,需要进行管理评审。管理评审一般也采用会议的形式由公司最高管理层和指定人员进行,主要对下述事项进行管理评审:对事故、险情、不符合项的分析;评审发现的问题;船舶检验后的建议;经营环境和条件变化对 SMS 的影响等。管理评审报告应系统评价整个体系的有效性,还应与上次内部审核结果相比较,评价体系的改进情况;同时,对全年各部门及船舶实施纠正措施计划的情况加以汇总分析。上述结果应在最高领导主持的管理评审会议上进行评价。

2.外部审核

外审是指由主管机关或其认可并授权的组织(如船级社)对船公司岸上和船舶的安全管理体系的审核,旨在验证公司的安全管理体系 SMS 是否符合 ISM 规则并能有效运行,以判断可否向公司颁发符合证明 DOC,向其船舶颁发 SMS。"符合证明"的有效性应当服从于由主管机关或主管机关认可的机构,或者应主管机关的请求由另一缔约国政府在每周年日的前或后 3 个月内实施的年度审核。如果没有申请要求的年度审核,或者有证据表明存在重大不符合规定情况时,主管机关或应主管机关请求签发证书的缔约国政府应当收回"符合证明"。船舶"安全管理证书"或"临时安全管理证书"与"符合证明"密切相关,"符合证明"的收回,将导致相关"安全管理证书"或"临时安全管理证书"被收回。在审核该公司及其船上的管理确已按照认可的安全管理体系运作后,主管机关或主管机关认可的机构,或者应主管机关请求的另一缔约国政府,应当向船舶签发有效期不超过 5 年的"安全管理证书"。该证书应当被视为该船符合本规则要求的证据,证书是发给船舶的,表明管理该船的公司,其岸上和船上的管理按照认可的安全管理体系运作。船舶管理与公司岸上管理密不可分,是受岸上管理支配的,只有岸、船的管理都按照经主管机关审核认可的安全管理体系运作,才能向船舶签发"安全管理证书"。"安全管理证书"的有效性应当服从于主管机关或主管机关认可的机构,或者是应主管机关请求的另一缔约国政府实施的至少一次的中间审核。如果只进行一次中间审核,且"安全管理证书"的有效期为 5 年,中间审核应当在证书的第二和第三个周年日之间进行。这种审核也可能是多次的,在其有效期内到底进行多少次中间审核,取决于主管机关。如果公司的"符合证明"被收回,或没有申请要求的中间审核,或者有证据表明存在重大不符合规定情况时,主管机关或应主管机关请求而签发该证书的缔约国政府应当收回"安全管理证书"。如果换证审核是在所持"符合证明"或"安全管理证书"有效期届满之前 3 个月内完成的,则新签发的"符合证明"或"安全管理证书"有效期自原证书有效期届满之日起不超过 5 年。如果换证审核是在所持"符合证明"或"安全管理证书"有效期届满之日 3 个月前完成的,则新签发的"符合证明"或"安全管理证书"的有效期自完成换证审核之日起有效,且不超过 5 年。对符合条件的公司和船舶,可由主管机关或主管机关认可的机构,或者应主管机关的请求由另一缔约国政府签发"临时符合证明"和"临时安全管理证书",有效期分别为不超过 12 个月和 6 个月。特殊情况下,主管机关或应主管机关请求的另一缔约国政府,可以对"临时安全管理证书"做自其届满之日不超过 6 个月的展期。

外审由公司向审核机关提出申请,并附送:安全管理手册;安全管理体系文件总清单;所有体系文件的电子文档;SMS 有效性评价报告或管理复查报告;独立法人资格证明;船舶管理协议(如有代管船)。审核员访问公司,预审 SMS 文件,若没有明显缺陷或待缺陷纠正后,主任审核员会与公司联系并制订审核计划,正式审核以首次会议开始,随后是文件审核、现场审核、编写审核报告,召开末次会议,通报审核结果。

外审发现的一般性缺陷,由公司提出纠正措施并在商定的期限内纠正,公司应申请跟踪审核。除例行审核外,在发生了下列任何一种情况时,还可在一定范围内实施特殊审核:发生了重大事故、港口国严重投诉或船舶被滞留;影响安全管理体系有效性的组织结构或安全和环境保护方针发生重大改变;国际公约、法规和船旗国法规的改变影响到安全管理体系做相应更改;公司扩大管理船舶种类、改变安全管理体系、文件重大更改或全面换版,或发生严重不合格后复查体系。

四、船旗国的安全检查

为保障水上人命财产的安全,防止污染水域,除了针对船舶技术状况的船舶检验和发证以外,船旗国还应依据有关国际公约和国内法规对国内航行和悬挂本国国旗的国际航行船舶进行安全检查(FSI),以加强对船舶技术设备状况和人员配备及适任状况的监督船旗国的安全检查由主管机关负责,也可授权给其他缔约国的主管机关或其他组织进行。

(一)安全检查内容

与针对船舶技术状况的船舶检验不同,安全检查的内容较广泛,主要针对船舶的营运管理状况和人员操作水平等。对船舶安全检查的内容一般包括:船舶证书及有关文件、资料;船员及其配备;救生设备;消防设备;事故预防;一般安全设施;报警设施;货物积载及其装卸设备;载重线要求;系泊设施;推进和辅助机械;航行设备;无线电设备;防污染设备;液货装载设施;船员对与其岗位职责相关的设施、设备的实际操作能力;船舶保安要求;船舶劳工条件等。

(二)安全检查程序

对船舶的安全检查,一般于船舶在港口停泊或作业期间进行。为保证船舶的航行安全,原则上禁止对在航船舶进行安全检查,但法律、行政法规另有规定的除外。船舶检查人员进行船舶安全检查时,由船长如实报告船舶的安全状况,并指派有关船员陪同检查。陪同检查的船员按检查人员的要求调试和操纵有关设备,回答有关问题。

检查人员对船舶进行安全检查后,按规定的格式填写船舶检查记录或签发检查报告,注明所查项目、发现的缺陷及处理意见,签名并加盖专用印章。检查记录或检查报告通常一式两份,一份留船,一份由主管机关存查,也有的另寄船舶所有人或经营人一份。船舶必须按照船舶安全检查结果的要求,对存在的缺陷予以纠正和改善,并申请复查。检查人员要求船舶在指定港口纠正缺陷的,船舶在离开指定港口前应当纠正。如果船舶存在的缺陷危及船舶、船员及旅客和水上交通安全或者可能造成水域严重污染的,按照规定的程序报经批准后,执行检查的主管机关会禁止船舶离港。被禁止离港的船舶在纠正缺陷后,经执行检查的主管机关复查合格,并按规定报批,船舶获得解除禁止离港的处理通知或文书后方可离港。

(三) 我国的安全检查管理

船旗国安全检查的主要依据是有关国际公约和国内法规,并按规定的程序进行。

1. 安全检查规则

中华人民共和国海事局统一管理全国的船舶安全检查工作,其他各级海事管理机构按照职责开展船舶安全检查工作。

安全检查规则适用于中国籍船舶以及航行、停泊、作业于我国港口(包括海上系泊点)内水和领海的外国籍船舶。安全检查不适用于从事营业性运输以外的军事船舶、公安船舶、渔业船舶和体育运动船艇。船舶安全检查的内容主要包括船舶配员,船舶及船员的有关证书、文本、文件、资料,船舶结构、设施和设备,载重线要求,货物积载及其装卸设备,船舶保安相关要求,船员的定位能力,船员人身安全、卫生健康条件,船舶安全与防污染管理体系的运行有效性以及法律法规、国际公约要求的其他检查内容等。

船旗国监督检查后,检查人员将签发"船旗国监督检查记录簿";船舶及其相关人员应当按照检查人员签发的"船旗国监督检查记录簿"的要求,纠正船舶存在的缺陷。

2. 重点跟踪监督管理

为保障水上人命、财产安全,加强船舶安全管理,防止船舶造成水域污染,规范重点跟踪船舶监督管理,我国制定了《重点跟踪船舶监督管理规定》,完善中国水域内航行船舶的分级管理机制(并将外籍船舶纳入重点跟踪管理范围)。由国家海事局统一协调、管理全国重点跟踪船舶监督管理,公布、更新重点跟踪船舶名单。

根据规定,下列船舶应被列入重点跟踪船舶:12 个月内在船舶安全检查中被滞留 2 次(包括外籍船舶在港口国监督检查中被我国海事机构滞留 2 次)的船舶;发生违章、违法行为后拒绝接受或逃避处理的船舶;持伪造、变造、转让、买卖、租借的船舶证书或未经主管机关认可对船舶结构布置、设备设施进行变动导致船舶与实际情况严重不符的船舶;发生死亡(失踪)5 人及以上水上交通事故,经调查发现安全管理存在重大问题的船公司管理的所有船舶;1/3 以上船舶被列入重点跟踪船舶的船公司管理的所有船舶;中华人民共和国海事局指定的需要重点跟踪的船舶。

对于重点跟踪船舶实施的船旗国监督检查不受船期、装卸货等因素的影响,条件允许时,应每港必查。对所有船舶列入重点跟踪的船舶管理公司,相关海事机构应加大日常监督检查的力度和频次。对重点跟踪船舶和有船舶列入重点跟踪的船舶管理公司开展安全管理体系审核时,应将船舶及公司采取的相关整改措施纳入审核范围。

列入重点跟踪的船舶,自公布之日起 3 个月后,船公司可向船籍港海事机构提出脱离重点跟踪的申请,并提交船公司整改报告,由船籍港海事机构评估确认是否予以解除重点跟踪。

3. 通报机制

各海事管理机构要在对船舶实施船旗国监督检查后三个工作日内,按照要求制作"船舶安全检查情况通知书",连同船舶安全检查报告,传真或者邮寄至负责安全与防污染责任的船舶所有人或经营人或管理人、签发船舶检验证的船舶检验机构和签发船舶营运证的港航管理部门。

对船旗国监督检查中采取开航前纠正和滞留措施的船舶,海事管理机构应将检查情况通报负责安全与防污染责任的船舶所有人或经营人或管理人;对被采取滞留措施的船舶,还应将检查情况通报签发船舶检验证的船舶检验机构;对被列入重点跟踪名单的船舶,应将检查情况每季度通报签发船舶营运证的港航管理部门。

有关航运公司在收到通知书后,应切实采取措施,加强管理,确保船舶良好的安全技术状况。对船舶滞留缺陷或安全管理体系方面的缺陷,应将整改情况回函反馈至实施检查的海事管理机构。

对导致滞留的船舶安全航行技术条件的缺陷,船舶检验机构应尽快做出处理,并将处理情况报其船舶检验管理机构。

4. 开航前检查

为加强船旗国管理,提高船公司及其船舶的安全管理水平,保持中国籍国际航行船舶安全、保安和防污染状况总体稳定,我国主管机关要求经营国际航线的船公司应建立对所管理船舶的自查制度和开航前检查制度,制定了《中国籍国际航行船舶开航前检查管理办法》,(以下简称《开航前检查管理办法》)对开航前检查进行规范管理,国家海事局统一管理和指导全国船舶开航前检查工作,各级海事管理机构按照职责开展船舶开航前检查工作。

开航前检查管理适用于驶往下一港为境外港口的中国籍国际航行船舶、航运公司以及为船舶签发法定证书的船舶检验机构。开航前检查的依据是我国缔结、加入的有关国际公约和船舶驶往境外港口所属国家或地区缔结、加入的有关国际公约。

开航前检查由航运公司、船舶检验机构和海事主管机关共同实施管理。船舶需要进行开航前检查的,可由航运公司向海事主管机关提出申请,及时通报船舶动态,并为开航前检查活动提供工作便利。船舶应当提前做好开航前检查准备工作,确保船舶处于良好状态。船舶检验机构应指派验船师参与船舶开航前检查联合工作组,对开航前检查中发现的问题提供必要的技术支持。海事主管机关负责开航前检查信息发布,组织并协调船舶开航前检查联合工作组具体开展检查工作。

船舶在申请开航前检查时应提交:开航前检查申请书;最近一次港口国监督检查报告复印件和最近一次船旗国监督检查报告复印件;船舶开航前检查自查报告或情况说明。海事主管机关收到船方申请并审核通过后,协调航运公司和船舶检验机构组成开航前检查联合工作组,制订开航前检查方案。开航前检查联合工作组在检查过程中发现的缺陷与船方提供的自检报告出入较大的,可中止检查,要求船舶进一步自查并纠正有关缺陷。缺陷纠正后,船舶可再次申请开航前检查;对开航前检查中发现的缺陷,船舶应按开航前检查联合工作组开具的处理意见予以纠正,航运公司及船舶检验机构应予配合并提供支持。开航前检查中发现可能导致滞留的缺陷,且船舶不能按联合工作组开具的处理意见予以纠正的,联合工作组组长应提请相关海事管理机构实施船旗国监督检查,以确保有关缺陷予以纠正。可能导致滞留的缺陷包括:严重危及海上人命和财产安全,可能导致船舶在接受港口国检查时被滞留的缺陷;明显违反驶往境外港口所属国家或地区缔结、加入的有关国际公约或对我国船舶有约束力的法律法规,可能导致船舶滞留的缺陷。

第二节 港口国监督管理

港口国监督也叫港口国控制,简称 PSC(portstate control),是港口所属的国家主管机关对停靠在其港口的外国籍船舶的安全检查。根据国际法,船旗国负有确保在本国登记的船舶遵守适用的法律法规和其他相应的标准的责任,港口国监督只是船旗国监督的一个重要补充,不能代替船旗国的相应责任。确保到达本国港口的外国籍船舶符合本国加入的国际公约的要求是港口国监督的目的。通过采取检查和在必要的情况下滞留船舶等措施,港口国监督在识别和消除低标准船方面起着积极的作用。

一、IMO 港口国监督程序

由缔约国主管机关正式授权的 PSC 检查官对外国籍船舶进行港口国监督检查的步骤包括:登船初步检查、详细检查、提出处理要求或滞留船舶、复查、解除滞留等。

(一)选船

为达到控制低标准船的目的,缔约国主管机关一般根据制定的选船标准以及国际公约、区域性合作组织的规定,结合实际情况合理选择船舶实施港口国监督检查。有的备忘录要求成员国每年实施检查的数量应达到年度平均抵达船舶数量的一定比例,例如巴黎备忘录的要求为 25%,东京备忘录的目标是在其所覆盖区域内检查的船舶总量达到本区域内营运船舶总量的 75%。为了避免遗漏和重复检查,除了特定的船舶和存在再次检查的明显证据的船舶以外,通常在同一个备忘录组织成员国当局通过港口国检查的船舶,自检查完毕之日起 6 个月内不再进行检查。

1. 选船信息系统

在选择检查船舶时,港口当局一般使用选船信息系统作为检查官选择检查船舶的一个工具。选船信息系统可以显示出目标因素值,并保持数据持续更新,选船时以分值的大小确定船舶检查的先后。目标因素值通常由一般因素值和历史因素值构成,一般因素值是基于船舶基本参数得出的,历史因素值是基于船舶在同一个备忘录组织内的港口国检查历史得出的。

例如,港口国监督亚太地区计算机信息系统(APCIS)依据类别和历史参数,将船舶分为高风险、标准风险和低风险 3 类,基于船舶风险属性,选船机制确定检查范围、频率和优先顺序:高风险船时间窗口为 2~4 个月;标准风险船时间窗口为 5~8 个月;低风险船时间窗口为 9~18 个月。在规定的时间窗口期内,船舶为可检船,规定的时间窗口期已过,船舶为应检船。对于绝对优先级或表现欠佳船舶可在定期检查间隔时间段内实施额外检查。每条船的优先顺序与选船级别将在 APCIS 信息系统中显示。

2. 优先检查对象

除了参考选船信息系统的目标因素值外,港口国监督检查还需要确定某些优先检查的船舶,不论该船舶目标因素值如何,均被考虑为优先检查对象。确定优先检查对象的依据由各备忘录制定,通常包括以下几种情况:被港口当局通报的船舶;被船长、船员、任何与船舶安全有关的人或组织就船上生活和工作环境或船舶防止污染进行投诉的船舶;要求在规定期限内消除缺陷的船舶;引航员向港口当局报告存在影响安全航行缺陷的船舶;装载危险或污染货物时,未按要求进行报告的船舶;船舶被滞留后,未得到港口国允许,擅自开航的船舶;船舶在航行途中发生了碰撞、搁浅;进行不安全方式的操纵,或未遵守安全航行程序的情况;进行了其他的不当操作,以致威胁到人员、财产、环境;或被控告违反了有害物质和污水排放的相关规定;前 6 个月内因安全原因船舶证书被其船级社暂停或吊销;未在选船信息系统中出现的船舶;第一次停靠或 12 个月后第一次停靠的成员国船舶;PSC 组织公布的优先检查的高风险船舶种类,例如客船、油轮、气体运输船、化学品船和载运包装的危险/有毒物质的船舶等。

(二)一般性检查

一般性检查也称为初步检查。PSC 检查官登船前可观察船舶外观,如油漆、锈蚀、凹陷等,获得该船维护保养的初步印象。登船后,首先检查船舶的有关证书和文件,并在船上观察船舶维修养护状况。检查的有关文件和证书通常包括:国际船舶吨位证书、国际载重线证书、SOLAS 公约要求的安全证书、安全管理证书和符合证明副本、国际防止油污证书、油类记录簿、船舶油污应急计划、货物记录簿(散货船和油船)、稳性资料、应变部署表、航海日志中试验和演习的记录以及救生设备及布置的检查和维修记录、货物系固手册、登记证书、垃圾管理计划、垃圾记录簿、散货船手册、以前的 PSC 检查报告、船级证书、健康证书、最低安全配员文件和适任证书等。

如若证书均有效且目测观察该船状况良好,PSC 检查官可将检查限于举报或已观察到的缺陷。

(三)详细检查

如果船舶未携带有效的证书,或 PSC 检查官根据总的印象和在船上的观察,有"明显理由"认为该船不符合有关公约的要求,将对船舶进行详细检查。

1. 明显理由

"明显理由"是船舶及其设备或其船员实质上不符合有关公约的要求的证据,或船长、船员不熟悉船舶安全和防污染基本程序的证据。各备忘录组织或缔约国主管机关规定采取详细检查的"明显理由"虽并不完全相同,但一般包括下列几个方面:缺少公约要求的主要设备和设施;经检查表明有的船舶证书或文件明显无效;有证据表明公约要求和港口国监督指南附录中所列的文件不在船上或这些文件未能保持或保持有误;PSC 检查官从一般观察得出印象,认为船舶存在船体或结构上的严重变形或缺陷,会危及船舶的结构、水密或风雨密完整性;从一般观察得出印象认为船上安全、防污和航行设备存在严重缺陷;存在船长或船员不熟悉有关船舶安全、防止污染的基本操作或未执行这些操作的信息或证据;船上主要船员之间或主要船员不能与其他船员进行语言交流;误发遇险报警信号且没有及时取消;出现相关关键船员之间或相关关键船员与其他人员之间不能相互沟通的现象,或出现该船舶不能与岸上当局使用常用的语言或当局使用的语言进行相互沟通的现象;缺少最新的应变部署表;收到关于低于安全、防污染、保安、劳工条件等要求的举报;其他海事主管当局提出报告或通知等。

2. 检查内容

详细检查内容包括船舶构造、设备、配员及船员的实际操作能力,且要求操作能力的熟练程度足以使该船的航行不危及船舶、人员、海洋环境的安全。在检查船员实际操作能力时 PSC 检查官可能会:核实应变部署表、破损控制图和船舶油污应急计划、防火控制图的落实情况;询问船长使用何种语言为工作语言,紧急情况下关键船员能否与旅客进行语言交流;要求举行弃船、消防演习,观察救生艇筏的降放、火灾报警及是否能正确启动灭火设备;要求消防员装备正确穿戴并观察他们对受伤人员的反应行动等;要求驾驶员进行驾驶台操作,核实其对航行设备、安全设备的熟练操作程度;对 ISM 规则以及 ISPS 规则进行符合性检查等。

(四)集中检查活动(CIC)

区域性的 PSC 组织不时发起对到港船舶进行的具有针对性的专项集中检查活动(concentrated inspection campaign,CIC),检查周期一般持续 3 个月。集中检查活动期间,PSC 组织成员主管机关将结合常规的港口国检查,充分利用一切可用资源尽可能多地检查某一专项问题,并尽可能对在该时期靠港的每艘船舶进行检查。

(五)低标准船及其判别

低标准船是指船体、机器、设备或操作安全实质上低于有关公约规定的标准,或者不符合安全配员文件要求的船舶。具体表现在下列几个方面:

(1)缺少公约要求的主要设备或装置。

(2)设备或装置不符合公约的有关要求。

(3)船舶或其设备因维护不良等原因造成了实质性的损失。

(4)船员对基本的操作程序不熟悉或不熟练。

(5)配员不足或持证船员不足。

(六)纠正措施和船舶滞留

当 PSC 检查官经过详细检查,确认某船为低标准船时,应立即要求该船开航前采取措施纠正缺陷以保证船舶、旅客、船员的安全并未消除对海洋环境的损害威胁。如果缺陷不能在检查港纠正,PSC 检查官可在一定的条件下允许该船开往另一港口,但 PSC 检查官应通知下一港主管机关和船旗国。当船舶存在的缺陷不能保证船舶、船员、旅客的安全,并未消除对海上环境的损害威胁时,可对船舶实施滞留。

在决定是否实施滞留前,PSC 检查官应首先评估该船是否有有效的相关文件,船舶是否配有最低安全配员证书所要求的船员。缺少有关公约要求的有效证书就可以成为滞留船舶的理由。如果上述评估结果满足要求,则 PSC 检查官可继续评估:船舶和(或)船员在未来整个航程中是否能安全航行和安全地装卸、运输、监管货场，能否安全地进行机舱操作，能否保持正常的推进和操舵，能否在必要时对船上任何部位有效灭火，能否在必要时迅速安全地弃船和有效地救助，能否防止环境污染，能否保持足够的稳性和完整水密，遇险时能否进行必要的通信，船上能否提供安全、健康的条件。

对以上项目的评估结果有否定的，综合考虑所发现的所有缺陷，应考虑对该船实施滞留。某些不太严重的缺陷组合起来，也可能构成对船舶滞留的理由。对于不能安全开航的船舶，不管该船在港停留时间的长短，应在第一次检查时对其实施滞留。

如果导致滞留的缺陷不能在检查港纠正时，港口国主管机关可以允许该船驶往最近的修理港。该修理港由船长选择并经港口国主管机关同意，船舶必须满足港口国主管机关和船旗国主管机关一致同意的限制条件。这些限制条件旨在确保船舶开航后，不会危害旅客和船员的安全和其他船舶，不会对海洋环境造成不合理的危害。港口国主管机关应将这一情况通知船舶下一停靠港的主管机关。

（七）港口国报告

PSC 检查官应在检查结束后，向船长提供一份港口国检查报告，说明检查的结果、PSC 检查官采取措施细节和船长和／或公司应采取的纠正措施清单等。在港口国检查报告中常用缺陷处置代码表示对缺陷的处理。

如果滞留船舶，港口国应通知船旗国主管机关。如适合，还应通知经认可的代表船旗国主管机关签发证书的机构。有关公约的缔约国在实施港口国监督对船舶实施滞留时，应按照有关公约的要求向 IMO 提交报告。如果允许船舶带已知的缺陷开航，港口国当局应将全部事实通告下一停靠港和船旗国主管机关，并如适合，通知经认可的机构。

PSC 开展以来，经各国运作，已积累了许多经验，被视为维护海上航行安全的最后防线。但事物终有其两面性，PSC 的不当行为也会错误或不适当滞留船舶，造成船舶各方面的损失。船舶造成损失时，若符合赔偿要求的，应适用国家赔偿。PSC 行为国家赔偿的确立和实施，有助于预防和减少 PSC 检查官的违法行政行为，提高其执法水平，也有利于对受害船东给予最充分的权利救济，使其受损的合法权益得到最大限度的恢复与弥补。PSC 引起的国家赔偿是海运行政赔偿领域的新问题，需要立法予以调整，也需要从理论和实践上进一步加以探讨。

二、针对 PSC 应采取的措施

如何顺利地通过 PSC 的检查，是船舶、船东乃至船旗国所共同关心的问题，船舶如果被滞留，不仅使本公司其他船舶受到更加严格的检查，还会影响船级社乃至船旗国的声誉。当发现船舶即将被滞留，船长应马上通知船级社以获得技术指导，尽快地改正所发现的缺陷。尽管不少船舶在滞留前通过了安全检查及船级社的检验，但随后缺乏适当的维修保养，因而意想不到地被 PSC 检查官发现很多严重的缺陷。为了避免这种情况的发生，船东和船长应认真地按照计划做好船舶的维护保养工作，使人员和设备都处于良好的状态。在船舶进港前，船东和船长要特别注意以下几点。

（1）对随船的各种证书、文件和手册要认真检查，及时检验，保持其有效性，尤其要注意的是船舶证书、船员职务证书、防污染证书和演习记录等。

（2）驾驶台的各种书籍及其设备必须齐全可用。航海出版物要及时更新,海图得到及时的改正,磁罗经处于正常的工作状态并且可以被正确地调整,号灯、号型和声号设备处于良好的状态,GMDSS 设备及 EPIRB 能被正确地使用,烟火报警处于良好的工作状态。

（3）应急电路及电池处于良好的工作状态,救生艇结构完好,发动机能迅速启动,艇架及其索具保养良好,艇内设备可用及属具完好,救生筏周围无障碍物,静水压力释放器在有效期内。

（4）防火门能紧密关闭,消防设备就位并处于良好的状态,防火控制图得到及时更新并就位。所有的标志和标记都能根据要求勘绘在合适的地方。水密门、烟雾探测器、通风等应急电和灯光都能正常工作,卫生设施齐全并正常工作

（5）甲板、栏杆、步桥、舱盖及其加强结构、水密门等结构得到良好的保养,起货设备、锚设备等甲板设备要处于良好的工作状态,通风筒和空气管、阀箱的标志得到正常维护。

（6）应急消防泵、应急发电机、应急照明处于良好的状态。

（7）正确使用污油柜并做好记录工作,保持机舱的清洁,主机和辅机工作正常,油水分离设备及其 15 ppm 报警装置处于良好的工作状态等,正确记录油类记录簿,消防泵有足够的压力,舵机和机舱内的应急照明工作正常,正确标记机舱内各种标志,保持各种消防设备有效,水密门水密并可以被远距离关闭等

第三节　行业组织监督检查

除了船旗国检查与港口国检查外,国际上还有些行业组织根据其行业标准,对某些船舶进行检查,作为船舶达到或维持其行业标准的依据。行业组织检查完全是一种市场行为,是第三方对船舶的安全监督和控制,检查内容除了行业特殊要求之外,也包括公司管理、构造与设备、船员资质、船舶管理和维修保养、法定文件等,而且检查标准相对较高。目前,国际上比较严格的行业组织检查包括石油公司检查、化学品协会检查以及 RightShip 检查等。

一、石油公司检查

石油公司检查是 CIMF（石油公司国际海事论坛组织）主要成员对第三方液货船的检查。石油公司的检查是一个质量控制程序,以确认船舶是否保持了"适航、适货"状态,是否配备了训练有素的船员。其目的是要取得"无缺陷－零错误操作",确信所有的事故或事故隐患都已经做了报告和记录。

（一）历史背景

OCIMF 是由国际石油公司自发组成的民间协会,协会以国际石油巨头为主,成立于20世纪 70 年代。当时公众对海运污染的关注日益增长,石油工业对此做出回应,于 1970 年 4月 8 日在伦敦成立 OCIMF,现伦敦办公室负责与国际海事组织（IMO）保持联系 OCIMF 关注原油及石油产品的船运和终端接收,其宗旨是不断推进油轮和接收终端的安全和环保操作,改进设计及操作标准。

石油公司检查源于 20 世纪 90 年代初,为满足液货船及物探相关船舶质量要求,达到船舶安全标准,世界主要的 OCIMF 成员兴起对第二方液货船(油船、矿石兼用油船、化学品船及液化气船)及物探相关船舶进行核查(VETTING),即 OCIFM 成员对其租船或将载运公司货物或将停靠公司码头或载运与公司利益有关货物或从事物探业务的船舶进行核查。

石油公司的检查机构、检查人员的资格,不需要任何其他机关认可,完全由公司决定,石油公司对第三方液货船的检查,一般都收费石油公司检查完全是一种市场行为,如果船舶不能通过检查,OCIMF 成员则不接受该轮承运成员公司货物,更不允许挂靠成员公司码头,因此船舶也就失去在油运市场的竞争力。对于从事国际航行的油轮公司来说,船舶通过石油公司检查,是企业在国际油运市场营运和竞争的首要条件。若某公司在一年中有多艘船舶未通过石油公司检查,则该公司将面临严重的信任危机,失去货主,失去客户,发展和生存将会非常困难。

(二)检查依据

石油公司检查素来以"高标准,严要求"著称,促进了人命财产安全和海洋环境保护,特别是液货船在货物操作过程中,避免人员与财产的损害、防止海域污染。

石油公司检查的内容比较全面且详尽,涵盖船舶安全管理的各个方面。检查的内容包括综合信息(PSC、OCIMF 检查缺陷处理及信息更新等)、证书与文件、船员管理、航行安全、安全管理、防污染、货物和压载操作、系泊、通信、机舱与舵机间、总体外观与状况、冰区操作。

SIRE 程序的启动,使 OCIMF 成员对其所实施的检查可以进行统一的管理和统计,同时,也为接受检查方,即船东提供了应检标准自其诞生之日起,SIRE 项目就得到了全行业的广泛接受认可以及项目操作者、船舶操作者的积极参与,成为 OCIMF 引入的最重要的安全举措之一。SIRE 自诞生之日起,数据量就急剧增长,现在每年有数万份检查报告被提交,项目操作者平均每月以数千份报告的速率访问 SIRE 数据库船舶报告从接收之日起在索引中保存 12 个月,在数据库中保存 2 年。

(三)检查程序

石油公司检查的一般的步骤包括申请、受理、自检、检查、缺陷处理、综合评估等,检查周期一般为 6 个月。

1. 申请

船舶管理者(船东或营运人)先通过网站在线提交"船舶概况调查表"(VPQ)。

2. 受理

检查机构根据提交的 VPQ 及检查申请安排检查官,检查官将 VPQ 各章内容按照 SIRE 和 VIQ 对应做好检查前的各项准备工作。

3. 自检

船上利用 VIQ 自检,做好接受检查准备。检查机构一般使用或接受 OCIMF 的 SIRE 及船舶检查问卷(VIQ)对船舶进行检查,OCIMF 会提供相应的电子版文件

4. 检查

检查官根据船期(一般安排在卸货港口进行,个别有例外,可以在装货港口进行)按照

VIQ 项目采用 SIRE 程序进行检查。首次检查的时间可能比较长,一般按石油公司的标准,用 VIQ 标准对 VPQ 项目逐项检查,提出检查意见。由于检查官的经验和关注的重点不同,往往还会涉及更广泛的问题检查官检查结束,提出检查缺陷和意见,船长可根据自己的经验和检查官对缺陷和意见进行讨论和解释,最后确认签署;随后检查官将此次检查报告详情在网站上发布,以供客户访问。

5. 缺陷处理

船公司根据船舶反馈提出纠正缺陷的措施,将整改意见及整改报告递交检查机构确认(同样在网站递交)。检查机构认为必要时,可进行第二次登船检查。

6. 综合评估

检查机构根据综合评估(包括对公司的考核)决定是否对船舶予以批准。OCIMF 成员对于其他成员检查的结果予以认可,但是需根据自己特有要求另加评估决定是否批准船舶。

二、化学品协会检查

化学品配送协会(CDI)检查是针对散装化学品船舶和液化气船舶的检查。

(一)背景

化学品配送协会是欧洲化学工业协会(CEFIC)建立的一个独立的协会,主要负责对散装化学品船舶的检查。CDI 在荷兰注册,是一个非营利性组织,其资金是由加入者的捐款和数据库的登入费提供的。CDI 的宗旨是不断提高化学品工业的海上运输及存储的安全、保安和操作水平 CDI 成员包括租船人和船舶营运人,世界各大石油公司和油轮航运公司基本都参加了 CDI。

由于化学品及化学品运输是高度危险的,为降低危险,减少潜在的对人、船舶和环境的危害,国际上大的石油公司和化学品公司等高端客户参与组成 CDI,制定相应的检查标准和程序,由船舶营运人或租家自行申请检查。对于船舶来说,CDI 检查不以通过或不通过为目的,而是根据国际上接受的标准评估船舶的符合性。CDI 有一套程序对检查结果进行分析,而由客户对分析后的结果自行判断船舶本身、管理及船员是否符合要求,从而决定是否租用该船。各化学品船舶营运人为了符合 CDI 要求,都会通过 CDI 检查这个平台向世界各潜在的客户展示自己的化学品船舶的安全管理水平。

(二)检查内容和依据

与石油公司的检查类似,化学品协会的检查也遵循严格的检查程序,使 CDI 成员对其所实施的检查可以进行统一的管理和统计,同时为船东提供应检标准。

根据检查对象(化学品液货船和液化气船)的不同,CDI 使用不同的船舶检查报告以及相应的船舶概况问卷(VPQ)和船舶自查文件(SID)。

(三)检查程序

CDI 检查的步骤与石油公司检查类似,包括申请与受理、自检、检查、上传报告等,检查周期一般为 12 个月。

1. 申请与受理

船舶管理者(船东或营运人)必须通过 CDI 指定的网站申请检查,由 CDI 海运检查部门指定认可的检查官进行检查。

在船舶管理者不变的情况下,对同一船舶的连续检查不允许由同一位检查官进行,包括正式检查前的"预检"。如果船舶经营人取消了某次 CDI 检查,已指定的 CDI 检查官会在 30 天内与该船舶绑定在一起。这就意味着,当该船舶经营人自最初提出检查要求的 30 天内,在同一个 CDI 地区对同一艘船舶重新申请检查时,CDI 将指派同一位检查官。这样做会减小某些船舶经营人操控 CDI 检查指派系统的可能性。

船东或营运人需要在检查前通过网站在线提交 VPQ 并在必要情况下进行更新,直到输入 VPQ 数据。在未提交 VPQ 情况下,船舶检查报告不能进入"激活"的数据库。

2. 自检

在检查之前,船舶需要完成 CDI 要求的自检,由公司负责将自检文件(SID)提交至检查官,如果未提交 SID,则会导致全面的检查。

在此过程中,CDI 为了协助船舶经营人,引入了一种更加友好的新方法来帮助船舶经营人完成"自检"问题,但是此方法也伴随着对已经完成"自检"船舶的更加严格的检查官抽样程序。

3. 检查

检查官根据船期按照 CDI 检查程序进行检查检查一般在白天进行,除非公司和船长在检查官登船之前就已安排在夜间。

检查官登船后,表明身份,交代检查目的和要求,在船长或指定的人员陪同下进行检查。如果船东代表在船,检查官会联系船东代表,但不允许船东代表影响检查程序或回答对船长、船员提出的问题。

检查过程中,SIRE 中所有的项目或问题均需要完成。除了对自检项目的审核之外,不允许进行抽样。对某个具体的检查项目进行抽样检查是允许的,例如对救生衣的整体状况的检查,CDI 检查过程中,检查官需要会见一些船员(包括船长和高级船员)以确定船员的知识水平和熟练程度,目的是保证船员具有足够的知识并且熟悉其工作要求的方针、程序及设备对任一检查结果为否定的检查项,必须记载并且详细说明原因。

检查官检查结束,进行检查缺陷和意见汇总,船长可根据自己的经验和检查官对缺陷和意见进行讨论和解释,最后确认签署。

CDI 检查并没有通过与否的结果,SID 只是给潜在的租船人提供参考。

4. 上传报告

CDI 检查结束后,由检查官将检查 SID 报告详情上传至 CDI 数据库,在网站上发布,以供客户访问。在报告正式生效之前,船东或经营人可以就报告提出意见。CDI 检查报告的有效期为 12 个月,之后将存档。如果在有效期内船舶公司变更,应当通知 CDI,由于 ISM 证书的原因,报告提前存档。

第四节　船舶进出港管理

由于船舶营运环境的特殊性,有关船员及旅客出入境、货物通关、卫生检疫等国境管理事务以及船舶航行安全的管理通常在船舶进出港口时进行,船舶进出港口的管理是岸上对船舶安全进行监控的重要环节。

一、国际船舶进出口岸检查

除了法律另有规定以外,国际船舶进出口岸检查主要针对进出口岸的国际航行船舶及其所载船员、旅客、货物和其他物品。

(一)主管机关

国际航行的船舶进出港口涉及航行安全、船员及旅客出入境、货物通关、卫生检疫等国境管理事务。除了专门负责船舶安全管理的海事机构以外,实施进出口岸检查的主管机关还包括海关、边防检查机关、卫生检疫机关和动植物检疫机关。

(二)一般程序

船方或其代理人应当在船舶预计抵达口岸规定时间内,将抵达时间、停泊地点、靠泊移泊计划及船员、旅客的有关情况报告检查机关,办妥进口岸手续。在船舶抵达口岸前未办妥进口岸手续的,须在船舶抵达口岸规定时间内到检查机关办理进口岸手续。船舶在口岸停泊时间较短,满足规定条件的,经检查机关同意,船方或其代理人在办理进口岸手续时,一般可以同时办理出口岸手续。

为了便利船舶进出口岸,提高口岸效能,船舶进出口岸时,通常代理人(或船方)依照有关规定办理进出口岸手续,除卫生检疫或者其他特殊情形外,检查机关一般不登船检查,卫生检疫机关一般对船舶实施电讯检疫,持有卫生证书的船舶,其船方或其代理人可以向卫生检疫机关申请电讯检疫。对来自疫区的船舶,载有检疫传染病染疫人、疑似检疫传染病染疫人、非意外伤害而死亡且死因不明尸体的船舶,未持有卫生证书或者证书过期或者卫生状况不符合要求的船舶,卫生检疫机关应当在锚地实施检疫,动植物检疫机关对来自动植物疫区的船舶和船舶装载的动植物、动植物产品及其他检疫物,可以在锚地实施检疫。

船方或其代理人在船舶抵达口岸前已经办妥进口岸手续的,船舶抵达后即可上下人员、装卸货物和其他物品。在船舶抵达口岸前未办妥进口岸手续的,船舶抵达后,除检查机关办理进口岸检查手续的工作人员和引航员外,其他人员不得上下船舶,也不得装卸货物和其他物品。船舶进出的上一口岸是同一国家口岸的,船舶抵达后一般可上下人员、装卸货物和其他物品,但是应当立即办理进口岸手续。

船方或其代理人应当在船舶驶离口岸前规定时间内,到检查机关办理必要的出口岸手续,申请领取出口岸许可。船舶领取出口岸许可后,情况发生变化或者规定时间内未能驶离口岸的,船方或其代理人应当报告主管机关,由主管机关商其他检查机关决定是否重新办理出口岸手续定航线、定船员并在规定时间内往返一个或者一个以上航次的船舶,船方或其代理人可以向主管机关书面申请办理定期进出口岸手续。

(三)我国进出口岸管理

为了加强对国际航行船舶进出中华人民共和国口岸的管理,便利船舶进出口岸,提高口岸效能,我国于 1995 年 3 月 21 日颁布并开始实施《国际航行船舶进出中华人民共和国口岸检查办法》。办法适用于进出中华人民共和国口岸的外籍船舶和航行国际航线的中华人民共和国国籍船舶及其所载船员、旅客、货物和其他物品,但是,法律另有特别规定的,或者国务院另有特别规定的,从其规定。检查的实施由中华人民共和国海事局、海关、边防检查机关、卫生检疫机关和动植物检疫机关负责。

船舶进出中华人民共和国口岸,由船方(是指船舶所有人或者经营人)或其代理人依照本办法有关规定办理进出口岸手续。除卫生检疫或者其他特殊情形外,检查机关不登船检查。

1. 进口岸手续

船方或其代理人应当在船舶预计抵达口岸 7 日前(航程不足 7 日的,在驶离上一口岸时),填写"国际航行船舶进口岸申请书",报请抵达口岸的海事主管部门审批。拟进入长江水域的船舶,船方或其代理人应当在船舶预计经上海港区 7 日前(航程不足 7 日的,在驶离上一口岸时),填写"国际航行船舶进口岸申请书",报请抵达口岸的海事主管部门审批。船方或其代理人应当在船舶预计抵达口岸 24 小时前(航程不足 24 小时的,在驶离上一口岸时),将抵达时间、停泊地点、靠泊移泊计划及船员、旅客的有关情况报告检查机关。船方或其代理人在船舶抵达口岸前未办妥进口岸手续的,须在船舶抵达口岸 24 小时内到检查机关办理进口岸手续。

2. 出口岸手续

船舶在口岸停泊时间不足 24 小时的,经检查机关同意,船方或其代理人在办理进口岸手续时,可以同时办理出口岸手续;船方或其代理人应当在船舶驶离口岸前 4 小时内(船舶在口岸停泊时间不足 4 小时的,在抵达口岸时),到检查机关办理必要的出口岸手续。有关检查机关应当在"船舶出口岸手续联系单"上签注;船方或其代理人持"船舶出口岸手续联系单"和海事主管部门要求的其他证件、资料,到海事主管部门申请领取出口岸许可证。船舶领取出口岸许可证后,情况发生变化或者 24 小时内未能驶离口岸的,船方或其代理人应当报告海事主管部门,由海事主管部门商其他检查机关决定是否重新办理出口岸手续。

3. 定期进出口岸手续

定航线、定船员并在 24 小时内往返一个或者一个以上航次的船舶,船方或其代理人可以向海事主管部门书面申请办理定期进出口岸手续。受理申请的海事主管部门商其他检查机关审查批准后,签发有效期不超过 7 天的定期出口岸许可证,在许可证有效期内对该船舶免办进口岸手续。

二、国境卫生检疫及电讯检疫

为了防止传染病由国外传入和有害物种的侵入,各个国家对进出口岸的交通运输工具、人员及其货物和行李等物品都实施过境卫生检疫。我国实施卫生检疫的法律依据是《国际卫生条例》《中华人民共和国国境卫生检疫法》以及《国际航行船舶出入境检验检疫管理办法》等规定。

（一）《国际卫生条例》相关规定

1.目的和范围

针对公共卫生危害以避免干扰国际交通和贸易的适当方式提供适当的预防、抵御和控制疾病国际传播的应对措施。

2.控制措施证书

船舶免于卫生控制措施和船舶卫生控制措施证书缔约国应按照 IHR 规定的格式给船舶签发免于卫生控制措施证书或卫生控制措施证书，并向世界卫生组织报告具有签发这两种证书权限的港口名单及其情况。

船舶免于卫生控制措施证书和船舶卫生控制措施证书的有效期最长应为 6 个月如果所要求的检查或控制措施不能在港口完成，此期限可延长 1 个月。

3.公共卫生措施

如果船舶未出示有效的船舶免于卫生控制措施证书或船舶卫生控制措施证书，或根据公共卫生危害的事实和证据发现船舶舱内存在着临床迹象或症状和情况（包括感染和污染源），主管当局应当认为该船受染，缔约国可对其进行适宜的消毒、除污、除虫或灭鼠，或使上述措施在其监督下进行；并结合每个具体情况决定所采取的技术，以保证按规定充分控制公共卫生危害若世界卫生组织为此程序有建议的方法或材料，应予以采用，除非主管当局认为其他方法也同样安全和可靠。主管当局可执行补充卫生措施，包括必要时隔离船舶，以预防疾病传播，并应该向《国际卫生条例》国家归口单位报告这类补充措施。

（二）我国国境卫生检疫管理

入境、出境的人员和船舶以及可能传播检疫传染病的行李、货物、邮包等物品，都应当接受检疫，经国境卫生检疫机关许可，方准入境或者出境。入境的船舶和人员，必须在最先到达的国境口岸的指定地点接受检疫。除引航员外，未经国境卫生检疫机关许可，任何人不准下船，不准装卸行李、货物、邮包等物品。出境的船舶和人员，必须在最后离开的国境口岸接受检疫。来自国外的船舶因故停泊在中国境内非口岸地点的时候，船舶的负责人应当立即向就近的国境卫生检疫机关或者当地卫生行政部门报告。除紧急情况外，未经国境卫生检疫机关或者当地卫生行政部门许可，任何人不准上下船舶，不准装卸行李、货物、邮包等物品。接收入境检疫的船舶，如果来自检疫传染病疫区的、被检疫传染病污染的或者发现有与人类健康有关的啮齿动物或者病媒昆虫的，应当实施消毒、除鼠、除虫或者其他卫生处理。

如果外国船舶的负责人拒绝接受卫生处理，除有特殊情况外，将要求该船在国境卫生检疫机关的监督下，立即离开中华人民共和国国境。国境卫生检疫机关对来自疫区的、被检疫传染病污染的或者可能成为检疫传染病传播媒介的行李、货物、邮包等物品，应当进行卫生检查，实施消毒、除鼠、除虫或者其他卫生处理。

（三）电讯检疫

对于国际航行的船舶，如要进入我国港口，需要申请检疫，也可以申请电讯检疫，其条件是:必须持有中华人民共和国卫生检疫机关签发的船舶卫生证书;来自非疫区(霍乱、鼠疫、黄热病);本航次船上未发生或未曾发生过传染病症状的病人;船上未发生过鼠类反常死亡;卫生检疫机关认为没有必要在锚地进行卫生处理的项目;备有有效的国际航行检疫证件。

符合上述条件申请电讯检疫的船舶在入境前24小时向卫生检疫机关报告下列事项:船名、国籍、预定到达检疫锚地的日期和时间;发航港、最后寄港;船员和旅客人数及其健康情况;货物种类;船舶卫生证书的签发日期和编号、除鼠证书或免予除鼠证书的签发日期和签发港,以及其他卫生证件。

经卫生检疫机关对上述报告答复同意后,即可进港。

第五节　船舶航行安全管理

船旗国管理与港口国监督属于对有关船舶安全管理的符合性检查,通常在船舶在港内停泊时或船舶进出港口时进行。而对船舶航行安全的监督和控制相对而言要更困难一些,是船舶安全管理的薄弱环节,需要船旗国和沿海国家负起责任。为了维护国家主权和保证船舶在港口和沿海水域的航行安全,目前沿海国家多采用船舶定线制、交通管理系统、强制引航、船舶报告系统等国际通常做法,并采用立法等程序以达到强化对船舶航行安全管理的目的。这些系统和制度对船舶航行安全起到了积极作用。

一、船舶定线制

船舶定线制是一种单航路或多航路制和/或定线措施,旨在减少海难事故,包括分道通航制、双向航路、建议航线、避航区、禁锚区、沿岸通航带、环形道、警戒区及深水航路等。

(一)背景

早在19世纪,航运界就开始了按预定航路航行的实践,最先运用的是伦敦与纽约的航线,当时一些轮船公司自行协商规定了在不同季节里船舶所采用的往返航线,称为"北大西洋协定航线"实践证明,这项措施对航行安全有利1961年英、法、德三国航海学会在多佛尔海峡进行了分隔船舶交通的研究,提出了实施分道通航方案和定线制的一些基本原则。国际海事组织对这些基本原则做了进一步发展,于1967年正式通过了世界上第一个船舶定线制一多佛尔海峡船舶定线制,并将部分要求纳入《1974年国际海上人命安全公约》和《1972年国际海上避碰规则》中1995年IM。大会A.827(19)号决议附则3通过的对《关于船舶定线的一般规定》的修正案引进了"强制定线制"的概念,强制要求所有船舶、特定类型船舶或载运特定货物的船舶使用定线制随着世界航运经济的发展和船舶大型化的趋势,定线制成为各沿海国家对海上交通进行宏观规划和管理的重要手段至21世纪初,世界各地建立的船舶定线制已达200多个。

(二)定线制的作用

船舶定线制的作用或目的在于增进船舶汇聚区域和交通密集区域以及由于水域有限、

存在碍航物、水深受限或气象条件较差而船舶的活动自由受到约束的水域中的交通安全，并防止或减少由于船舶在环境敏感区域或附近发生碰撞、搁浅而对海洋环境造成污染或其他损害的危险。具体的定线制可能包括下列各项或其中的几项：

（1）分隔相反的交通流，以减少对遇局面的发生。

（2）减少穿越船与航行在已建立的通航分道内的船舶之间的碰撞危险。

（3）简化船舶汇聚区域内交通流的形式。

（4）在沿海开发或勘探集中的区域内组织安全的交通流。

（5）在对所有船舶或对某些等级的船舶航行有危险或不理想的水域中或其周围组织安全的交通流。

（6）在环境敏感区域内或周围或距该区域一定安全距离的水域组织安全的交通流。

（7）在水深不明或水深接近吃水的区域对船舶提供特殊指导，以减少搁浅的危险。

（8）指导船舶避开渔场或组织船舶通过渔场。

在避碰方面，以分道通航制为主的船舶定线制的主要作用是规范交通秩序，组织交通流并简化交通局面，从而减少船舶的会遇并减少形成碰撞危险的局面最明显的分道通航制是分隔相反的交通流，以减少对遇局面的发生，并减少穿越船与航行在通航分道内的船舶的碰撞危险。

(三) 定线制构成

一个定线制通常由下列成分构成：分隔带或分隔线、通航分道、交通流方向或推荐的交通流方向。

（1）分隔带或分隔线（separation zone or line）：分隔交通流方向相反或接近相反的通航分道、通航分道与邻近的海区、特殊级别船舶指定的通航分道的带或线。

（2）通航分道（traffic lane）：在规定界线内建立单向通航的一种区域，该区域即是船舶通航的航路，其边界可以由分隔带或自然碍航物构成

（3）规定的交通流向（estabilished direction of traffic flow）：用于标示分道通航制内规定的交通运行方向的一种交通流图式，一般用实线空心箭头表示在规定交通流方向不可行或不必要的地方，通常用推荐的交通流向（recommended direction of traffic flow），标示推荐交通运行方向的交通流图式，一般用虚线空心箭头表示。

二、船舶交通服务系统

为加强船舶交通管理，保障船舶交通安全，提高船舶交通效率，保护水域环境，各沿海国普遍在其沿海及内河或港口水域设有船舶交通服务系统（以下称 VTS 系统），对管辖区域内航行、停泊和作业的船舶、设施（以下简称船舶）进行通航安全管理。VTS 的主要功能是根据交通流量和通航环境情况及港口船舶动态计划实施交通组织，并通过船舶报告、提供信息等手段对船舶航行进行管理和服务。

(一) 船舶动态报告

船舶在 VTS 区域内航行、停泊和作业时，必须按主管机关颁布的 VTS 管理规定和用户指南所明确的报告程序和内容，通过甚高频无线电话或其他有效手段向 VTS 中心进行船舶

动态报告(vessel movement reporting)。

船舶在 VTS 区域内发生交通事故、污染事故或其他紧急情况时,应通过甚高频无线电话或其他一切有效手段立即向 VTS 中心报告。船舶发现助航标志异常、有碍航行安全的障碍物、漂流物或其他妨碍航行安全的异常情况时,也应迅速向 VTS 中心报告。

(二)交通管理

VTS 中心根据交通流量和通航环境情况及港口船舶动态计划实施交通组织。VTS 中心有权根据交通组织的实际情况对航行计划予以调整、变更:在 VTS 区域内航行的船舶和船队的队形及尺度等技术参数均应符合交通运输主管部门的有关规定。船舶在 VTS 区域内航行、停泊和作业时,应在规定的甚高频通信频道上正常收听,并接受 VTS 中心的询问:在 VTS 区域内航行的船舶除应遵守《1972 年国际海上避碰规则》外,还应遵守主管机关颁布的有关航行、避让的特别规定。

船舶在 VTS 区域内应按规定锚泊,并应遵守锚泊秩序。任何船舶不得在航道、港池和其他禁锚区锚泊,紧急情况下锚泊必须立即报告 VTS 中心。船舶在锚地并靠或过驳必须符合交通运输主管部门的有关规定,并应及时通报 VTS 中心。

(三)船舶交通服务

VTS 中心可根据其现有功能为船舶提供相应的服务。为避免紧迫局面的发生,VTS 中心可向船舶提出建议、劝告或发出警告。应船舶请求,VTS 中心可向其提供他船动态、助航标志、水文气象、航行警(通)告和其他有关信息服务,可为船舶在航行困难或气象恶劣环境下,或船舶一旦出现故障或损坏时,提供助航服务。VTS 中心认为必要的时候或应船舶或其所有人、经营人、代理人的请求,可为其传递打捞或清除污染等信息和协调救助行动等其他服务。

(四)VTS 系统

船舶自动识别系统(automatic identification system,简称 VTS 系统)由岸基(基站)设施和船载设备共同组成,是一种新型的集网络技术、现代通信技术、计算机技术、电子信息显示技术于一体的数字助航系统和设备,配合全球定位系统(GPS)将船位、船速、改变航向率及航向等船舶动态信息结合船名、呼号、吃水及危险货物等船舶静态资料由甚高频(VHF)频道向附近水域船舶及岸台广播,使邻近船舶及岸台能及时掌握附近海面所有船舶的动静态信息,得以立刻互相通话协调,采取必要避让行动,对船舶安全有很大帮助。AIS 除了用于船舶保安和避碰以外,还可用于海事管理,能够对船舶航行的静态和动态信息进行连续的监视和管理;AIS 信息接入 VTS 系统,能够增强 VTS 功能,提高船舶的识别精度和信息量,延伸船舶的交通服务范围。

1.船舶信息服务

AIS 为船舶提供的服务包括:水域交通动态和交通指引;航行警告、航行通告和交通管制信息;影响船舶航行的因素,气象、水文、航标等信息;应答船台对岸台的求助

2.海事监管服务

AIS 可为海事部门监管工作提供的服务包括:提供船舶动态、静态信息,相对于航道的

位置以及周围船舶的位置和意图；发布航行警告、航行通告、交通管制信息

3. 社会信息服务

AIS 通过 C/S 和 B/S 模式，为船舶、船公司、航运部门、政府、港口、生态、救援、海洋和大气、研究和统计、公共访问、VTS、反恐等提供服务。

随着全球航运业的不断发展和企业信息化管理功能的不断完善，对船舶航行过程的动态监控的需求日益提高。船务公司、港航管理部门、货物代理公司等都希望能够直接地了解船舶的动态，指导工作，提高效率。随着 AIS 在船舶应用的迅速普及，岸站建设的逐步展开以及在互联网上进行船舶航行信息的发布与共享，AIS 船岸网络的形成必将在船舶导航、船舶避碰、船舶通信、船岸通信、航运信息化建设等方面发挥出日益重要的作用。

(五) 船舶的远程识别和跟踪

船舶远程识别跟踪系统的作用应使各缔约国政府能进行船舶远程识别和跟踪。有关船舶远程识别和跟踪的性能标准和功能要求的规定不得损害各国按国际法规定，特别是公海、专属经济区、毗邻区、领海或用于国际航行的海峡和群岛海路的法律制度规定的权利、管辖权或义务

1. 远程识别和跟踪信息

船舶远程识别跟踪系统要求能够自动传送船舶识别码、船舶位置(经度和纬度)和提供船位的日期和时间，满足要求的系统和设备应符合不低于 IMO 通过的性能标准和功能要求：任何船载设备应为主管机关认可的类型。

2. 适用船舶和安装要求

无论何时建造，配备自动识别系统(AIS)并专门在海区内作业的船舶，不要求配备远程识别和跟踪系统。

3. 关闭和停止

满足要求的系统和设备应能在下列情况下在船上关闭或停止分发远程识别和跟踪信息：国际协议、规则或标准规定要保护航行信息时；在船长认为作业有损船舶安全或保安的特殊情况下并在尽可能短的时间内。在这种情况下，船长应及时通知主管机关，并在航行活动和事件的记录中，说明所做决定的理由并指出系统或设备关闭的时间。

三、船舶引航管理

为了维护国家主权，保障水上人命财产安全，港口国或沿岸国通常对在港口水域、内河甚至包括沿海特殊水域航行和作业(包括航行、靠泊、离泊、移泊等活动)的船舶强制要求申请引航员引航。强制引航的船舶一般为外籍船舶，但某些种类和等级的本国船舶也可能适用强制引航的规定。此外，对某些符合条件的外籍船舶，港口国或沿岸国也可能不强制引航，准许船舶自行操纵，俗称"自引"。

(一) 主管机关

为规范船舶引航活动，国家有关主管机关依法对船舶引航进行管理，通常由政府港口主管部门或设定的引航管理专门机构负责辖区内的引航行政管理工作，具体包括贯彻执行有关引航的法律、法规、规章和政策；负责筹建引航机构；负责监督管理引航收费；负责引航

业务监督和协调。海事管理机构负责引航安全监督管理工作,具体包括贯彻执行有关引航的法律、法规、规章和政策;负责对引航实施安全监督管理;组织实施引航员培训、考试和发证工作等。

(二)引航机构与引航员

船舶引航服务通常由专业引航机构提供。引航机构负责制订引航方案和引航调度计划,接受引航申请,提供引航服务,并负责引航费的计收和财务管理工作。引航机构通常为独立的法人和专业机构,除了提供引航服务和管理以外,还参与涉及引航的港口、航道等工程项目研究工作,按国家规定负责引航信息统计工作等。

引航员通常由持有有效引航员适任证书并在提供专业引航服务的引航机构从事引航工作的专门人员担任。引航员应当经过规定的培训、考试,取得培训合格证和引航员适任证书。引航员一般根据从业年限、资历和技术水平等进行分级,例如我国的引航管理规定:引航员分助理引航员、三级引航员、二级引航员、一级引航员和高级引航员;各等级引航员均需度过该等级的见习期,处于见习期的为见习引航员;助理引航员不能独立引领船舶,见习引航员不能独立引领见习等级或者该见习等级以上等级的船舶;各等级引航员引领船舶的范围,由海事管理机构根据引航区的航道、通航环境、船舶的尺度和操纵特性、特定类型船舶的安全要求,商市级地方人民政府港口主管部门制定,报交通运输部备案。

(三)引航申请

申请引航的船舶或者其代理人应当向相应的引航机构提出引航申请,不得直接聘请引航员或者非引航员登船引航。申请引航的船舶或者其代理人应当向引航机构提供被引船舶的下列资料:船公司、船名(包括中、英文名)、船籍、船舶呼号;船舶的种类、总长度、宽度、吃水、水面以上最大高度、载重吨、总吨、净吨、主机及侧推器的种类、功率和航速;装载货物种类、数量;预计抵、离港或者移泊的时间和地点;在内河干线航行的船队,还应当提供拖带的方式和队形以及其他需说明的事项等。

引航机构在接到船舶引航申请后,根据相关规定为船舶提供引航服务,制订引航方案,安排持有有效证书的引航员,并将引航方案通知申请人。引航机构根据船舶状况和通航条件,制定合理的拖轮使用方法被引航船舶应当根据引航机构提供的拖轮使用方法的要求安排拖轮或者委托引航机构安排拖轮,并承担相应的费用

(四)引航员登离船

引航员上船引领时,被引船舶应当在其主桅悬挂引航旗。任何船舶不得在非引领时悬挂引航旗。船舶接受引航服务,应按照《1974年国际海上人命安全公约》的规定,为引航员提供方便、安全的登离船设备,采取必要的措施确保引航员安全登离船舶,为引航员提供工作便利,并配合引航员实施引航。

引航员离船时应当向船长或者接替的引航员交接清楚,在双方确认安全的情况下方可离船。因恶劣的天气或者海况,引航员不能离开船舶时,船长应当合理地等待,或者将船舶驶抵能使引航员安全离开船舶的地点,并负责支付因此造成的相关费用,但事先应当征得海事管理机构的同意。

(五) 引航实施

引航员登船后,向被引船舶的船长介绍引航方案,船长应当向引航员介绍本船的操纵性能以及其他与引航业务有关的情况。船舶由引航员引航时并不解除船长管理和驾驶船舶的全部责任。船长和值班驾驶员应与引航员紧密合作,并保持对船位和船舶动态随时进行核对。船长对引航员的错误操作应及时指出,必要时即行纠正。船长发现引航员的引航指令可能对船舶安全构成威胁时,可以要求引航员更改引航指令,必要时还可要求引航机构更换引航员,并及时向海事管理机构报告。

引航员在遇到下列情况之一时,有权拒绝、暂停或者终止引航,并及时向海事管理机构报告:恶劣的气象、海况;被引船舶不适航;没有足够的水深;被引船舶的引航梯和照明不符合安全规定;引航员身体不适,不能继续引领船舶;其他不适于引航的原因。引航员在做出上述决定之前,应当明确地告知被引船舶的船长,并对被引船舶当时的安全做出妥善安排,包括将船舶引领至安全和不妨碍其他船舶正常航行、停泊或者作业的地点。

引航员发现海损事故、污染事故或违章行为时,应当及时向海事管理机构报告。在引航过程中被引船舶发生水上安全交通事故,引航员应当采取有效措施减少事故损失,尽快向引航机构和海事管理机构报告,并接受、配合或者协助调查水上交通事故。

引航员应当将被引船舶从规定的引航起始地点引抵规定的引航目的地。引航结束时船长和引航员应当准确填写引航签证单。被引船舶或者其代理人应当按规定支付引航费。

四、船舶报告系统

系统可提供船舶资料,为组织协调指挥船舶参与搜寻救助提供相关信息,避免或减少海上人员伤亡和财产损失,保障人命安全。同时,船舶报告系统能够向有关的主管机关提供船位和航线信息,这有利于对船舶航行安全和海洋环境安全指导和监控。

由于全球海上遇险和安全系统(GMDSS)采用了数字选择性呼叫(DSC)、窄带直接印字电报(NBDP)、国际海事卫星(INMARSAT)、卫星应急无线电示位标(S-EPIRB)、航警电传(NAVTEX)、增强群呼(EGC)等先进的通信技术,因此,该系统的投入使用不仅提高了海上船舶移动电台的遇险报警的自动化程度和通信效率,也为船舶报告系统的开发、完善创造了良好的基础。

(一) 典型国家船舶报告系统简介

许多国家均遵照 SOLAS 公约以及救助公约规定,并参考美国的船舶自动互助报告系统而先后建成了各国的船舶报告系统,各国船舶报告系统要求的详细信息在无线电信号表中均可以查到。

1. 美国的船舶自动互助报告系统(AMVERS)

船舶自动互助报告系统(automated mutual-assistance vessel report system, AMVERS),是美国海岸警卫队为促进海上人命财产安全而建立的自愿性质的全球船舶报告系统。AMVERS 的主要功能之一是能应施救单位的要求以最快的速度提供失事船附近各船舶的船位、动态及性能的信息世界上任何航程超过 24 小时的商船,都可以自愿参加 AMVERS 船舶报告系统。

2. 澳大利亚船舶报告系统(AUSREPS)

澳大利亚船舶报告系统(Australian ship reporting system, AUSREPS)由堪培拉海上救助协调中心控制管理,该船舶报告系统适用于航行在 AUSREPS 业务海域的澳大利亚登记的商船和从抵达澳大利亚的第一个港口直到离开澳大利亚的最后一个港口的外籍船舶。澳大利亚船舶报告系统(AUSREPS)的主要功能包括在船舶没有发出遇险信号时,缩短从发现船舶失踪到开始搜救行动的时间;缩小搜救行动的海域;在搜救行动中,提供在该海域内其他可参与救助船舶的最新信息。

3. 日本船舶报告系统(JASREPS)

日本船舶报告系统(Japan ship reporting system, JASREPS)可提供发生遇险事件船舶动态的最新信息。无论船舶吨位大小、悬挂哪国国旗和船舶类型,只要进入 JASREPS 业务海域,均可自愿参加 JASREPS 系统。JASREPS 业务覆盖由其国土与 17°N、165°E 围成的海域。

4. 中国船舶报告系统

我国为《1974 年国际海上人命安全公约》《1979 年国际海上搜寻救助公约》的缔约国,履行国际公约,保障海上人命及船舶安全是我国的国际义务。根据公约"各缔约国须提供海上搜寻救助服务"的要求,我国建立了中国船舶报告系统。

中国船舶报告系统适用于以北,130°E 以西的海域(其他国家领海和内水以外)。在中国船舶报告系统区域内航行的船舶可自愿加入该系统,但系统也规定了在中国船舶报告系统区域内航行时间超过 6 小时的下列船舶必须参加:航行于国际航线 300 总吨及以上的中国籍船舶;航行于中国沿海航线 1 600 总吨及以上的中国籍船舶。当然,中国政府也鼓励外国籍船舶和上述规定以外的中国籍船舶自愿加入中国船舶报告系统。

加入中国船舶报告系统的船舶必须严格遵守《中国船舶报告系统管理规定》,并按照规范格式和有关程序发送船舶报告。中国船舶报告系统将时刻关注报告船舶的航行安全,维护海洋环境清洁。

(二)船舶报告种类

船舶报告根据内容和目的可分为两大类,一类是一般报告,另一类是特殊报告。下面以中国船舶报告系统为例,介绍船舶报告的种类和内容:

CHISREP 一般报告包括航行计划报(SP)、船位报(PR)、变更报(DR)和终止报(FR)四种。特殊报告包括危险货物报(DG)、有害物质报(HS)、污染物质报(MP)三种。每一种报告都由若干个按英文字母顺序排列的报告项构成,皆以 CHISREP 加报告的识别字母开头,以报告项 Z 为结尾。

1. 航行计划报

船舶在离开中国沿海港口或者从国外进入 CHISREP 区域时,应向中国船舶报告管理中心报送航行计划报,须遵循以下规定:在进入 CHISREP 区域的划定界线前 24 小时至进入后 2 小时之内发送;在离开中国沿海港口前后 2 小时之内发送,航行计划报 SP 应包含作图的必要资料,并给予计划航线的大致情况,在预定起航时间 2 小时内不能起航,应发送一份新的航行计划报告 SP。

2. 船位报

船舶应按照规定的时间或约定的报告时间向 CHISREP 发送船位报 PR。第一份船位报

PR 要求在最新航行计划报后 24 小时内发出,以后每隔 24 小时或在每天约定时间发送,但两个报告之间的时间间隔不应超过 24 小时,直到抵达中国沿海港口或驶离 CHISREP 区域界线。船舶的实际船位与计划航线推算船位前后相差 2 小时的航程时,须补发船位报更新船位。船位报中的信息将被 CHISREP 用来更新该船的船舶动态。

如果在船位报前 2 小时发送变更报,那么下一个船位报发送时间改为变更报后 24 小时预计抵达下一港或 CHISREP 区域界线的时间应当在最后一次船位报 PR 中明确。船舶改变预计到达时间(ETA),可在任何一份船位报中更正。如果船舶的航行时间少于 24 小时,不要求发船位报,只要在开航时发一个航行计划报 SP,在抵港时发一个终止报 FR 即可。

3. 变更报 CHISREP DR(deviation report)

当船舶改变其计划航线时,船舶的实际船位偏离计划航线超过 2 小时的航程时,必须发送变更报 DR。

4. 终止报

船舶抵达中国沿海港口或船舶驶离 CHISREP 区域界线前后 2 小时内应发送终止报。

5. 危险货物报

当船舶发生或可能发生包装危险货物落入海中的事故时应发送的报告。

6. 有害物质报

当发生或有可能发生溢出《73/78 国际防止船舶造成污染公约》附则 Ⅰ 中规定的油类或附则 Ⅱ 中规定的有毒物质时应发送的报告。

7. 污染物质报

当《国际海运危险货物规则》中规定为海上污染物品的包装有害物质落失或可能落失海中时应发送的报告。

(三) 船舶延误报告处理

对超过规定报告或约定报告一定时间的船舶,报告系统将对该船采取预警、普通呼叫、一般呼叫、紧急呼叫直至报告搜救中心等措施。以 CHISREP 为例,对船舶延误报告的处理行动将根据超过时间确定:超过规定报告时间或约定报告时间 3 小时未报的船舶,系统将对该船进行预警,中国船舶报告管理中心将在检查是否已收到船舶报告的基础上采用有效的通信手段,直接与船舶进行联系,并将船舶列在船舶报告站通报表中进行普通呼叫,提醒他们发送报文。普通呼叫格式:船舶呼号。

超过规定报告时间或约定报告时间 6 小时未报的船舶,将被列在船舶报告站通报表中进行一般呼叫,一般呼叫格式:船舶呼号/JJJ。

超过规定报告时间或约定报告时间 12 小时未报的船舶,将对船舶所有人、经营人、代理人及可能见过该船或该船联系过的其他船舶进行查询,核实该船是否安全。

超过规定报告时间或约定报告时间 18 小时未报的船舶,将被列在船舶报告站通报表中进行紧急呼叫。紧急呼叫格式:船舶呼号/XXX。

对超过规定报告时间或约定报告时间 24 小时未报的船舶,船舶报告管理中心将制订搜救方案,报中国海上搜救中心,由中国海上搜救中心指定区域海上搜救中心进行搜寻救助,开始搜救行动。

五、对外国籍船舶的管理

　　除了缔约国加入的公约以外,船舶应当遵守沿海国和港口国的相关法律和规定,维护该国权益和沿海水域交通秩序,保证航行安全和海洋环境。为了加强对外籍船舶的管理,有些港口国还制定了专门的管理规定,下面以我国对外国籍船舶管理规则为例,介绍国家对外国籍船舶的管理。

　　船舶进出港口应按规定向海事管理机关办理进出口审批手续。船舶进出港口或在港内航行、移泊,必须由海事管理机关指派引航员引航。

　　船舶有下列情况之一者,海事管理机关有权在一定期间内禁止其出港或令其停航、改航、返航:船舶处于不适航状态;违反中华人民共和国的法律或规章;发生海损事故;未交付应承担的款项,又未提供适当担保者;其他需要禁止航行的情况。

　　航行在我国港口和沿海水域的船舶,不得进行危害我国安全和权益的活动,并应遵守有关海峡、水道、航线和禁航区的规定。需进入我国对外轮开放的港口避风或临时停泊的船舶,应向海事管理机关申请批准,申请内容包括:船名、呼号、国籍、船公司名称、出发港、目的港、船位、航速、吃水、船体颜色、烟囱颜色和标记,并应在指定的地点避风、船舶在港内停泊,必须留有足以保证船舶安全操纵的船员值班,遇有台风警报等紧急情况,全体船员必须立即回船采取防范、应急等措施。供人员上下的舷梯必须稳固,并有栏杆或攀索,软梯必须牢固安全,夜间应有足够的照明。船舶活车应在不危及其他船舶和港口设施安全的情况下进行;可能影响他船、码头或人员上下的两舷出水口必须加盖复罩;船舶的灯光不得影响其他船舶的航线安全,射向航道的强灯光应予以遮蔽。船舶应提供安全良好的装卸作业条件,装卸设备应具合格证书并保持良好技术状态。船舶熏蒸应采取严密的安全措施,并应悬挂港口规定的信号。船舶进行下列事项,应事先向海事管理机关申请批准:拆修锅炉、主机、锚机、舵机、电台;试航、试车;放艇(筏)进行救生演习;烧焊(进船厂修理的除外),或者在甲板上明火作业;悬挂彩灯。

　　船舶在我国港口、沿海水域航行、停泊,白天应悬挂船旗国国旗,进出港口和移泊应加挂船名呼号旗和港口规定的有关信号。船舶在进出港口和锚泊时,应注意港口信号台的呼叫和信号。使用视觉信号时,应遵守我国沿海港口信号规定,未做规定的依照《国际信号规则》办理。船舶在港内除因航行安全必须外,不得随意鸣放声号。需试笛时,应事先向海事主管机关报告。

　　船舶装卸、载运危险货物,应悬挂规定的信号,遵守有关危险货物运输管理的规定,采取必要的安全措施。

　　船舶应遵守航行规定,维护航行秩序,爱护航道设备和助航标志,如损坏助航标志、港口建筑或其他设施,应立即报告海事管理机关,并恢复原状或偿付所需费用。船舶如发生意外事故有沉没危险时,应立即报告海事管理机关,并尽力采取措施驶离航道。如船舶已经沉没,船方应及时在沉没地点设置临时信号标志。船舶发现或捞获沉浮物,应报告或送交海事管理机关处理,由海事管理机关酌情给予奖励。

　　在我国港口和沿海水域,禁止船舶任意排放油类、油性混合物以及其他有害的污染物质和废弃物。船舶排放压舱水、洗舱水、舱底水,必须向海事管理机关申请批准。船舶在港口和沿海水域发生污染事故,应将经过情况分别记入油类记录簿和航海日志,并立即报告海事管理机关,同时必须采取有效措施防止扩散。如需采用化学剂处理,应向海事主管机关申请批准。

　　严禁在货舱及易于引起船舶火警的场所吸烟和弄火。船舶加油和油船装卸作业,应采取严密的防火安全措施。船舶在港内明火作业,应事先报海事管理机关批准,并采取严密的防范措施。油舱及其邻近部位须将油卸光、清除残油并彻底通风,取得合格证明后才可烧焊凡违反本规则及我国一切有关法令、规章和规定者,海事管理机关按其性质、情节分别给予警告、罚款等处分。性质恶劣、情节严重者,移交司法机关处理。

参 考 文 献

[1] 刘红,郑剑. 船舶原理[M]. 上海:上海交通大学出版社,2020.

[2] 逢守文. 船舶柴油机[M]. 大连:大连海事大学出版社,2020.

[3] 杨东梅. 船舶舱室环境工程概论[M]. 哈尔滨:哈尔滨工程大学出版社,2020.

[4] 马昭胜. 船舶电气设备维护与修理[M]. 北京:机械工业出版社,2020.

[5] 董晓明. 海上无人装备体系概览[M]. 哈尔滨:哈尔滨工程大学出版社,2020.

[6] 郭俊杰. 动力设备拆装[M]. 大连:大连海事大学出版社,2020.

[7] 郑雄胜. 船舶机械[M]. 北京:海洋出版社,2017.

[8] 杨槱. 轮船史[M]. 上海:上海交通大学出版社,2020.

[9] 于福临,宋磊,杨卓懿. 船体振动噪声与爆炸冲击[M]. 大连:大连海事大学出版社,2020.

[10] 陈建平,雷虎,唐伟炜. 船舶原理[M]. 哈尔滨:哈尔滨工程大学出版社,2017.

[11] 吴金龙,任广利. 船舶管理[M]. 大连:大连海事大学出版社,2017.

[12] 张钢,惠子刚. 船舶操纵[M]. 大连:大连海事大学出版社,2019.

[13] 唐卓贞. 船舶电气[M]. 大连:大连海事大学出版社,2019.

[14] 魏莉洁. 船舶常识[M]. 哈尔滨:哈尔滨工程大学出版社,2019.

[15] 朱惠勇. 钱塘江船舶[M]. 杭州:杭州出版社,2017.

[16] 缪克银,刘晓峰. 船舶定位与导航[M]. 大连:大连海事大学出版社,2019.

[17] 沈智鹏. 船舶机舱控制系统[M]. 大连:大连海事大学出版社,2019.

[18] 朱金善,鲍冯军,席永涛. 船舶避碰[M]. 大连:大连海事大学出版社,2019.

[19] 刘寅东. 船舶设计原理[M]. 2版. 北京:国防工业出版社,2019.

[20] 张少君. 船舶污染检测技术[M]. 大连:大连海事大学出版社,2019.

[21] 韦方方. 船舶精度装配工艺[M]. 哈尔滨:哈尔滨工程大学出版社,2017.

[22] 燕居怀. 船舶电力系统[M]. 北京:北京理工大学出版社,2018.

[23] 杨兴林. 船舶敏捷制造系统[M]. 上海:上海科学技术出版社,2018.

[24] 李亮宽,徐燕铭. 船舶结构与设备[M]. 哈尔滨:哈尔滨工程大学出版社,2018.

[25] 高峰,程真启,顾益民. 船舶电气设备与系统[M]. 大连:大连海事大学出版社,2018.

[26] 赵传贝. 船舶保安意识与职责[M]. 成都:西南交通大学出版社,2018.

[27] 于洪亮. 渔业船舶防污染[M]. 大连:大连海事大学出版社,2017.

[28] 陈建平,关伟嘉,端木玉. 广东船舶发展简史[M]. 哈尔滨:哈尔滨工程大学出版社,2018.

[29] 王辉,白春江,张永宁. 船舶气象导航[M]. 大连:大连海事大学出版社,2018.

[30] 夏国泽,杨丹. 船舶流体力学[M]. 武汉:华中科技大学出版社,2018.